中外经典文库

王国维文选

洪治纲 主编

上海大学出版社
·上海·

图书在版编目(CIP)数据

王国维文选 / 洪治纲主编. —上海：上海大学出版社，2023.3
（中外经典文库）
ISBN 978-7-5671-4631-0

Ⅰ.①王… Ⅱ.①洪… Ⅲ.①王国维(1877—1927)—文集 Ⅳ.①C53

中国国家版本馆CIP数据核字(2023)第035952号

统　筹　刘　强
责任编辑　位雪燕
封面设计　柯国富
技术编辑　金　鑫　钱宇坤

中外经典文库
王国维文选
洪治纲　主编

上海大学出版社出版发行
（上海市上大路99号　邮政编码200444）
（https://www.shupress.cn　发行热线 021-66135112）
出版人　戴骏豪

*

南京展望文化发展有限公司排版
上海华业装璜印刷厂有限公司印刷　各地新华书店经销
开本 890mm×1240mm　1/32　印张 9.5　字数 221千字
2023年3月第1版　2023年3月第1次印刷
ISBN 978-7-5671-4631-0/C·143　定价　48.00元

版权所有　侵权必究
如发现本书有印装质量问题请与印刷厂质量科联系
联系电话：021-56475919

目录 CONTENTS

戏曲考源 …… 001
古剧脚色考 …… 024
古剧之结构 …… 040
元剧之时地 …… 044
元剧之文章 …… 051
元南戏之文章 …… 058
录曲馀谈 …… 065
优语录 …… 076
人间词话 …… 090
《红楼梦》评论 …… 131
屈子文学之精神 …… 153
韦庄的《秦妇吟》…… 157

敦煌发见唐朝之通俗诗及通俗小说 …… 161

殷周制度论 …… 168
《周书·顾命》考 …… 184
《周书·顾命》后考 …… 189
陈宝说 …… 194
秦都邑考 …… 195
秦郡考 …… 198
汉郡考（上）…… 203
汉郡考（下）…… 209
西胡考（上）…… 213
西胡考（下）…… 216
西胡续考 …… 220

最近二三十年中中国新发见之学问 …… 223

论性 …… 228

释理 …… 239

原命 …… 252

《国学丛刊》序 …… 257

《流沙坠简》序 …… 261

东山杂记（节录）…… 270

戏曲考源[①]

楚词之作,《沧浪》《凤兮》二歌先之;诗馀之兴,齐、梁小乐府先之;独戏曲一体,崛起于金元之间,于是有疑其出自异域,而与前此之文学无关系者,此又不然。尝考其变迁之迹,皆在有宋一代;不过因金元人音乐上之嗜好,而且益发达耳。

戏曲者,谓以歌舞演故事也。古乐府中,如《焦仲卿妻》诗、《木兰辞》《长恨歌》等,虽咏故事,而不被之歌舞,非戏曲也。〔柘枝〕〔菩萨蛮〕之队,虽合歌舞,而不演故事,亦非戏曲也。唯汉之角抵,于鱼龙百戏外,兼搬演古人物。张衡《西京赋》曰:"东海黄公,赤刀粤祝,冀厌白虎,卒不能救。"又曰:"总会仙倡,戏豹舞罴,白虎鼓瑟,苍龙吹篪,女娥坐而长歌,声清畅以逶蛇;洪崖立而指麾,被羽毛之襳襹。度曲未终,云起雪飞。"则所搬演之人物,且自歌舞。然所演者实仙怪之事,不得云故事也。演故事者,始于唐之大面、拨头、《踏摇娘》等戏。代面(即大面),出于北齐。北齐兰陵王长恭,才武而面美,常著假面以对敌。尝击周师金墉城下,勇冠三军,齐人壮之,为此舞,以效其指麾击刺之容,谓之《兰陵王入阵曲》。拨头,出西域。胡人为猛兽所噬,其子求兽杀之,为此舞以象之也。

[①] 此论著作于1909年,曾刊入《国粹学报》,收入《王国维遗书》第十五册。

踏摇娘,生于隋末。隋末,河内有人,貌恶,而嗜酒,常自号郎中。醉归必殴其妻。其妻美色,善歌,为怨苦之辞。河朔演其曲而被之弦管,因写其夫之容,妻悲诉,每摇顿其身,故号踏摇娘。(右见《旧唐书·音乐志》、《乐府杂录》及《教坊记》,所载略同。)及昭宗光化中,孙德昭之徒及刘季述,始作《樊哙排闼》剧(宋陈旸《乐书》第一百八十六卷)。唐时戏剧可考者仅此。至宋初,搬演较为任意。宋孔道辅奉使契丹,契丹宴使者,优人以文宣王为戏,道辅艴然径出。(《宋史·孔道辅传》)又祥符天禧中,杨大年、钱文僖、晏元献、刘子仪以文章立朝,为诗皆宗李义山,后进多窃义山语句。尝内宴,优人有为义山者,衣服败裂,告人曰:吾为诸馆职挦扯至此。闻者欢笑。(刘攽《中山诗话》)至南宋时,洪迈《夷坚志》、叶绍翁《四朝闻见录》所载优伶调谑之事,尚与此相类。虽搬演古人物,然果有歌词与故事否?若有歌词,果与故事相应否?今不可考。要之,此时尚无金元间所谓戏曲,则固可决也。

杂剧之名,始起于宋。宋制:每春秋圣节三大宴,小儿队、女弟子队,各进杂剧。队舞及杂剧之制,具见《宋史·乐志》及宋孟元老《东京梦华录》。《宋志》谓舞队之制,其名各十。小儿队凡七十二人,女弟子队凡一百五十人。每春秋圣节三大宴,其第一,皇帝升座,宰相进酒,庭中吹觱篥,以众乐和之。赐群臣酒,皆就座。宰相饮,作〔倾杯〕,百官饮,作〔三台〕。第二,皇帝再举酒,群臣立于席后,乐以歌起。第三,皇帝举酒如第二之制,以次进食。第四,百戏皆作。第五,皇帝举酒如第二之制。第六,乐工致辞,继以诗一章,谓之口号,皆述德美及中外蹈咏之情。第七,合奏大曲。第八,皇帝举酒,殿上独弹琵琶。第九,小儿队舞,亦致辞以述德美。第十,杂剧。罢,皇帝起更衣。第十一,皇帝再坐,举酒,殿上独吹笙。第十二,蹴鞠。第十三,皇帝举酒,殿上独弹筝。第十四,女弟子队舞,亦致辞,如小儿队。第十五,杂剧。第十六,皇帝举酒如第二之制。第十七,奏鼓吹曲,或用法曲,或用龟兹。第十八,皇帝举酒如第二之制。第十九,用角抵。宴毕。而队舞制度,《东京梦华录》所载尤详。初,参军色作语,勾小儿队舞。小儿各选年十二三者,二百余人,列四行;每行队头一名,四人簇拥,并小隐士帽。著绯、绿、紫、青生色花衫,上领四契义襕,束带,各执花枝排定。先有四人,裹卷脚帕头,紫衫者,擎一彩殿子,内金贴字牌,摇鼓而进,谓之队名。牌上有一联,谓如"九韶翔彩凤,八佾舞青鸾"之句。乐部举乐,小儿队舞步进前,直叩殿陛。参军色作语问,小儿班首近前进口号。杂剧人皆打和,毕。乐作,群舞合唱。且舞且唱。又唱破子毕,小儿班首入,进致语;勾杂剧入场,一场两段。内殿杂戏,为有使人在座,不敢深作谐谑,惟用群队,装其似像,市语谓之拽串。杂戏毕,参军色作语,放小儿队。又群舞〔应天长〕曲子,出场。女弟子队舞,杂剧,与小儿略同,唯节次稍多。此徽宗圣节典礼也。若宴辽使,其典礼与三大宴同,惟无后场杂剧,及女弟子舞队。辽宴宋史,则酒一行,觱篥起歌。酒二行,歌。酒三行,歌,手伎入。酒四行,琵琶独弹,饼茶致语,食入,杂剧进。(《辽史·乐志》)由此观之,则宋之搬演李义山,辽之搬演文宣王,既在宴时,其为杂剧无可疑也。

杂剧亦有歌词。《宋史·乐志》谓:"真宗不喜郑声,而或为杂剧辞,未尝宣布于外"是也。其词如何,今不可考。唯三大宴之致辞,则由文臣为之。故宋人集中多乐语一种,又谓之致语,又谓之念语。兹录苏子瞻兴龙节集英殿宴乐语,如下节:

教 坊 致 语

臣闻帝武造周,已兆兴王之迹;日符祚汉,实开受命之祥。非天私我有邦,惟圣乃作神主,仰止诞弥之庆,集于建丑之正,端玉履庭,爰讲比邻之好,虎臣在泮,复通西域之琛。式燕示慈,与人均福。恭维皇帝陛下,睿思冠古,濬哲自天,焕乎有文,日讲六经之训,述而不作,思齐累圣之仁,夷夏宅心,神人协德,卜年七百,方过历以承天,有臣三千,咸一心而戴后,彤庭振万,玉座传觞,诵干戈载戢之诗,作君臣相说之乐。斯民何幸,白首太平!臣猥以微生,亲逢盛旦,始庆猗兰之会,愿赓击壤之音。下采民言,上陈口号:

口　　号

凛凛重瞳日月新,四方惊喜识天人,共知若木初生旦,且种蟠桃不计春。请使黑山归属国,给扶黄发拜严宸。紫皇应在红云里,试问清都侍从臣。

勾　合　曲

祝尧之寿,既罄于欢谣,众舜之功,愿观于备乐。羽旅在列,笙磬同音,上奉严宸,教坊合曲。

勾 小 儿 队

鱼龙奏技,毕陈诡异之观;髫龀成童,各效回旋之妙。嘉其尚幼,有此良心,仰奉宸慈,教坊小儿入队。

队　　名

"两阶陈羽籥,万国走梯航"乐队。

问 小 儿 队

工师在列,各怀自献之能;侲子盈庭,必有可观之伎。未知来意,宜悉奏陈。

小儿致语

臣闻生民以来,未有祖宗之仁厚。上帝所眷,锡以神圣之子孙,孚佑下民,笃生我后。瞻舜瞳之日月,望尧颡之山河。若帝之初,达四聪于无外,如川方至,倾万宇以来同,恭维皇帝陛下,齐圣广渊,刚健笃实,识文武之大者,体仁孝于自然。歌诗思齐,见文王之所以圣;诵书无逸,法中宗之不敢康。诞日载临,舆情共祝,神策授万年之算,洛书开五福之祥。臣等嬉游天街,沐浴王化,欲陈舞蹈之意,不知手足之随。未敢自专,伏取进止。

勾 杂 剧

金奏铿钝,既度九韶之曲;霓裳合散,又陈八佾之仪。舞缀暂停,优伶间作。再调丝竹,杂剧来欤!

放 小 儿 队

游童率舞,逐物性之熙怡;小技毕陈,识天颜之广大。清歌既阕,叠鼓频催,再拜天街,相将归去。

勾 女 童 队

垂鬟在列,敛袂稍前,岂知北里之微,敢献南山之寿。霓旌坌集,金奏方谐,上奉威颜,两军女童入队。

队 名

"君臣千载遇,歌舞万方同"乐队。

问女童队

掺挝屡作,旌夏前临,顾游女之何能,造彤庭而献技。欲知来意,宜悉奏陈。

女童致语

妾闻瑞凤来祥,共纪生商之兆,群龙下集,适同浴佛之辰。佳气充庭,和声载路,辇出房而雷动,扇交翟以云开,喜动人天,春回草木。恭维皇帝陛下,凝神昭旷,受命穆清,三后在天,宜兴王之世有;四人迪哲,知享国之无穷。乃眷良辰,欲均景福,庭设九宾之礼,乐歌四牡之章。妾等幸觏昌期,获瞻文陛,虽乏流风之妙,愿输率舞之诚。未敢自专,伏候进止。

勾杂剧

清净自化,虽莫测于宸心,诙笑杂陈,示侻同于众乐。金丝再举,杂剧来欤!

放女童队

分庭久立,渐移爱日之阴;振袂再成,曲尽回风之态。龙楼却望,鼍鼓频催。再拜天阶,相将归去。

天子大宴之典如是,民间宴会之伎乐,当仿此而稍简略。故乐语一种,凡婚嫁、宴享落成时,均用之。更有于勾队、放队外,兼作舞词者,秦观、晁无咎、毛滂、郑仅等之《调笑转踏》是也。兹录郑仅之《调笑转踏》如下:

调 笑 转 踏

良辰易失,信四者之难并;佳客相逢,实一时之盛事。用陈妙曲,上佐清欢。女伴相将,调笑入队。(此与《乐语》之勾队相当。少游作,此下尚有口号一首。)

秦楼有女字罗敷,二十未满十五余。金镮约腕携笼去,攀枝折叶城南隅。使君春思如飞絮,五马徘徊芳草路,东风吹鬓不可侵,日晚蚕饥欲归去。

归去,携笼女。南陌柔桑三月暮,使君春思如飞絮,五马徘徊频驻。蚕饥日晚空留顾,笑指秦楼归去。

石城女子名莫愁,家住石城西渡头。拾翠每寻芳草路,采莲暗过白蘋洲。五陵豪客青楼上,醉倒金壶待清唱,风高天阔白浪飞,急催艇子摇双桨。

双桨,小舟荡,唤取莫愁迎叠浪。五陵豪客青楼上,不道风高江广。千金难买倾城样,那听绕梁清唱。

绣户珠帘翠幕张,主人置酒宴华堂。相如年少多才调,消得文君暗断肠。断肠初认琴心挑,么弦暗写相思调,今来万事不关心,此度伤心何草草。

草草,最年少,绣户银屏人窈窕,瑶琴暗写相思调,一曲关心多少!临邛客舍成都道,苦恨相逢不早。

浸浸流水武陵溪,洞里春长日月迟,红英满地无人扫,此度刘郎去后迷。行行渐入清流浅,香风引到神仙馆,琼浆一饮觉身轻,玉砌云房瑞烟暖。

烟暖,武陵晚,洞里春长花烂漫,红英满地溪流浅,渐听云中鸡犬。刘郎迷路香风远,误到蓬莱仙馆。(此下尚有九诗、九曲,分咏各事,以句调相同,故略之。)

放　队

　　新词宛转递相传，振袖倾鬟风露前，月落乌啼云雨散，游人陌上拾花钿。

　　今以之与《乐语》相比较，则《乐语》但勾放舞队，而不为之制词；而转踏不独定所搬演之人物，并作舞词。唯阕数之多少，则无一定。如上郑仅之〔调笑〕，多至十三阕；秦、毛二家各八阕，而晁无咎作，则仅七阕耳。（秦、晁、郑三家〔调笑〕，均见《乐府雅词》，毛作见《宋六十一家词·东堂词》中）其但作勾队遣队辞，而不为作歌词者，亦有之，如洪适之《句降黄龙舞》及《句南吕薄媚舞》是也（见《盘州文集》卷七十八）。然诸家〔调笑〕，虽合多曲而成，然一曲分咏一事，非就一人一事之首尾而咏之也。惟石曼卿作《拂霓裳转踏》述开元天宝遗事（见王灼《碧鸡漫志》卷三），是为合数阕咏一事之始。今其辞不传，传者惟赵德麟（令畤）之商调〔蝶恋花〕，述《会真记》事，凡十阕，并置原文于曲前；又以一阕起，一阕结，之视后世戏曲之格律，几于具体而微。德麟于子瞻守颍州时，为其属官，至绍兴初尚存。其词作于何时，虽不可考，要在元祐之后，靖康之前。原词具载《侯鲭录》中，录之如下：

　　夫传奇者，唐元微之所述也。以不载于本集而出于小说，或疑其非是。今观其词，自非大手笔，孰能与于此？至今士大夫极谈幽元，访奇述异，莫不举此以为美谈。至于倡优女子，皆能调说大略。惜乎，不比之以音律，故不能播之声乐，形之笔绘。好事君子，极宴肆欢之馀，愿一听其说，或举其末而忘其本，或纪其略而不及终其篇，此吾曹之所共恨者也！今因暇日，详观其文，略其烦亵，分之为十章。每章之下，属之以词。

或全撼其文,或止取其意;又别为一曲,载之传前,先叙全篇之意。调曰商调,曲名〔蝶恋花〕,句句言情,篇篇见意。奉劳歌伴,先听格调,后听芜词。

丽质金娥生玉殿,谪向人间,未免凡情乱。宋玉墙东流美盼,乱花深处曾相见。密意浓欢方有便,不奈浮名,便遣轻分散。最恨多才情太浅,等闲不念离人怨。

传曰:余所善张君,性温茂,美风仪,寓于蒲之普救寺。适有崔氏孀妇,将归长安,路出于蒲,亦止兹寺。崔氏妇,郑女也。张出于郑,叙其女,乃异派之从母。是岁,丁文雅不善于军,军之徒因大扰劫掠蒲人。崔氏之家,财产甚厚,惶骇不知所措。张与将之党有善,请吏护之,遂不及难。郑厚张之德,因饰馔以命张,谓曰:"姨之孤嫠未亡,提携弱子幼女,犹君之所生也。岂可比常恩哉!今俾以仁兄之礼奉见。"乃命其子曰欢郎,女曰莺莺,出拜尔兄。崔辞以疾,郑怒曰:"张兄保尔之命,宁复远嫌乎?"又久之,乃至,常服晬容,不加新饰,垂鬟浅黛,双脸桃红,而已颜色艳异,光辉动人。张惊为之礼,因坐郑旁,凝睇丽绝,若不胜其体。张问其年几?郑曰:十七岁矣。张生稍以词导之,宛不对,终席而罢。奉劳歌伴,再和前声。

锦额重帘深几许,绣履弯弯未省离朱户。强出娇羞都不语,绛绡频掩酥胸素。黛浅愁深妆淡注,怨绝情凝不肯聊回顾。媚脸未匀新泪污,梅英犹带春朝露。

张生由是拳拳,愿致其情,无由得也。崔之侍儿曰红娘,私为之礼者数四矣。间遂道其衷。翌日,红娘复至,曰:"郎之言所不敢忘。崔之族姻,君所详知,何不因媒而求聘焉?"张曰:"余始自孩提之时,性不苟合。昨日一夕间,几不自持。数日以来，行忘止，食忘饱，恐不逾旦！莫若因媒而娶，则数月之间，索我于枯鱼之肆矣。"红娘曰："崔之贞顺自保，虽所尊不能以非语犯之，然而善属文，往往沈吟章句，怨慕者久之；君试为谕情诗以乱之，不然，无由得也。"张大喜，立缀春词二首以授之。奉劳歌伴，再和前声。

懊恼娇娘情未惯，不道看看役得人肠断。万语千言都不管，兰房跬步如天远。废寝忘餐思想遍，赖有青鸾，不比凭鱼雁。密写香笺论缱绻，春词一纸芳心乱。

是夕红娘复至，持彩笺以授张，曰："崔所命也。"题其篇曰，"明月三五夜"，其词曰："待月西厢下，临风户半开，隔墙花影动，疑是玉人来。"奉劳歌伴，再和前声。

庭院黄昏春雨霁，一缕深心，百种成牵系。青翼蓦然来报喜，花笺微谕相容意。待月西厢人不寐，帘影摇光，朱户犹慵闭。花动拂墙红萼坠，分明疑是情人至。

张亦微喻其旨。是岁二月十四日矣。崔之东墙，有杏花一株，攀援可逾。既望之夕，张因其所而逾焉。达于西厢，则户果半开。良久，红娘来，连曰："至矣，至矣！"张生且喜且骇，心谓得之矣。及乎至，则端神丽容，大数张，曰："兄之恩，活我家者厚矣，由是慈母以弱子幼女见依，奈何因不令之婢，致淫泆之词，始以护人之乱为义，而终掠乱以求。是以乱易乱，其去几何！诚欲寝其词，以保人之奸，不正；明之母，则背人之惠，不祥；是用托于短章，愿自陈启。犹惧兄之见难，故用鄙靡之词，以求必至，非礼之动，能不愧心？特愿以礼自持，无及于乱！"言毕，翻然而逝。张自失久之，复逾而出。由是绝望矣。奉劳歌伴，再和前声。

屈指幽期惟恐误，恰到春宵，明月当三五。红影压墙花密处,花阴便是桃源路。不谓兰诚金石固,敛袂怡声,恣把多才数。惆怅空回谁共语?只应化作朝云去。

后数日,张君临轩独寝,惊欻而起,则红娘敛衾携枕而至,抚张曰:"至矣,至矣,睡何为哉!"并枕重衾而去。张生拭目危坐者久之,犹疑梦寐。俄而,红娘捧崔而至,娇羞融冶,力不能运肢体。向时之端丽不复同矣。是夕,旬有八日矣。斜月晶荧,幽辉半床,张生飘飘然,且疑神仙之徒,不谓从人间至也。有顷,寺钟鸣晓,红娘促去,崔氏娇啼宛转,红娘又捧而去。终夕无言。张生自疑于心曰:"岂其梦耶?"所可明者,妆在臂,香在衣,泪光荧荧然,犹莹于茵席而已。奉劳歌伴,再和前声。

数夕孤眠如度岁,将谓今生,会合终无计。正是断肠凝望际,云心捧得常娥至。玉因花柔羞扠泪,端丽妖娆不与前时比。人去月斜疑梦寐,衣香犹在妆留臂。

此后又十数日,杳不相知。张生赋《会真诗》三十韵,未毕,而红娘至。因授之以贻崔氏。自是复容之。朝隐而出,暮隐而入,同安于向所谓西厢者一月矣。张生将往长安,先以情喻之,崔氏宛无难词,然愁怨之容动人矣。欲行之再夕,不可复见,而张生遂西。奉劳歌伴,再和前声。

一梦行云还暂阻,尽把深诚缀作新诗句;幸有青鸾堪密付,良宵从此无虚度。两意相欢朝又莫,不奈郎鞭暂指长安路。最是动人情怨处,离情盈抱终无语。

不数月,张生复游于蒲,舍于崔氏者,又累月。张生雅知崔氏善属文,求索再三,终不可见。虽待张之意甚厚,然而未尝以词继之。异时,独夜操琴,愁弄凄恻,张窃听之,求之,则不复鼓矣。张生以文调及期,又当西去;当去之夕,崔恭貌怡声,徐谓张曰:"始乱之,今弃之,固其宜矣!愚不敢恨,必也君终之,亦君之惠也,又何必深感于此行!然则君既不怿,无以奉宁,君尝谓我善鼓琴,今且往矣。"既达君此诚,因命拂琴,鼓〔霓裳羽衣序〕,不数声,哀音怨乱。不复知其是曲。左右皆歔歔。崔投琴拥面泣下,趣归郑所,遂不复至。奉劳歌伴,再和前声。

碧沼鸳央交颈舞,正恁双栖,又遣分飞去。洒翰赠言终不许,援琴诉尽奴心素。曲未成声先怨慕,忍泪凝情,强作〔霓裳序〕。弹到离愁凄咽处,弦肠俱断梨花雨。

诘旦,张生遂行。明年,文战不利,遂止于京。因贻书于崔氏,缄报之词,粗载于此。曰:捧览来问,抚爱过深,并惠花胜一合,口脂五寸,致耀首膏唇之饰,虽荷多惠,谁复为容!伏承便于京中就业,于进修之道,固在便安。但恨鄙陋之人,永以遐弃。命也如此,又复何言!自去秋以来,忽忽如有所失,至于梦寐之间,亦与叙感咽离忧之思。绸缪缱绻,暂若寻常,幽会未终,惊魂已断。虽半衾如暖,而思之甚遥。昔中表相因,或同宴处,兄有援琴之挑,鄙无投梭之拒。及荐枕席,义盛恩深,愚幼之情,永谓终托,岂期既见君子,而不能以礼定情,致有自献之私,不复明侍巾栉,杀身永恨,含叹何言!倘若仁人用心,俯遂幽劣,虽死之日,犹生之年。或如达士略情,舍小从大,以先配为丑行,谓要盟为可欺,则当骨化形销,丹诚不泯,因风委露,犹托清尘。存殁之诚,言尽于此,临纸呜咽,情不能伸。千万珍重!奉劳歌伴,再和前声。

别后相思心目乱,不谓芳音,忽寄南来雁。却写花笺和泪卷,细书方寸教伊看。 独寐良宵无计遣,梦里依稀,暂若寻常见。幽会未终魂已断,半衾如暖人犹远!

玉环一枚,是莺幼年所弄,寄充君子下体之佩。玉取其坚洁不渝,环取其终始不绝,兼致彩丝一约,文竹茶合碾子一□枚,此数者,物不足珍,意者,欲君子如玉之贞,鄙志如环不解,泪痕在竹,愁绪萦丝,因物达诚,永以为好。心迩身远,拜会无期,幽愤所钟,千里神合,千万珍重!春风多厉,强饭为佳。慎自保持,勿以鄙为深念也。奉劳歌伴,再和前声。

尺素重重封锦字,未尽幽闺别后心中事,佩玉彩丝文竹器,愿君一见知深意。 环欲长圆丝万系,竹上斓斑,总是相思泪。物会见郎人永弃,心驰魂去人千里。

张之友闻之,莫不耸异,而张之志固绝之矣。岁余,崔委身于人,张亦有所娶,适经其所,张求以外兄见之,已诺之,而崔终不为出。张君怨念之诚,动于颜色,崔知之,潜赋一诗寄张,曰:"自从消瘦减容光,万转千回懒下床,不为旁人羞不起,为郎憔悴却羞郎。"然竟不之见。后数日,张君将行,崔又赋一诗以谢绝之,曰:"弃置今何道,当时且自亲;还将旧来意,怜取眼前人。"奉劳歌伴,再和前声。

梦觉高唐云雨散,十二巫峰隔断相思眼,不为旁人移步懒,为郎憔悴羞郎见。 青翼不来孤凤怨,路失桃源,再会终无便。旧恨新愁那计遣,情深何以情俱浅?

逍遥子曰:乐天谓微之能道人意中语,仆于是益知乐天之语为当也。何则?夫崔之才华宛美,词彩艳丽,则于所载缄书诗章尽之矣。如其都愉淫冶之态,则不可得而见,及见其文,飘飘然仿佛出于人目前。虽丹青摹写其形状,未知能如是工且至否?仆尝采摭其意,撰成"鼓子词"十章,示余友何东白先生。先生曰:文则美矣,意犹有未尽者,胡不复为一章于其后,且具道张之于崔,既不能以理定其情,又不能合之于义。

始相遇也,如是之笃,终相失也,如是之遽。必及于此,则全矣!余应之曰:先生真为文者矣。言必欲有始终箴戒而后已。大抵鄙靡之词,止歌其事之所可;歌,不必如是之备。若夫聚散离合,亦人之常情,古今所同惜也,又况崔之始相得,而终至相失,岂得已哉!如崔已他适,而张诡计以求见,崔知张之意,而潜赋诗以谢之,其情盖有未能忘者矣。乐天曰:天长地久有时尽,此恨绵绵无绝期。岂独主彼者耶?余因命此意,复成一阕,缀于传末。

  镜破人离何处问,路隔银河,岁会知犹近。只道新来消瘦损,玉容不见空传信。 弃掷前欢俱未忍,岂料盟言,陡顿无凭准。地久天长终有尽,绵绵不似无穷恨。

德麟此词,毛西河《词话》已视为戏曲之祖。然犹用通行词调,而宋人所歌,除词调外,尚有所谓大曲。王灼《碧鸡漫志》曰:"凡大曲,有散序、靸、排遍、攧、正攧、入破、虚催、实催、衮遍、歇拍、杀衮,始成一曲,谓之大遍。而〔凉州〕排遍,予曾见一本,有二十四段。后世就大曲制词者,类从简省,而管弦家,又不肯从首至尾吹弹,甚者,学不能尽。"云云。此种大曲,自唐已有之。如郭茂倩《乐府诗集》所载〔水调歌〕〔凉州〕〔伊州〕等,叠数多寡不等,皆借名人之诗以入曲。兹录〔水调歌〕十一叠,如下:

水　调　歌

第　一

  平沙落日大荒西,陇上明星高复低,孤山几处看烽火,壮士连营候鼓鼙。

第 二

猛将关西意气多,能骑骏马弄琱戈,金鞍宝铰精神出,笛倚新翻〔水调歌〕。

第 三

王孙别上绿珠轮,不羡名公乐此身,户外碧潭春洗马,楼前红烛夜迎人。

第 四

陇头一段气长秋,举目萧条总是愁;只为征人多下泪,年年添作断肠流。

第 五

双带仍分影,同心巧结香,不应须换彩,意欲媚浓妆。

入破第一

细草河边一雁飞,黄龙关里挂戎衣,为受明王恩宠甚,从事经年不复归。

第 二

锦城丝管日纷纷,半入江风半入云,此曲只应天上有,人间能得几回闻?

第 三

昨夜遥欢出建章,今朝缀赏度昭阳,传声莫闭黄金屋,为报先开白玉堂。

第　四

日晚笳声咽戍楼,陇云漫漫水东流,行人万里向西去,满目关山空恨愁。

第　五

千年一遇圣明朝,愿对君王舞细腰,乍可当熊任生死,谁能伴凤上云霄。

第 六 彻

闺烛无人影,罗屏有梦魂。近来音耗绝,终日望君门。

此种大曲,叠数既多,故于叙事尤便。于是咏事者,乃不用词调,而用大曲。《碧鸡漫志》谓:宣和初,普府守山东人王平,词学华瞻,自言得《夷则商霓裳羽衣谱》,取陈鸿、白乐天《长恨歌传》,并乐天寄元微之《霓裳羽衣曲歌》,又杂取唐人小诗长句,及明皇太真事,终以微之《连昌宫词》,补缀成曲,刻板流传。曲十一段,起第四遍、第五遍、第六遍、正攧、入破、虚催、衮、实催、衮、歇拍、杀衮。其词今不传,传者唯同时曾布所撰〔水调歌头〕大曲,咏冯燕事,见王明清《玉照新志》。如下:

水 调 歌 头

排 遍 第 一

魏豪有冯燕,年少客幽并,击球斗鸡,为戏游侠久知名。

因避仇来东郡,元戎逼属中军,直气凌貔虎,须臾叱咤风云,懔懔座中生。偶乘佳兴,轻裘锦带,东风跃马,往来寻访幽胜。游冶出东城堤上,莺花掩乱,香车宝马纵横。草软平沙稳,高楼两岸春风,笑语隔帘声。

排遍第二

袖笼鞭敲镫,无语独闲行。绿杨下,人初静,烟淡夕阳明。窈窕佳人,独立瑶阶,掷果潘郎,瞥见红颜横波盼,不胜娇软倚云屏。曳红裳频推朱户,半开还掩,似欲倚,伊哑声里,细诉深情。因遣林间青鸟,为言彼此心期,的的深相许,窃香解珮,绸缪相顾不胜情。

排遍第三

说良人滑将张婴,从来嗜酒,回家镇长酩酊。长醒,屋上鸣鸠空斗,梁间客燕相惊。谁与花为主?兰房从此,朝云夕雨两牵萦。似游丝狂荡,随风无定。奈何岁华荏苒,欢计苦难凭,惟见新恩缱绻,连枝并翼,香闺日日为郎,谁知松萝托蔓,一比一毫轻。

排遍第四

一夕还家醉,开户起相迎。为郎引裾,相庇低首略潜形。情深无隐,欲郎乘间起佳兵。授青萍,茫然抚弄,不忍欺心。尔能负心于彼,于我必无情。熟视花钿不足,刚肠终不能平。假手迎天意,一挥霜刃,窗间粉颈断瑶琼。

排遍第五

凤皇钗宝玉凋零,惨然怅娇魂,怨饮泣吞声。还被凌波唤起,相将金谷同游,想见逢迎处,揶揄羞面,妆脸泪盈盈。醉眠人,醒来晨起,血凝蝼首,但惊喧白邻里,骇我卒难明。致幽囚推究,覆盆无计哀鸣。丹笔终诬服,圜门驱拥,衔冤垂首欲临刑。

排遍第六(带花遍)

向红尘里有喧呼,攘臂转身辟众,莫遣人冤滥,杀张室忍偷生。僚吏惊呼呵叱,狂辞不变如初,投身属吏,慷慨吐丹诚。仿佛缧绁,自疑梦中,闻者皆惊。叹为不平割爱,无心泣对虞姬,手戮倾城宠。翻然起死,不教仇怨负冤声。

排遍第七撷花十八

义城元靖贤相国,嘉慕英雄士,赐金缯。闻此事,频叹赏,封章归印,请赎冯燕罪,日边紫泥封诏,阃境赦深刑。万古三河风义在,青简上,众知名。河东注,任流水滔滔,水湄名难泯。至今乐府歌咏,流入管弦声。

此大曲之〔水调歌头〕,与词之《水调歌头》字数、韵数,均不相合。又间有平仄通押之处。稍后,有董颖者(颖字仲达,绍兴间人,尝从汪彦章、徐师川游。彦章为作《字说》,见陈振孙《书录解题》),作〔道宫·薄媚〕大曲咏西子事亦然。陈氏《乐书》谓:优伶常舞大曲,唯一工独进,但以手袖为容,蹋足为节,其妙串者,虽风骞旋鸟不踰其速矣。然大曲前缓叠不舞,至入破则羯鼓、襄鼓、大鼓与丝竹合作,句拍益急。舞者入场,投节制容,故有催拍、歇拍,姿制俯仰百态横出。(《乐书》一百八十五卷)曾氏〔水调歌〕至排遍第七而止,故伴以舞与否,尚未可知;董氏〔薄媚〕则自排遍第八起,经入破

以至杀衾。其必兼具歌舞,无可疑者。其词见曾慥《乐府雅词》,兹录之如下:

道宫·薄媚

排遍第八

怒涛卷雪,巍岫布云,越襟吴带如斯。有客经游,月伴风随,值盛世,观此江山美,合放怀,何事却兴悲?不为回头,旧谷(疑国之误)天涯,为想前君事,越王嫁祸献西施,吴即中深机。　阖庐死,有遗誓,勾践必诛夷。吴未干戈出境,仓卒越兵,投怒夫差,鼎沸鲸鲵。越遭劲敌,可怜无计脱重围。归路茫然,城郭邱墟,飘泊稽山里。旅魂暗逐战尘飞,天日惨无辉。

排遍第九

自笑平生,英气凌云,凛然万里宣威。那知此际,熊虎途穷,来伴麋鹿卑栖。既甘臣妾犹不许,何为计?争若都燔宝器,尽诛吾妻子,径将死战决雄雌,天意恐怜之。　偶闻太宰正擅权,贪赂市恩私。因将宝玩献诚,虽脱霜戈,石室囚系,忧嗟又经时,恨不如巢燕自由归。残月朦胧,寒雨潇潇,有血都成泪。备尝险厄反邦畿,冤愤刻肝脾。

第十撷

种陈谋,谓吴兵正炽,越勇难施;破吴策,惟妖姬。有倾城妙丽,名称(一作字)西子岁方笄。算夫差惑此,须致颠危。范蠡微行,珠贝为香饵。苎萝不钓钓深闺,吞饵果殊姿。　素肌纤弱,不胜罗绮,鸾镜畔,粉面淡匀,梨花一朵琼壶里。嫣然意态娇春,寸眸剪水,斜鬟松翠,人无双宜。名动君王,绣履容易,来登玉陛。

入 破 第 一

窣湘裙,摇汉佩,步步香风起。敛双蛾,论时事,兰心巧会君意。殊珍异宝,犹自朝臣未与,妾何人,被此隆恩,虽令效死奉严旨。　隐约龙姿忻悦,重把甘言说(悦、说二字皆韵,此为四声通押之祖)。辞俊雅,质娉婷,天教汝众美兼备。闻吴重色,凭汝和亲,应为靖边陲。将别金门,俄挥粉泪,净妆洗。

第 二 虚 催

飞云驶香车,故国难回睐,芳心渐摇,迤逦吴都繁丽。忠臣子胥,预知道为邦祟,谏言先启:愿勿容其至。周亡褒姒,殷倾妲己。　吴王却嫌胥逆耳,才经眼,便深恩,爱东风暗绽娇蕊。彩鸾翻妒伊。得取次于飞,共戏金屋,看承他宫尽废。

第 三 衮 遍

华宴夕,灯摇醉粉,菡苕笼蟾桂。扬翠袖,含风舞,轻妙处,惊鸿态,分明是。瑶台琼榭,阆苑蓬壶景,尽移此地。花绕仙步,莺随管吹。　宝帐暖,留春百和,馥郁融鸳被。银漏永,楚云浓,三竿日犹褪霞衣。宿酲轻腕嗅,宫花双带系,合同心时,波下比目,深怜到底。

第 四 催 拍

耳盈丝竹,眼摇珠翠,迷乐事,宫闱内。争知渐国势陵夷。奸臣献佞,转恣奢淫,天谴岁屡饥。从此万姓,离心解体。

越遣使阴窥虚实,蚤夜营边备。兵未动,子胥存,虽堪伐尚畏忠义。斯人既戮,且又严兵卷土赴黄池。观衅种蠡,方云可矣。

第五衮遍

机有神,征鼙一鼓,万马襟喉地。庭喋血,诛留守,怜屈服,罢兵还,危如此。当除祸本,重结人心,争奈竟荒迷。战骨方埋,灵旗又指。 势连败,柔荑携泣,不忍相抛弃。身在兮,心先死,宵奔兮,兵已前围。谋穷计尽,唳鹤啼猿,闻处分外悲。丹穴纵近,谁容再归?

第六歇拍

哀诚屡吐,甬东分赐,垂莫日,置荒隅,心知愧。宝锷红委,鸾存凤去,辜负恩怜,情不似虞姬。尚望论功,荣归故里。 降令曰:吴无赦汝,越与吴何异?吴正怨,越方疑,从公论合去妖类。蛾眉宛转,竟殒鲛绡,香骨委尘泥。渺渺姑苏,荒芜鹿戏。

第七煞衮

王公子,青春更才美,风流慕连理。耶溪一日,悠悠回首凝思。云鬟烟鬓,玉佩霞裾,依约露妍姿。送目惊喜,俄迁玉趾。 同仙骑洞府归去,帘栊窈窕戏鱼水。正一点犀通,遽别恨何已!媚魄千载,教人属意,况当时金殿里。

曲文迄于宋南渡之初,所可考见者,仅此。宋吴自牧《梦粱录》载谓:汴京教坊大使孟角毬,曾做杂剧本子;葛守诚撰四十大曲。

殆即此类。此后如周密《武林旧事》所载南宋官本杂剧段数,陶宗仪《辍耕录》所载金人院本名目中,其目之兼举曲调名者,犹当与曾、董大曲不甚相远也。

今以曾、董大曲与真戏曲相比较,则舞大曲时之动作,皆有定制,未必与所演之人物所要之动作相适合。其词亦系旁观者之言,而非所演之人物之言,故其去真戏曲尚远也。至由叙事体而变为代言体,由应节之舞蹈而变为自由之动作,北宋杂剧已进步至此否,今阙无考。以后杨诚斋《归去来辞引》(《诚斋集》卷九十七),其为大曲,抑自度腔,均不可知。然已纯用代言体,兹录于下:

归去来辞引

侬家贫甚诉长饥,幼稚满庭帏。正坐瓶无储粟,漫求为吏东西。

偶然彭泽近邻圻,公秫滑流匙,葛巾劝我求为酒,黄菊怨冷落东篱。五斗折腰,谁能许事,归去来兮。

老圃半榛茨,山西欲蒺藜,念心为形役又奚悲!独惆怅前迷,不见后方追,觉今来是了,觉昨来非。

扁舟轻飏破朝霏,雨细漫吹衣。试问征夫前路,晨光小恨熹微。

乃瞻衡宇载奔驰,迎候满荆扉。已荒三径存松菊,喜诸幼入室相携。有酒盈樽,引觞自酌,庭树遣颜怡。

容膝易安栖,南窗寄傲睨,更小园日涉趣尤奇。尽虽设柴门,长是闭斜晖。纵遐观矫首,短策扶持。

浮云出岫岂心□,鸟倦亦归飞,翳翳流光将入,孤松抚处凄其。

息交绝友堑山溪,世与我相违,驾言复出何求者,旷千载今欲从谁?亲戚笑谈,琴书觞咏,莫遣俗人知。

　　解后又春熙,农人欲载载,告西畴有事要耘耔。容老子舟车,取意任委蛇。历崎岖窈窕,丘壑随宜。

　　欣欣花木向荣滋,泉水始流渐。万物得时如许,此生休笑吾衰。

　　寓形宇内几何时?岂问去留为!委心任运何多虑,顾遑遑将欲何之?大化中间,乘流归尽,喜惧莫随伊。

　　富贵本危机,云乡不可期。趁良辰孤往恣游嬉。独临水登山,舒啸更哦诗,除乐天知命,了复奚疑。

此曲不著何调,前后凡四调,每调三叠,而十二叠通用一韵。其体于大曲为近。虽前此如东坡〔哨遍〕隐括《归去来辞》者,亦用代言体;然以数曲代一人之言,实自此始。要之,曾、董大曲开董解元之先,此曲则为元人套数杂剧之祖。故戏曲之不始于金元,而于有宋一代中变化者,则余所能信也。若宋末之戏曲,则具于《曲录》卷一,兹不复赘。

古剧脚色考①

　　戏剧脚色之名,自宋元迄今,约分四色,曰:生、旦、净、丑,人人之所知也。然其命名之义,则说各不同。胡应麟曰:凡传奇以戏文为称也,亡往而非戏也。故其事欲谬悠而无根也,其名欲颠倒而亡实也,反是而欲求其当焉,非戏也。故曲欲熟而命以生也,妇宜夜而命以旦也,开场始事而命以末也,涂汙不洁而命以净也;凡此,咸以颠倒其名也。(《少室山房笔丛》卷四十)此一说也。然胡氏前已有为此说者,故祝允明《猥谈》驳之曰:生、净、旦、末等名,有谓反其事而称,又或托之唐庄宗,皆缪云也。此本金、元闾阎谈唾,所谓"鹘伶声嗽",今所谓市语也。生即男子,旦曰妆旦色,净曰净儿,末曰末尼,孤乃官人,即其土语,何义理之有?《太和谱》略言之(《续说郛》卷四十六),此又一说也。国朝焦循又为之说曰:元曲无生之称,末即生也。今人名刺,或称晚生,或称晚末、眷末,或称眷生,然则生与末为元人之遗。(《易余籥录》卷十七)此又一说也。胡氏颠倒之说,似最可通。然此说可以释明脚色,而不足以释宋元之脚色。元明南戏,始有副末开场之例,元北剧已不然,而末泥之名,则南宋已有之矣。净之傅粉墨,明代则然,元代已不可考;

---

① 此论著撰于1911年,刊入《国学丛刊》。

而副靖之名，则北宋已有之矣。此皆不可通者也。焦氏释末，理或近之，然末之初，固称末尼。至净、丑二色，又则何说焉？三说之中，自以祝氏为稍允。但其说至简，无所证明，而《太和正音谱》《坚瓠集》所举各解又复支离怪诞，不可究诘。今就唐宋迄今剧中之脚色，考其渊源变化，并附以私见，但资他日之研究，不敢视为定论也。

参军　副靖　副净　净

参军之源，其说有二。《乐府杂录》云：始自后汉馆陶令石耽，耽有赃犯，和帝惜其才，免罪，每宴乐，即令衣白夹衫，命俳优弄辱之，经年乃放，后为参军。误也。《赵书》曰：石勒参军周延，为馆陶令，断官绢数万匹，下狱，以八议宥之。后每大会，使俳优著介帻、黄绢、单衣。优问：汝何官，在我辈中？曰：我本为馆陶令，斗数单衣，曰：正坐取是，入汝辈中以为笑。（《太平御览》卷五百六十九引）二说未知孰是（或谓后汉未有参军官，故段说不足信。案：司马彪《续汉志》，虽无参军一官，然《宋书·百官志》则谓参军，后汉官。孙坚为车骑参军事是也。则和帝时，或已有此官，亦未可知）。要之，唐以前已有此戏，但戏名而非脚色名也。《杂录》又云：开元中有黄幡绰、张野狐弄参军，又有李仙鹤善此戏，明皇时授韶州同正参军，以食其禄。其为戏名或脚色名，尚未可定。惟赵璘《因话录》云：肃宗宴于宫中，女优有弄假官戏，其绿衣秉简者，谓之参军桩（卷一）。则似已为脚色之称。至五代犹然。《吴史》云：徐知训怙威骄淫，调谑王（杨隆演）无敬长之心。尝登楼狎戏，荷衣木简，自号参军，令王髽髻鹑衣为苍头以从。（宋姚宽《西溪丛语》卷下引，又《五代史·吴世家》略同）又谓之陆参军。《云溪友议》云：元稹廉访浙东，有俳优周季南、季崇及妻刘采春自淮甸而来，善弄陆参军，歌声彻云,(卷九)是也。北宋则谓之参军色(《东京梦华录》)，为俳优之长。又观《夷坚志》(丁集卷四)、《桯史》(卷七及卷十)、《齐东野语》(卷十三及卷二十)所载参军事，其所搬演，无非官吏，犹即唐之假官戏也。其服色，在唐以前，则或白、或黄、或绿。宋亦谓之绿衣参军(《桯史》卷十)。唐时，则手执木简，宋则手执竹竿拂子(《东京梦华录》)，或执杖(《齐东野语》卷一十)，故亦谓之竹竿子(史浩《鄮峰真隐漫录》卷四十五)，又谓之副净。陶宗仪云：副净，古谓之参军(《辍耕录》卷二十五)；宁献王云：靓，古谓参军(《太和正音谱》卷首)。然考之北宋，已有副靖之名。黄山谷词，所谓"副靖传语木大"是也。又谓之次净(《武林旧事》卷四)。宋元人书中，但有副净而无净。单云净者，始于《太和正音谱》(《元曲选》有净，然恐经明人删改)。余疑净即参军之促音，参与净为双声，军与净似叠韵，参军之为净，犹勃提之为披，郈屡之为邹也。

副净之为参军，惟《辍耕录》《太和正音谱》始言之。其说果可信否，亦在所当研究者。今以二书所云副净事，较之宋人所纪参军事，颇相符合。《辍耕录》云：鹘能击禽鸟，末可打副净。《正音谱》云：副末执磕瓜以朴靓。今案《夷坚志》(丁志卷四)云：崇宁初，伶者对御为戏，推一参军作宰相，(中略)副者举所挺杖击其背。《桯史》(卷七)云：绍兴十五年，就秦桧第赐宴。假以教坊优伶，(中略)有参军者，前褒桧功德，一伶以荷叶交倚从之，(中略)参军将就倚，忽坠其幞头，(中略)伶遽以朴击其首。《齐东野语》(卷十三)云：内宴日，参军四筵张乐，胥辈请金文书，(中略)胥击其首。由此三事，则副净之为参军，无可疑也。惟《齐东野语》(卷二十)别记一事，则适与之反。云：宣和间，徽宗与蔡攸辈在禁中，自为优戏。上作参军趋出，攸戏上曰：陛下好个神宗皇帝！上以杖鞭之，云：你也好个司马丞相！岂因徽宗自作参军，臣不可击君，故变其例欤?然《容斋随笔》(卷十四)云:士之处世,视富贵利禄,当如优伶之为参军,方其据几正坐,噫呜诃箠,群优拱而听命,戏罢,则亦已矣。则参军自诃箠之事,至《东京梦华录》所云,参军色手执竹竿拂子,此当用以指挥,非用以击人。又细绎《夷坚志》所云,推参军一人作宰相(中略),其副者举所挺杖击之,"其副者"三字,当指参军之副,即谓副净也。如此,则击人者为副净,而被击者为净。副净本参军之副,故宋人亦呼为参军。此说虽属想象,或足证净为参军之促音欤。

末尼　戏头　副末　次末　苍鹘

末之名,始见于《武林旧事》(卷四)所记"杂剧三甲",每甲各有戏头、引戏、次净、副末,或加装旦。又有单称末者。同卷载"乾淳教坊乐部"杂剧色,德寿宫有盖门庆,下注云"末是也"。《梦粱录》(卷二十)谓之末泥。曰:"杂剧中,末泥为长,每一场四人或五人(中略)。末泥色主张,引戏色分付,副净色发乔,副末色打诨,或添一人,名曰装孤。"《辍耕录》所载院本五人,同。以此与《武林旧事》相比较,则四人中有末泥而无戏头,然既云末泥为长,则末泥即戏头也。(案《宋史·乐志》:大乐有舞头、引舞、戏头、引戏,殆仿大乐为之)末泥之名,不知所自出。隋龟兹部歌曲,有《善善摩尼》(《隋书·音乐志》),唐羯鼓食曲(此二字有讹阙)有《居摩尼》(南卓《羯鼓录》)。案:摩尼,梵语谓珠。《翻译名义集》云:摩尼,正云末尼。末泥之名,或自曲名出。而至南宋初,始见载籍。又似后起之名矣。然《梦华录》(九)云:"圣节大宴,第一盏,御酒,舞旋多是雷中庆,舞曲破撷前一遍,舞者入场,至歇拍,续一人入场,对舞数拍,前舞者退,独后舞者终其曲,谓之舞末。"此条言舞大曲,似与脚色无涉,然脚色中戏头、引戏,均出于舞头、引舞(见前),

则末泥之名,亦当自"舞末"出。长言之则为末泥,短言之则为末。前疑其出于曲名者,非也。

副末之名,北宋已有之。《渔隐丛话》前集(三十)引王直方《诗话》:欧阳公《归田乐》四首,只作二篇,馀令圣俞续之。又圣俞续成,欧阳公一简谢之,云:正如杂剧人上名下韵不来,须副末接续。家人见诮,好时节将诗去人家厮搅,不知吾辈用以为乐云云,可证也。《武林旧事》又作次末。《辍耕录》云:副末,古谓之苍鹘,又云:鹘能击禽鸟,末可打副净。《太和正音谱》亦云。今案《李义山集》骄儿诗:"忽复学参军,案声唤苍鹘。"《五代史·吴世家》云:徐氏之专政也,隆演幼懦,不能自持,而知训尤凌侮之。尝饮酒楼上,命优人高贵卿侍酒,知训为参军,隆演鹑衣髽髻为苍鹘。(《西溪丛语》引《吴史》作苍头,复据《五代史》正之)则唐、五代时,与参军相对演者为苍鹘,如宋时末泥之对副净也。《辍耕录》之说,殆以此二事为根据,其他则不能证之矣。

顾事有不可解者,则宋时但见副靖、次净之名,而不见有净。又多云次末、副末,而罕云末是也。窃疑净苟为参军之促音,而宋之参军色恒为俳优之长。至南宋之季,则末泥为长,职在主张。故入场搬演者,只有副净、副末,而净、末反罕闻,其故或当如此欤。

引戏　郭郎　郭秃

引戏之名,始见于《武林旧事》《梦粱录》。然其实则唐已有之。《乐府杂录》"傀儡"条云:"其引歌舞有郭郎者,发正秃,善优笑,闾里呼为'郭郎',凡戏场必在俳儿之首。"(案《颜氏家训·书证篇》:或问俗名傀儡子为郭秃,有故实乎?答曰:《风俗通》云,诸郭皆讳秃,当是前世有姓郭而病秃者。滑稽调戏,故后人为其象,呼为郭秃,犹文康象庾亮尔。如此,则北朝已有郭郎之戏,且其人当在汉世矣)。宋之引戏即郭郎之遗否,今不可考。《太和正音谱》云:引戏,院本中狚也。考《武林旧事》,则"杂剧三甲"中,刘景长一甲,有引戏,又有装旦,则其说殆不可信。或此色可兼扮男女欤?

旦　姐　狚

　　旦、姐二名,始见于《武林旧事》《梦粱录》。然搬弄妇女,其事颇古。《汉书·郊祀志》:紫坛伪设女乐。裴松之《三国志注》引《魏书》司马景王奏永宁宫曰:皇帝日延小优郭怀、袁信于广望观下,作辽东妖妇。而北齐《踏谣娘》戏,亦以丈夫著妇人衣为之(《教坊记》)。《隋书·音乐志》:周宣帝即位,广召杂伎,增修百戏,(中略)好令城市少年有容貌者,妇人服而歌舞相随,引入后庭,与宫人观听。又云:大业中,每岁正月,万国来朝,留至十五日,于端门外建国门内,绵亘八里,列为戏场(中略)。其歌舞者,多为妇人,服鸣环佩,饰以花毦者,殆三万人。初课京兆河南,制此衣服,而两京缯锦为之中虚。故柳彧请禁正月十五日角抵戏,曰:人戴兽面,男为女服。(《柳彧传》)迄于唐初,此风犹盛。武德元年,万年县法曹孙伏伽上书曰:百戏、散乐,本非正声,有隋之季,始见崇用,此谓淫风,不可不改。近者,太常官司于人间,借妇女裙襦五百余具,以充散乐之服云云(《唐会要》卷三十四并两《唐书·孙伏伽传》)。后谓之弄假妇人。《乐府杂录》云:咸通以来,即有范传康、上官唐卿、吕敬迁三人弄假妇人是也。则旦之实,唐以前既有之矣。至旦之名所由起,则说又不一。近人长沙杨恩寿云:自北剧兴,男曰末,女曰旦,南曲虽稍有更易,而旦之名不改。不解其义。案《辽史·乐志》:大乐有七声,谓之七旦,凡一旦司一调(《中略》),此外又有四旦二十八调(中略),所谓旦者,乃司乐之总名,金元相沿,遂命歌伎领之,后改为杂剧,不皆以倡伎充旦,则以优之少者假扮为女,渐失其真。(《词余丛话》卷一)此说全无根据,其误解《辽志》,又大可惊异也。《辽志》所谓婆陀力旦、鸡识旦、沙识旦、沙侯加滥旦者,皆声之名,犹言宫声、商声、角声、羽声也。杨氏谓为司乐之总名,殊属杜撰。且旦之名,岂独始见于《辽志》而已!《隋书·音乐志》已有之。《隋志》云:苏祇婆父在西域,称为知音,代相传习,调有七种,以其七调,勘校七声,冥若合符。一曰婆陁力,华言平声,即宫声也。(中略)就此七调,又有五旦之名,旦作七调,以华言译之,旦者则谓均也。其声亦应黄钟、大簇、林钟、南吕、姑洗。五均已外,七律更无调声。以此观之,则《辽志》所谓旦,即《隋志》所谓声。《隋志》之旦,以律吕为经,而以宫、商纬之,郑译之八十四调是也;《辽志》之旦,以宫商角羽四声为经,而以律吕纬之。隋唐以来之燕乐二十八调是也。此点虽异,而其以旦统调则所同也。核此二解,都非司乐之名。即使旦之名果出于辽,则或由妇人之声多用四旦中之某旦,而婆陀力旦、鸡识旦之名本为雅言,伶人所不能解,故后略称旦耳。此想象之说,或较杨说为通。要之,旦名之所本虽不可知,然宋金之际,必呼妇人为旦,故宋杂剧有装旦。装旦之为假妇人,犹装孤之为假官也。至于元人,犹目张奔儿为风流旦、李娇儿为温柔旦(《青楼集》),此亦旦本伎女之称之一证。若《坚瓠集》引庄子,爰猵狙以为雌之说,则更无讥(稽)焉。

冲末　小末　二末　老旦　大旦　小旦　细旦　色旦　搽旦　花旦　外旦　贴旦　外　贴

前论四色,乃宋、金脚色之最著者,至元剧,而末、旦二色支派弥多。正末、副末之外,有冲末、小末,而小末又名二末。旦则正旦外,有老旦、大旦、小旦、色旦、搽旦、外旦、旦儿(焦循《易余籥录》曾从元曲钩稽出之,兹据其说),而《武林旧事》《梦粱录》尚有细旦,《青楼集》又有软末泥、驾头、花旦之名。又云:凡妓以墨点破其面者为花旦。盖即元曲之色旦、搽旦也。元曲有外旦无外末,而又有外。外则或扮男,或扮女,外末、外旦之省为外,犹贴旦之后省为贴也。案宋制,凡直馆(史馆)、院(崇文院)则谓之馆职;以他官兼者,谓之贴职(《宋史·职官志》)。又《武林旧事》(卷四)载乾淳教坊乐部,有衙前,有和顾,而和顾人如朱和、蒋宁、王原全下,皆注云"次贴衙前"。意当与贴职之贴同,即谓非衙前而充衙前也。然则曰冲、曰外、曰贴,均系一义,谓于正色之外又加某色以充之也。至明代传奇,但省作贴,则义不可通。幸《元曲选》尚存外旦、贴旦之名,得以考外与贴之本义。但南宋官本杂剧段数,已有《喝贴万年欢》,《辍耕录》金院本名目有《贺贴万年欢》。贺贴、喝贴,或有他义,或宋金已省作贴,则不可考矣。

孤

《太和正音谱》云:孤,当场装官者。证以院本名目之"孤下家门"及现存元曲,其说是也。《辍耕录》谓之孤装,而《梦粱录》则作装孤。以《武林旧事》之装旦例之,则装孤为长。孤之名,或"官"之讹转,或以其自称"孤"名之也。

捷机　捷讥

《太和正音谱》角色中有捷讥,此名亦始于宋《武林旧事·卷六·诸色伎艺人》,"商谜"条有捷机和尚。捷机即捷讥,盖便给有口之谓。明周宪王《吕洞宾花月神仙会》杂剧所载古院本,犹有捷讥色,所扮者为蓝采和,自号乐官,则《正音谱》所谓俳优称为乐官者是也。

痴大　木大　咸淡　婆罗　鲍老　孛老　卜儿　鸨

此外古脚色之可考者，则有痴大，有咸淡，有婆罗，皆始于唐。《朝野佥载》谓散乐高崔嵬善弄痴大，而宋亦有木大。陶谷《清异录》(二)："长沙狱掾任兴祖，拥驺吏出行，有卖药道人行吟，曰《无字歌》：呵呵亦呵呵，哀哀亦呵呵，不似荷叶参军子，人人与个拜，木大作厅上假阎罗。"黄山谷词："副靖传语木大，鼓儿里且打一和。"金院本名目有《呆木大》。木大，疑即唐之痴大，又与副靖对举，其为脚色无可疑也。《乐府杂录》"俳优"条，弄参军外，又云："武宗朝，有曹叔度、刘泉水咸淡最妙；咸通以来，即有范传康、上官唐卿、吕敬迁三人，弄假妇人。"如此二句相承，则咸淡为假妇人之始，且之音当由咸淡之淡出。若作二事解，则咸淡亦一种脚色。今宋官本杂剧有《医淡》《论淡》二本，金院本名目有《下角瓶大医淡》《打淡的》《照淡》三本。淡或犹咸淡之略也。《杂录》又云：弄婆罗，大中初有康乃、李百魁、石宝山。婆罗，疑婆罗门之略，至宋初转为鲍老。杨大年《傀儡诗》云："鲍老当筵笑郭郎，笑他舞袖太郎当，若教鲍老当筵舞，转更郎当舞袖长"（陈师道《后山诗话》）。至南宋时，或作抱锣。《梦华录》(七)云："宝津楼前百戏，有假面披发，口吐狼牙烟火，如鬼神状者上场，著青帖金花短后之衣，帖金皂袴，手携大铜锣，随身步舞而进退，谓之抱锣。绕场数遭，或就地放烟火之类。"抱锣即鲍老，以此际偶携锣，遂讹为抱锣耳。然舞队犹有《大小斫刀鲍老》(《武林旧事》)《倬刀鲍老》(《梦粱录》)等名，又南北曲调以"鲍老"名者殆以十数。金元之际，鲍老之名分化而为三：其扮盗贼者，谓之邦老；扮老人者，谓之孛老；扮老妇者，谓之卜儿。皆鲍老一声之转，故为异名以相别耳。《太和正音谱》之鸨，则又卜儿之略云。

俫　爷老　曳剌　酸　细酸　邦老

孛老、卜儿,皆脚色之表示年齿者。俫儿之表童子亦然。俫,始见金院本名目,及元曲,其义未详。此外脚色,又有表所扮之人之职业地位者,如曳剌、细酸、邦老是也。曳剌,本契丹语,唐人谓之曳落河。《旧唐书·房琯传》:琯临戎,谓人曰:逆党曳落河虽多,岂能当我刘秩等!《辽史》作拽剌,《百官志》有拽剌军详稳司,旗鼓拽剌详稳司,千拽剌详稳司,猛拽剌详稳司。又云,走卒谓之拽剌。《武林旧事》作爷老,其所载官本杂剧,有《三爷老大明乐》《病爷老剑器》二本,当即辽之拽剌也。元马致远《荐福碑》杂剧中尚有曳剌为胥役之名,此即《辽志》走卒谓之拽剌之证。细酸始见元曲,前单称酸。宋官本杂剧之《急慢酸》、金院本名目之《合房酸》等是也。故氏《笔丛》(卷四十)云:世谓秀才为措大,元人以秀才为细酸。《倩女离魂》首折,末扮细酸为王文举是也。今臧刻《倩女离魂》无细酸字,当经明人删改。余所见明周宪王《张天师明断辰勾月》杂剧,犹有"末扮细酸上"云云,则明初犹用此语矣。邦老之名,见于元人《黄粱梦》《合汗衫》《硃砂担》诸剧,皆杀人贼,其所自出,当如上节所云。而金人院本名目所载"邦老家门"二本,一曰《脚言脚语》,一曰《则是便是贼》,则此语确为金元人呼盗贼之称矣。

厥　偌　哮　郑　和

宋金杂剧院本中,有似脚色而非脚色,且其名义不可解者,如厥,如偌,如哮,如郑,如和是也。宋官本杂剧之以厥名者,如《赶厥夹六么》《赶厥胡渭州》《赶厥石州》《双厥投拜》是。其以偌名者,则宋官本杂剧有《催妆贺皇恩》,下注云"三偌"。又有《三偌慕道六么》《偌卖旦长寿仙》《四偌皇州》《槛偌保金枝》《强偌三乡题》《三偌一赁驴》。金院本名目亦有《偌卖旦》《恨秋风鬼点偌》《四偌大提猴》《三偌一卜》《四偌贾诨》《四偌祈雨》《四偌抹紫粉》《四偌劈马椿》《偌请都子》诸本。其以哮名者,则官本杂剧《扯拦六么》,下注云"三哮"。又有《四哮梁州》《双哮新水》《双哮采莲》《三哮卦铺儿》《三哮揭榜》《三哮上小楼》《三哮文字儿》《三哮好女儿》《三哮一担脚》诸本。此外又有《双拦哮六么》《襤哮合房》《襤哮店休姐》《襤哮负酸》四本。则哮殆拦哮,或襤哮之略。其以郑名者,则有《病郑逍遥乐》《四郑舞杨花》二本。以和名者,则有《孤和法曲》《病和采莲》二本。以《双旦降黄龙》《病孤三乡题》诸本例之,谓厥、偌、哮、郑、和等,非脚色之名或假脚色(如爷老、邦老之类)之名不可也。至其名义,则尤晦涩。厥之为义,虽宋人亦所不解。欧阳公《六一诗话》云:"陶谷尚书尝曰:'尖沿帽子卑凡厮,短勒靴儿末厥兵。'末厥,亦当时语,余天圣、景祐间,已闻此句,时去陶公尚未远,人皆莫晓其义。"刘贡父《诗话》云:"今人呼秃尾狗为厥,衣之短后者亦曰厥。故欧公记陶尚书语末厥兵,则此兵正谓末贼耳。"李治《敬斋古今黈》(卷八)则曰:"末厥,盖俗语也。犹今俚语俗言木厥云耳。木厥者,木强刁厥之谓。"刘、李二说,不同如是。余意"末厥兵"必三字相连为一俗语,厥之名或自此出。至偌之音则与查近。《封氏闻见记》(十):近代流俗,呼丈夫妇人纵放不拘礼度者为查。又有百数十种语,自相通解,谓之查谈。大抵迫猥僻云云。则偌或为轻薄子之称。若哮、郑、和,则其意全不可解,姑举于此,以俟后日之研究耳。

丑 生

宋元戏剧脚色之可举者如上。惟丑之名,虽见《元曲选》,然元以前诸书,绝不经见。或系明人羼入。然丑虽始于明,其名亦必有所本。余疑丑或由五花爨弄出。《辍耕录》云:院本又谓之五花爨弄。或曰,宋徽宗见爨国人来朝,衣装、鞋履、巾裹、傅粉墨,举动皆如此,使优人效之以为戏。(卷二十五)而宋官本杂剧,金院本名目之以爨名者,不可胜数。爨与丑本双声字,又爨字笔画甚繁,故省作丑,亦意中事。其傅粉墨一事,亦恰与丑合。则此色亦宋世之遗。至明代以后,脚色除改末为生外,固不出元脚色之外矣。

余 说 一

综上文所考者观之,则隋唐以前,虽有戏剧之萌芽,尚无所谓脚色也。参军所搬演,系石耽或周延故事。唐中叶以后,乃有参军、苍鹘,一为假官,一为假仆,但表其人社会上之地位而已。宋之脚色,亦表所搬之人之地位、职业者为多。自是以后,其变化约分三级:一表其人在剧中之地位,二表其品性之善恶,三表其气质之刚柔也。宋之脚色,以副净为主,副末次之。然宋剧之以旦、以孤名者,不一而足,知他色亦有当场者矣。元杂剧中,则当场唱者惟正末、正旦。如《气英布》《单鞭夺槊》二剧,第四折均以探子唱,则以正末扮探子。《柳毅传书》第二折,用电母唱,则以正旦扮电母。虽剧中之主人翁,苟于此折中不唱,则亦退居他色,故元剧脚色,全以唱不唱定之。南曲既出,诸色始俱唱,然一剧之主人翁,犹必为生旦,此皆表一人在剧中之地位,虽在今日,犹沿用之者也。至以脚色分别善恶,事亦颇古。《梦粱录》记南宋影戏曰:公忠者雕以正貌,奸邪者刻以丑形,盖亦寓褒贬于其间。(卷二十)影戏如此,真戏可知。元明以后,戏剧之主人翁,率以末旦或生旦为之,而主人之中多美鲜恶,下流之归,悉在净丑。由是脚色之分,亦大有表示善恶之意。国朝以后,如孔尚任之《桃花扇》,于描写人物,尤所措意。其定脚色也，不以品性之善恶，而以气质之阴阳刚柔，故柳敬亭、苏昆生之人物，在此剧中，当在复社诸贤之上，而以丑、净扮之，岂不以柳素滑稽，苏颇倔强，自气质上言之当如是耶？自元迄今，脚色之命意，不外此三者，而渐有自地位而品性，自品性而气质之势，此其进步变化之大略也。

夫气质之为物，较品性为著。品性必观其人之言行而后见，气质则于容貌举止声音之间可一览而得者也。盖人之应事接物也，有刚柔之分焉，有缓急之殊焉，有轻重强弱之别焉。此出于祖父之遗传，而根于身体之情状，可以矫正而难以变革者也。可以之善，可以之恶，而其自身非善非恶也。善人具此，则谓之刚德柔德；恶人具此，则谓之刚恶柔恶。此种特性，无以名之，名之曰气质。自气质言之，则亿兆人非有亿兆种之气质，而可以数种该之。此数种者，虽视为亿兆人气质之标本可也。吾中国之言气质者，始于《洪范》三德，宋儒亦多言气质之性，然未有加以分类者。独近世戏剧中之脚色隐有分类之意，虽非其本旨，然其后起之意义如是，不可诬也。脚色最终之意义，实在于此。以品性，必观其人之言行而后见，而气质则可于容貌、声音、举止间，一览而得故也。故既考其渊源，复附论之如此。

余说二（面具考）

面具之兴古矣。周官方相氏，掌蒙熊皮，黄金四目，玄衣朱裳，执戈扬盾，似已为面具之始。《汉书·礼乐志》：朝贺置酒为乐，有常从象人四人，秦倡象人员三人。孟康曰：象人，若今戏鱼、虾、师子者也。韦昭曰：著假面者也。张衡《西京赋》：总会仙倡，戏豹舞罴，白虎鼓瑟，苍龙吹篪。李善注曰：仙倡，伪作假形。谓如神仙、罴豹、熊虎，皆谓假头也。《颜氏家训·书证》篇：《文康》象庾亮。

《隋书·音乐志》：礼毕者，出于晋太尉庾亮家。亮卒后，其伎追思亮，因假为其面，执翳，以舞象其容，取其谥以号之，谓之为《文康乐》。《旧唐书·音乐志》：代面，出于北齐。北齐兰陵王长恭，才武而面美，常著假面以对敌（《北齐书》及《北史》本传，不云假面，但云免胄示之面耳）。又云：《安乐》者，周武帝平齐所作也。舞者八十人，刻木为面，狗喙兽耳，以金饰之，垂线为发，画猰皮帽，舞蹈姿制犹作羌胡状。是北朝与唐散乐中，固盛行面具矣。《宋史·狄青传》：常战安远，临敌，被发带铜面具，出入贼中。而陆游《老学庵笔记》，载政和中大傩，下桂府进面具。比到，称一副，初讶其少；乃是以八百枚为一副，老少妍丑，无一相似者，乃大惊。面具之见于载籍者，大略如此。其用诸散乐，始于汉之象人，而《文康乐》、代面戏、《安乐》踵之。宋之面具虽极盛于政和，而未闻用诸杂戏。盖由涂面既兴，遂取而代之欤？

余说三（涂面考）

涂面起于何世，今不可考。其见于载籍者，则《乐府杂录》云：后周士人苏葩，嗜酒落魄，自号中郎，每有歌场，辄入独舞。今为戏者，著绯戴帽，面正赤，盖状其醉也。《教坊记》载《踏摇娘》与此略同。但云：北齐有人姓苏，鲍鼻。案《玉篇》云：鲍，面疮也。盖当时演此戏者，通作赤面，故《杂录》以为状其醉，《教坊记》以为其状鲍鼻也。又温庭筠《乾䐣子》，载陆象先为冯翊太守参军等，多名族子弟，以象先性仁厚，于是与府僚共约剧赌（中略），一参军曰（中略），吾能于使君厅前，墨涂其面，著碧衫子作神，舞一曲慢趋而出（中略）。便为之，象先亦如不见（《太平广记》卷四百九十六引）。则唐时舞人，固有涂面之事。至后唐庄宗，自傅粉墨称李天下（《五代史·伶官传》）则又在其后；宋时则五花爨弄，亦傅粉墨（见上）。

又蔡攸侍曲宴，短衣窄袖，涂抹青红，杂倡优侏儒（《宋史·奸臣传》），足为五采涂面之证。元则以墨点破其面者为花旦（见上）。至五采涂面，虽元时无闻，然唐宋既行，元固不能无之矣。

余说四（男女合演考）

歌舞之事，合男女为之，其风甚古。《乐记》云：今夫新乐进俯退俯，奸声以乱，溺而不止，及优侏儒，獶杂子女。孔《疏》：獶杂，谓猕猴也，言舞戏之时，状若猕猴；间杂男子、妇人。言似猕猴，男女无别也。自汉以后，殊无所闻。至隋唐之际，歌舞之伎渐变而为戏剧，而《踏摇娘》戏，以男子著妇人服为之（《教坊记》），此男女不合演之证。《旧唐书》高宗纪：龙朔元年，皇后请禁天下妇人为俳优之戏，诏从之。盖此时男优、女伎，各自为曹，不相杂也。开元以后，声乐益盛。《旧书志》云：玄宗于听政之暇，教太常乐工子弟三百人，为丝竹之戏（中略），号为皇帝弟子，又云梨园弟子（中略）。太常又有别教院（中略），廪食常千人，宫中居宜春院。夫梨园弟子，既云乐工，子弟当系男子，而宜春院则尽妇人。《教坊记》云：妓女入宜春院，谓之内人，亦曰前头人，常在上前也。其家犹在教坊，谓之内人家。盖唐时乐工，率举家隶太常，故子弟入梨园，妇女入宜春院。又各家互相嫁娶。《教坊记》云：筋斗裴承恩妹，大娘善歌，兄以配竿木侯氏是也。然则梨园、宜春院人，悉系家人姻戚，合作歌舞，亦意中事。故元稹《连昌宫辞》咏念奴歌曰："飞上九天歌一声，二十五郎吹管逐。"至合演戏剧，惟上文参军条，所引《云溪友议》一则近之，此外无他证也。宋初则教坊小儿舞队与女童舞队，各自为曹，亦各有杂剧（《宋史·乐志》及《东京梦华录》），惟《武林旧事》（卷六）载南宋杂剧色九十九人，内有慢星子、王双莲二人，注云"女流"。人数既少，不能自为一曹，则容有合演之事。然或

《旧事》但举杂剧色之有名者，不必诸色尽于此也。元剧既兴，男优与女伎并行，如《青楼集》所载珠帘秀、工驾头、花旦、软末泥，又如赵偏惜、朱锦绣、燕山秀，皆云：旦末双全。女子既兼旦、末，则亦各自为曹，不相混矣。又云：宋六嫂与其夫合乐，妙入神品。盖宋善讴，其末能传其父之艺（齾栗）。则合乐亦合奏之义，非合演戏剧也。盖宋元以后，男可装旦，女可为末，自不容有合演之事。或据宋六嫂事，谓元剧有男女合演者，殆不然矣。

古剧之结构①

宋金以前杂剧、院本,今无一存。又自其目观之,其结构与后世戏剧迥异,故谓之古剧。古剧者,非尽纯正之剧,而兼有竞技游戏在其中,既如前二章所述矣。盖古人杂剧,非瓦舍所演,则于宴集用之。瓦舍所演者,技艺甚多,不止杂剧一种;而宴集时所以娱耳目者,杂剧之外,亦尚有种种技艺。观《宋史·乐志》《东京梦华录》《梦粱录》《武林旧事》,所载天子大宴礼节可知。即以杂剧言,其种类亦不一。正杂剧之前,有艳段,其后散段谓之杂扮(见第六章),二者皆较正杂剧为简易。此种简易之剧,当以滑稽戏、竞技游戏充之,故此等亦时冒杂剧之名,此在后世犹然。明顾起元《客座赘语》谓:"南都万历以前,大席则用教坊打院本,乃北曲四大套者。中间错以撮垫圈,舞观音,或百丈旗,或跳队。"明代且然,则宋金固不足怪。但其相异者,则明代竞技等,错在正剧之中间,而宋金则在其前后耳。至正杂剧之数,每次所演,亦复不多。《东京梦华录》谓:"杂剧入场,一场两段。"《梦粱录》亦云:"次做正杂剧,通名两段。"《武林旧事》(卷一)所载"天基圣节排当乐次",亦皇帝初坐,进杂剧二段,再坐,复进二段。此可以例其余矣。

---

① 选自《宋元戏曲史》,商务印书馆1925年版。

脚色之名，在唐时只有参军、苍鹘，至宋而其名稍繁。《梦粱录》（卷二十）云："杂剧中末泥为长，每一场四人或五人（中略）。末泥色主张，引戏色分付，副净色发乔，副末色打诨。或添一人，名曰装孤。"《辍耕录》（卷二十五）所述略同。唯《武林旧事》（卷一）所载："乾淳教坊乐部"中，杂剧三甲，一甲或八人或五人。其所列脚色五，则有戏头而无末泥，有装旦而无装孤，而引戏、副净、副末三色则同，唯副净则谓之次净耳。《梦粱录》云："杂剧中末泥为长。"则末泥或即戏头；然戏头、引戏，实出古舞中之舞头、引舞（唐王建宫词："舞头先拍第三声"，又"每过舞头分两向"，则舞头唐时已有之。《宋史·乐志》有引舞，亦谓之引舞头。《乐府杂录·傀儡》条有引歌舞者郭郎，则引舞亦始于唐也），则末泥亦当出于古舞中之舞末。《东京梦华录》（卷九）云："舞旋多是雷中庆，舞曲破撷前一遍，舞者入场，至歇拍，一人入场，对舞数拍，前舞者退，独后舞者终其曲，谓之舞末。"末之名当出于此。又长言之则为末泥也。净者，参军之促音。宋代演剧时，参军色手执竹竿子以句之（见《东京梦华录》卷九），亦如唐代协律郎之举麾乐作，偃麾乐止相似，故参军亦谓之竹竿子。由是观之，则末泥色以主张为职，参军色以指麾为职，不亲在搬演之列。故宋戏剧中净、末二色，反不如副净、副末之著也。

唐之参军、苍鹘，至宋而为副净、副末二色。夫上既言净为参军之促音，兹何故复以副净为参军也？曰：副净本净之副，故宋人亦谓之参军。《梦华录》中执竹竿子之参军，当为净；而第二章滑稽剧中所屡见之参军，则副净也。此说有征乎？曰：《辍耕录》云："副净古谓之参军，副末古谓之苍鹘，鹘能击禽鸟，末可打副净。"此说以第二章所引《夷坚志》（丁集卷四）、《桯史》（卷七）、《齐东野语》（卷十三）诸事证之，无乎不合；则参军之为副净，当可信也。故净与末,始见于宋末诸书;而副净与副末,则北宋人著述中已见之。黄山谷〔鼓笛令〕词云:"副靖传语木大,鼓儿里且打一和。"王直方《诗话》(《苕溪渔隐丛话》前集卷二十引)载:"欧阳公致梅圣俞简云:'正如杂剧人,上名下韵不来,须副末接续。'"凡宋滑稽剧中,与参军相对待者,虽不言其为何色,其实皆为副末。此出于唐代参军与苍鹘之关系,其来已古。而《梦粱录》所谓末泥色主张,引戏色分付,副净色发乔,副末色打诨,此四语实能道尽宋代脚色之职分也。主张、分付,皆编排命令之事,故其自身不复演剧。发乔者,盖乔作愚谬之态,以供嘲讽;而打诨,则益发挥之以成一笑柄也。试细玩第二章所载滑稽剧,无在不可见发乔、打诨二者之关系。至他种杂剧,虽不知如何,然谓副净、副末二色,为古剧中最重之脚色,无不可也。

至装孤、装旦二语,亦有可寻味者。元人脚色中有孤有旦,其实二者非脚色之名。孤者,当时官吏之称;旦者,妇女之称。其假作官吏、妇女者,谓之装孤、装旦则可;若径谓之孤与旦,则已过矣。孤者,当以帝王、官吏自称孤寡,故谓之孤;旦与姐不知其义。然《青楼集》谓张奔儿为风流旦,李娇儿为温柔旦,则旦疑为宋元倡伎之称。优伶本非官吏,又非妇人,故其假作官吏妇人者,谓之装孤、装旦也。

要之:宋杂剧、金院本二目所现之人物,若姐、若旦、若徕,则示其男女及年齿;若孤、若酸、若爷老、若邦老,则示其职业及位置;若厥、若偌,则示其性情举止(其解均见拙著《古剧脚色考》);若哮、若郑、若和,虽不解其义,亦当有所指示。然此等皆有某脚色以扮之,而其自身非脚色之名,则可信也。

宋杂剧、金院本二目中,多被以歌曲。当时歌者与演者,果一人否,亦所当考也。滑稽剧之言语,必由演者自言之,至自唱歌曲与否,则当视此时已有代言体之戏曲否以为断。若仅有叙事体之曲,则当如第四章所载史浩《剑舞》,歌唱与动作,分为二事也。

综上所述者观之,则唐代仅有歌舞剧及滑稽剧,至宋金二代而始有纯粹演故事之剧;故虽谓真正之戏剧,起于宋代,无不可也。然宋金演剧之结构,虽略如上,而其本则无一存。故当日已有代言体之戏曲否,已不可知。而论真正之戏曲,不能不从元杂剧始也。

元剧之时地①

　　元杂剧之体,创自何人,不见于记载。钟嗣成《录鬼簿》所著录以关汉卿为首,宁献王《太和正音谱》以马致远为首。然《正音谱》之评曲也,于关汉卿则云:"观其词语,乃可上可下之才;盖所以取者,初为杂剧之始,故卓以前列。"盖《正音谱》之次第,以词之甲乙论,而非以时代之先后。其以汉卿为杂剧之始,固与《录鬼簿》同也。汉卿时代,颇多异说。杨铁崖《元宫词》云:"开国遗音乐府传,白翎飞上十三弦,大金优谏关卿在,《伊尹扶汤》进剧编。"此关卿当指汉卿而言。虽《录鬼簿》所录汉卿杂剧六十本中,无《伊尹扶汤》,而郑光祖所作杂剧目中有之。然马致远《汉宫秋》杂剧中,有云:"不说它《伊尹扶汤》,则说那《武王伐纣》。"案《武王伐纣》乃赵文殷所作杂剧,则《伊尹扶汤》亦必为杂剧之名。马致远时代,在汉卿之后,郑光祖之前,则其所云《伊尹扶汤》剧,自当为关氏之作,而非郑氏之作。其不见于《录鬼簿》者,亦犹其所作《窦娥冤》《续西厢》等,亦未为钟氏所著录也。杨诗云云,正指汉卿,则汉卿固逮事金源矣。《录鬼簿》云:"汉卿,大都人,太医院尹。"明蒋仲舒《尧山堂外纪》(卷六十八)则云:"金

---

① 选自《宋元戏曲史》,商务印书馆1925年版。

末为太医院尹,金亡不仕。"则不知所据。据《辍耕录》(卷二十三)则汉卿至中统初尚存。案自金亡至元中统元年,凡二十六年。果使金亡不仕,则似无于元代进杂剧之理。宁视汉卿生于金代,仕元,为太医院尹,为稍当也。又《鬼董》五卷末,有元泰定丙寅临安钱孚跋云:"关解元之所传",后人皆以解元为即汉卿。《尧山堂外纪》遂误以此书为汉卿所作。钱氏《元史艺文志》仍之。案:解元之称,始于唐;而其见于正史也,始于《金史·选举志》。金人亦喜称人为解元,如董解元是已。则汉卿得解,自当在金末。若元则唯太宗九年(金亡后三年)秋八月一行科举,后废而不举者七十八年。至仁宗延祐元年八月,始复以科目取士,遂为定制。故汉卿得解,即非在金世,亦必在蒙古太宗九年。至世祖中统之初,固已垂老矣。杂剧苟为汉卿所创,则其创作之时,必在金天兴与元中统间二三十年之中,此可略得而推测者也。

　　《正音谱》虽云汉卿为杂剧之始,然汉卿同时,杂剧家业已辈出,此未必由新体流行之速,抑由元剧之创作诸家亦各有所尽力也。据《录鬼簿》所载,于杨显之则云"与汉卿莫逆交,凡有珠玉,与公较之";于费君祥则云"与汉卿交,有《爱女论》行于世";于梁进之则云"与汉卿世交"。又如红字李二、花李郎二人,皆注教坊刘耍和婿。按《辍耕录》所载院本名目,前章既定为金人之作,而云教坊魏武刘三人鼎新编辑,刘疑即刘耍和。金李治敬斋《古今黈》(卷一)云:"近者伶官刘子才,蓄才人隐语数十卷。"疑亦此人,则其人自当在金末,而其婿之时代,当与汉卿不甚相远也。他如石子章,则《元遗山诗集》(卷九)有答石子璋兼送其行七律一首;李庭《寓庵集》(卷二)亦有送石子章北上七律一首。按寓庵生于金承安三年,卒于元至元十三年,其年代与遗山略同。如

元剧之时地 | 045

杂剧家之石子章，即《遗山》《寓庵集》中之人，则亦当与汉卿同时矣。

此外与汉卿同时者，尚有王实甫《西厢记》五剧，《录鬼簿》属之实甫。后世或谓王作，而关续之（都穆《南濠诗话》、王世贞《艺苑卮言》）；或谓关作，而王续之者（《雍熙乐府》卷十九，载无名氏《西厢十咏》）。然元人一剧，如《黄粱梦》《骗骗裘》等，恒以数人合作，况五剧之多乎？且合作者，皆同时人，自不能以作者与续者定时代之先后也。则实甫生年，固不后于汉卿。又汉卿有《闺怨佳人拜月亭》一剧，实甫亦有《才子佳人拜月亭》剧，其所谱者乃金南迁时事，事在宣宗贞祐之初，距金亡二十年。或二人均及见此事，故各有此本欤。

此外元初杂剧家，其时代确可考者，则有白仁甫朴。据元王博文《天籁集序》谓："仁甫年甫七岁，遭壬辰之难。"又谓："中统初，开府史公，将以所业荐之于朝。"按壬辰为金哀宗天兴元年，时仁甫年七岁，则至中统元年庚辰，年正三十五岁，故于至元一统后，尚游金陵。盖视汉卿为后辈矣。

由是观之，则元剧创造之时代，可得而略定矣。至有元一代之杂剧，可分为三期：一、蒙古时代：此自太宗取中原以后，至至元一统之初。《录鬼簿》卷上所录之作者五十七人，大都在此期中（中如马致远、尚仲贤、戴善甫，均为江浙行省务官，姚守中为平江路吏，李文蔚为江州路瑞昌县尹，赵天锡为镇江府判，张寿卿为浙江省掾史，皆在至元一统之后。侯正卿亦曾游杭州，然《录鬼簿》均谓之前辈名公才人，与汉卿无别，或其游宦江浙，为晚年之事矣）。其人皆北方人也。二、一统时代：则自至元后，至至顺、后至元间，《录鬼簿》所谓"已亡名公才人，与余相知或不相知者"是也。其人则南方为多，否则北人而侨寓南方者也。

三、至正时代:《录鬼簿》所谓"方今才人"是也。此三期,以第一期之作者为最盛,其著作存者亦多,元剧之杰作大抵出于此期中。至第二期,则除宫天挺、郑光祖、乔吉三家外,殆无足观,而其剧存者亦罕。第三期则存者更罕,仅有秦简夫、萧德祥、朱凯、王晔五剧,其去蒙古时代之剧远矣。

就诸家之时代,今取其有杂剧存于今者,著之。

第一期

关汉卿　杨显之　张国宝(一作国宾)　石子章　王实甫　高文秀　郑廷玉　白朴　马致远　李文蔚　李直夫　吴昌龄　武汉臣　王仲文　李寿卿　尚仲贤　石君宝　纪君祥　戴善甫　李好古　孟汉卿　李行道　孙仲章　岳伯川　康进之　孔文卿　张寿卿

第二期

杨梓　宫天挺　郑光祖　范康　金仁杰　曾瑞　乔吉

第三期

秦简夫　萧德祥　朱凯　王晔

此外如王子一、刘东生、谷子敬、贾仲名、杨文奎、杨景言、汤式,其名均不见《录鬼簿》。《元曲选》于谷子敬、贾仲名诸剧,皆云元人,《太和正音谱》则直以为明人。案王、刘诸人不见他书,唯贾仲名则元人有同姓名者。《元史·贾居贞传》:"居贞字仲明,真定获鹿人,官至江西行省参知政事。卒于至元十七年,年六十三。"则尚为元初人,似非作曲之贾仲名。且《正音谱》宁献王所作,纪其同时之人,当无大谬。又谷、贾二人之曲,虽气骨颇高,而伤于绮丽,颇于元曲不类,则视为明初人,当无大误也。

更就杂剧家之里居研究之,则如下表。

大都	中书省所属		河南江北等处行中书省所属	江浙等处行中书省所属
关汉卿	李好古（保定）	陈无妄（东平）	赵天锡（汴梁）	金仁杰（杭州）
王实甫	彭伯威（同）	王廷秀（益都）		范康（同）
庾天锡	白朴（真定）	武汉臣（济南）	陆显之（同）	沈和（同）
马致远	李文蔚（同）	岳伯川（同）	钟嗣成（同）	鲍天祐（同）
王仲文	尚仲贤（同）	康进之（棣州）	姚守中（洛阳）	陈以仁（同）
杨显之	戴善甫（同）	吴昌龄（西京）	孟汉卿（亳州）	范居中（同）
		李寿卿（太原）		
纪君祥	侯正卿（同）	刘唐卿（同）	张鸣善（扬州）	施惠（同）
费君祥	史九敬先（同）	乔吉甫（同）	孙子羽（同）	黄天泽（同）
费唐臣	江泽民（同）	石君宝（平阳）		沈拱（同）
张国宝	郑廷玉（彰德）	于伯渊（同）		周文质（同）
石子章		赵公辅（同）		萧德祥（同）
李宽甫	赵文殷（同）	狄君厚（同）		陆登善（同）
梁进之	陈宁甫（大名）	孔文卿（同）		王晔（同）
孙仲章	李进取（同）	郑光祖（同）		王仲元（同）
赵明道	宫天挺（同）	李行甫（同）		杨梓（嘉兴）
李子中	高文秀（东平）			
李时中	张时起（同）			
曾　瑞	顾仲清（同）			
	张寿卿（同）			
王伯成	赵良弼（同）			
涿　州				

由上表观之，则六十二人中，北人四十九，而南人十三。而北人之中，中书省所属之地，即今直隶、山东西产者，又得四十六人。而其中大都产者，十九人；且此四十六人中，其十分之九，为第一期之杂剧家，则杂剧之渊源地，自不难推测也。又北人之中，大都之

外,以平阳为最多,其数当大都之五分之二。按《元史·太宗纪》:"太宗二七年,耶律楚材请立编修所于燕京,经籍所于平阳,编集经史,至世祖至元二年,始徙平阳经籍所于京师。"则元初除大都外,此为文化最盛之地,宜杂剧家之多也。至中叶以后,则剧家悉为杭州人,中如宫天挺、郑光祖、曾瑞、乔吉、秦简夫、钟嗣成等,虽为北籍,亦均久居浙江。盖杂剧之根本地,已移而至南方,岂非以南宋旧都,文化颇盛之故欤。

元初名臣中有作小令、套数者,唯杂剧之作者,大抵布衣,否则为省掾令史之属。蒙古色目人中,亦有作小令、套数者,而作杂剧者,则唯汉人(其中唯李直夫为女真人)。盖自金末重吏,自掾史出身者,其任用反优于科目。至蒙古灭金,而科目之废,垂八十年,为自有科目来未有之事。故文章之士,非刀笔吏无以进身,则杂剧家之多为掾史,固自不足怪也。沈德符《万历野获编》(卷二十五)及臧懋循《元曲选序》,均谓蒙古时代,曾以词曲取士,其说固诞妄不足道。余则谓元初之废科目,却为杂剧发达之因。盖自唐宋以来,士之竞于科目者,已非一朝一夕之事,一旦废之,彼其才力无所用,而一于词曲发之。且金时科目之学,最为浅陋(观刘祁《归潜志》卷七、八、九数卷可知)。此种人士,一旦失所业,固不能为学术上之事。而高文典册,又非其所素习也。适杂剧之新体出,遂多从事于此;而又有一二天才出于其间,充其才力,而元剧之作,遂为千古独绝之文字。然则由杂剧家之时代爵里,以推元剧创造之时代,及其发达之原因,如上所推论,固非想象之说也。

附考:案金以律赋策论取士。逮金亡后,科目虽废,民间犹有为此学者。如王博文、白仁甫《天籁集序》谓:"律赋为专门之学,而太素有能声(太素,仁甫字),号后进之翘楚。"案仁甫金亡时不及十岁,则其作律赋,必在科目已废之后。当时人士之热中科目如此。又元代士人不平之气,读宫天挺《范张鸡黍》剧第一二折,可见一斑也。

元剧之文章[①]

元杂剧之为一代之绝作，元人未之知也。明之文人始激赏之，至有以关汉卿比司马子长者（韩文靖邦奇）。三百年来，学者文人，大抵屏元剧不观。其见元剧者，无不加以倾倒。如焦里堂《易余籥录》之说，可谓具眼矣。焦氏谓一代有一代之所胜，欲自楚骚以下，撰为一集，汉则专取其赋，魏晋六朝至隋，则专录其五言诗，唐则专录其律诗，宋专录其词，元专录其曲。余谓律诗与词，固莫盛于唐宋，然此二者果为二代文学中最佳之作否，尚属疑问。若元之文学，则固未有尚于其曲者也。元曲之佳处何在？一言以蔽之，曰：自然而已矣。古今之大文学，无不以自然胜，而莫著于元曲。盖元剧之作者，其人均非有名位学问也；其作剧也，非有藏之名山，传之其人之意也。彼以意兴之所至为之，以自娱娱人。关目之拙劣，所不问也；思想之卑陋，所不讳也；人物之矛盾，所不顾也；彼但摹写其胸中之感想，与时代之情状，而真挚之理，与秀杰之气，时流露于其间。故谓元曲为中国最自然之文学，无不可也。若其文字之自然，则又为其必然之结果，抑其次也。

明以后，传奇无非喜剧，而元则有悲剧在其中。就其存者言

[①] 选自《宋元戏曲史》，商务印书馆1925年版。

之:如《汉宫秋》《梧桐雨》《西蜀梦》《火烧介子推》《张千替杀妻》等,初无所谓先离后合,始困终亨之事也。其最有悲剧之性质者,则如关汉卿之《窦娥冤》,纪君祥之《赵氏孤儿》,剧中虽有恶人交构其间,而其蹈汤赴火者,仍出于其主人翁之意志,即列之于世界大悲剧中,亦无愧色也。

　　元剧关目之拙,固不待言。此由当日未尝重视此事,故往往互相蹈袭,或草草为之。然如武汉臣之《老生儿》,关汉卿之《救风尘》,其布置结构,亦极意匠惨淡之致,宁较后世之传奇,有优无劣也。

　　然元剧最佳之处,不在其思想结构,而在其文章。其文章之妙,亦一言以蔽之,曰:有意境而已矣。何以谓之有意境?曰:写情则沁人心脾,写景则在人耳目,述事则如其口出是也。古诗词之佳者,无不如是,元曲亦然。明以后其思想结构,尽有胜于前人者,唯意境则为元人所独擅,兹举数例以证之。其言情、述事之佳者,如关汉卿《谢天香》第三折:

〔正宫·端正好〕　我往常在风尘,为歌妓,不过多见了几个筵席,回家来仍作个自由鬼;今日倒落在无底磨牢笼内!

马致远《任风子》第二折:

〔正宫·端正好〕　添酒力晚风凉,助杀气秋云暮,尚兀自脚趔趄醉眼模糊;他化的我一方之地都食素,单则俺杀生的无缘度。

语语明白如画,而言外有无穷之意。又如《窦娥冤》第二折:

〔斗虾蟆〕　空悲戚,没理会,人生死,是轮回。感著这般病疾,值著这般时势,可是风寒暑湿,或是饥饱劳役,各人证候自知。

人命关天关地,别人怎生替得,寿数非干一世,相守三朝五夕。说甚一家一计?又无羊酒缎匹,又无花红财礼,把手为活过日,撒手如同休弃。不是窦娥忤逆,生怕旁人论议。不如听咱劝你,认个自家晦气,割舍的一具棺材,停置几件布帛,收拾出了咱家门里,送入他家坟地。这不是你那从小儿年纪,指脚的夫妻,我其实不关亲,无半点凄怆泪。休得要心如醉,意似痴,便这等嗟嗟怨怨、哭哭啼啼。

此一曲直是宾白,令人忘其为曲。元初所谓当行家,大率如此;至中叶以后,已罕觏矣。其写男女离别之情者,如郑光祖《倩女离魂》第三折:

〔醉春风〕 空服遍睡眩药不能痊,知他这腌臢病何日起。要好时直等的见他时,也只为这症候因他上得。得,一会家缥渺呵,忘了魂灵。一会家精细呵,使著躯壳。一会家混沌呵,不知天地。

〔迎仙客〕 日长也愁更长,红稀也信尤稀,春归也奄然人未归。我则道相别也数十年,我则道相隔著数万里;为数归期,则那竹院里刻遍琅玕翠。

此种词如弹丸脱手,后人无能为役;唯南曲中《拜月》《琵琶》差能近之。至写景之工者,则马致远之《汉宫秋》第三折:

〔梅花酒〕 呀!对著这迥野凄凉,草色已添黄,兔起早迎霜,犬褪得毛苍;人掇起缨枪,马负著行装,车运著餱粮,打猎起围场。他他他伤心辞汉主,我我我携手上河梁。他部从,入穷荒;我鸾舆,返咸阳。返咸阳,过宫墙;过宫墙,绕回廊;绕回廊,近椒房;近椒房,月昏黄;月昏黄,夜生凉;夜生凉,泣寒螿;

元剧之文章 | 053

泣寒蛩,绿纱窗;绿纱窗,不思量。

〔收江南〕 呀!不思量,便是铁心肠,铁心肠也愁泪滴千行;美人图今夜挂昭阳,我那里供养,便是我高烧银烛照红妆。

(尚书云) 陛下回銮罢,娘娘去远了也。(驾唱)

〔鸳鸯煞〕 我煞大臣行,说一个推辞谎,又则怕笔尖儿那火编修讲。不见那花朵儿精神,怎趁那草地里风光。唱道伫立多时,徘徊半晌,猛听的塞雁南翔,呀呀的声嘹亮,却原来满目牛羊,是兀那载离恨的毡车半坡里响。

以上数曲,真所谓写情则沁人心脾,写景则在人耳目,述事则如其口出者。第一期之元剧,虽浅深大小不同,而莫不有此意境也。

古代文学之形容事物也,率用古语,其用俗语者绝无,又所用之字数亦不甚多。独元曲以许用衬字故,故辄以许多俗语或以自然之声音形容之,此自古文学上所未有也。兹举其例,如《西厢记》第四剧,第四折:

〔雁儿落〕 绿依依墙高柳半遮,静悄悄门掩清秋夜,疏剌剌林梢落叶风,昏惨惨云际穿窗月。

〔得胜令〕 惊觉我的是颤巍巍竹影走龙蛇,虚飘飘庄周梦蝴蝶,絮叨叨促织儿无休歇,韵悠悠砧声儿不断绝;痛煞煞伤别,急煎煎好梦儿应难舍,冷清清的咨嗟,娇滴滴玉人儿何处也?

此犹仅用三字也。其用四字者,如马致远《黄粱梦》第四折:

〔叨叨令〕 我这里稳丕丕土炕上迷颩没腾的坐,那婆婆将粗剌剌陈米喜收希和的播,那寒驴儿柳阴下舒著足乞留恶滥的卧,那汉子去脖项上婆娑没索的摸。你则早醒来了也么哥,你则早醒来了也么哥,可正是窗前弹指时光过。

其更奇绝者,则如郑光祖《倩女离魂》第四折:

〔古水仙子〕　全不想这姻亲是旧盟,则待教祆庙火刮刮匝匝烈焰生。将水面上鸳鸯忒楞楞腾分开交颈,疏剌剌沙辅雕鞍撒了锁鞿,厮琅琅汤偷香处喝号提铃,支楞楞争弦断了不续碧玉筝,吉丁丁珰精砖上摔破菱花镜,扑通通东井底坠银瓶。

又无名氏《货郎旦》剧第三折,则用叠字,其数更多。

〔货郎儿六转〕　我则见黯黯惨惨天涯云布,万万点点潇湘夜雨;正值著窄窄狭狭沟沟堑堑路崎岖,黑黑黯黯彤云布,赤留赤律潇潇洒洒断断续续,出出律律忽忽鲁鲁阴云开处,霍霍闪闪电光星注;正值著飕飕摔摔风,淋淋渌渌雨,高高下下凹凹答答一水模糊,扑扑簌簌湿湿渌渌疏林人物,却便似一幅惨惨昏昏潇湘水墨图。

由是观之,则元剧实于新文体中自由使用新言语,在我国文学中,于《楚辞》《内典》外,得此而三。然其源远在宋金二代,不过至元而大成。其写景抒情述事之美,所负于此者,实不少也。

元曲分三种,杂剧之外,尚有小令、套数。小令只用一曲,与宋词略同。套数则合一宫调中诸曲为一套,与杂剧之一折略同。但杂剧以代言为事,而套数则以自叙为事,此其所以异也。元人小令、套数之佳,亦不让于其杂剧。兹各录其最佳者一篇,以示其例,略可以见元人之能事也。

小　　令

〔天净沙〕（无名氏。此词《庶斋老学丛谈》及元刊《乐府新声》,均不著名氏,《尧山堂外纪》以为马致远撰,朱竹垞《词综》仍之,不知何据。)

枯藤老树昏鸦,小桥流水人家,古道西风瘦马,夕阳西下,断肠人在天涯。

套　　数

《秋思》(马致远。见元刊《中原音韵》《乐府新声》)

〔双调·夜行船〕　百岁光阴如梦蝶,重回首往事堪嗟! 昨日春来,今朝花谢,急罚盏夜阑灯灭。

〔乔木查〕　秦宫汉阙,做衰草牛羊野,不恁渔樵无话说。纵荒坟横断碑,不辨龙蛇。

〔庆宣和〕　投至狐踪与兔穴,多少豪杰,鼎足三分半腰折,魏耶? 晋耶?

〔落梅风〕　天教富,不待奢,无多时好天良夜,看钱奴硬将心似铁,空辜负锦堂风月。

〔风入松〕　眼前红日又西斜,疾似下坡车,晚来清镜添白雪,上床与鞋履相别。莫笑鸠巢计拙,葫芦提一就装呆。

〔拨不断〕　利名竭,是非绝,红尘不向门前惹,绿树偏宜屋角遮,青山正补墙东缺,竹篱茅舍。

〔离亭宴煞〕　蛩吟罢一枕才宁贴,鸡鸣后万事无休歇,算名利何年是彻! 密匝匝蚁排兵,乱纷纷蜂酿蜜,闹穰穰蝇争血。裴公绿野堂,陶令白莲社,爱秋来那些? 和露摘黄花,带霜烹紫蟹,煮酒烧红叶。人生有限杯,几个登高节? 嘱付与顽童记者,便北海探吾来,道东篱醉了也。

〔天净沙〕　小令,纯是天籁,仿佛唐人绝句。马东篱《秋思》一套,周德清评之以为万中无一,明王元美等亦推为套数中第一,诚定论也。此二体虽与元杂剧无涉,可知元人之于曲,天实纵之,非后世所能望其项背也。

元代曲家,自明以来,称关、马、郑、白。然以其年代及造诣论之,宁称关、白、马、郑为妥也。关汉卿一空倚傍,自铸伟词,而其言曲尽人情,字字本色,故当为元人第一。白仁甫、马东篱,高华雄浑,情深文明。郑德辉清丽芊绵,自成馨逸,均不失为第一流。其余曲家,均在四家范围内。唯宫大用瘦硬通神,独树一帜。以唐诗喻之:则汉卿似白乐天,仁甫似刘梦得,东篱似李义山,德辉似温飞卿,而大用则似韩昌黎。以宋词喻之:则汉卿似柳耆卿,仁甫似苏东坡,东篱似欧阳永叔,德辉似秦少游,大用似张子野。虽地位不必同,而品格则略相似也。明宁献王曲品,跻马致远于第一,而抑汉卿于第十。盖元中叶以后,曲家多祖马、郑,而祧汉卿,故宁王之评如是,其实非笃论也。

元剧自文章上言之,优足以当一代之文学。又以其自然故,故能写当时政治及社会之情状,足以供史家论世之资者不少。又曲中多用俗语,故宋、金、元三朝遗语,所存甚多。辑而存之,理而董之,自足为一专书。此又言语学上之事,而非此书之所有事也。

元南戏之文章①

元之南戏，以《荆》《刘》《拜》《杀》并称，得《琵琶》而五。此五本尤以《拜月》《琵琶》为眉目，此明以来之定论也。元南戏之佳处，亦一言以蔽之，曰自然而已矣。申言之，则亦不过一言，曰有意境而已矣。故元代南北二戏，佳处略同；唯北剧悲壮沈雄，南戏清柔曲折，此外殆无区别。此由地方之风气及曲之体制使然。而元曲之能事，则固未有间也。

元人南戏，推《拜月》《琵琶》；明代如何元朗、臧晋叔、沈德符辈，皆谓《拜月》出《琵琶》之上。然《拜月》佳处，大都蹈袭关汉卿《闺怨佳人拜月亭》杂剧，但变其体制耳。明人罕睹关剧，又尚南曲，故盛称之。今举其例，资读者之比较焉。

关剧第一折：

> ［油葫芦］ 分明是风雨催人辞故国，行一步一太息。两行愁泪脸边垂，一点雨间一行凄惶泪。一阵风对一声长吁气。百忙里一步一撒，索与他一步一提。这一对绣鞋儿分不得帮和底，稠紧紧粘煨煨带着淤泥。

---

① 选自《宋元戏曲史》，商务印书馆1925年版。

南戏《拜月亭》第十三出：

> ［剔银灯］（老旦）迢迢路不知是那里？前途去安身在何处？（旦）一点点雨间著一行行凄惶泪，一阵阵风对著一声声愁和气。（合）云低，天色向晚，子母命存亡，兀自尚未知。
> ［摊破地锦花］（旦）绣鞋儿分不得帮和底，一步步提，百忙里褪了跟儿。（老旦）冒雨冲风，带水拖泥。（合）步迟迟，全没些气和力。

又如《拜月》南戏中第三十二出，实为全书中之杰作；然大抵本于关剧第三折。今先录关剧一段如下：

> 旦做入房里科。小旦云了。"夜深也，妹子你歇息去波，我也待睡也。"小旦云了。"梅香安排香案儿去，我去烧炷夜香咱。"梅香云了。
> ［伴读书］你靠栏槛临台榭，我准备名香爇，心事悠悠凭谁说，只除向金鼎焚龙麝，与你殷勤参拜遥天月，此意也无别。
> ［笑和尚］韵悠悠比及把角品绝，碧荧荧投致那镫儿灭，薄设设衾共枕空舒设，冷清清不恁迭，闲遥遥生枝节，闷恹恹怎捱他如年夜？
> 梅香云了，做烧香料。
> ［倘秀才］天那！这一炷香，则愿削减俺尊君狠切！这一炷香则愿俺那抛闪下的男儿较些！那一个耶娘不间叠，不似俺忒歠嗻，劣缺。
> 做拜月科，云："愿天下心厮爱的夫妻，永无分离，教俺两口儿早得团圆！"小旦云了，做羞科。
> ［叨叨令］元来你深深的花底将身儿遮，搭搭的背后把鞋儿捻，涩涩的轻把我裙儿拽，熅熅的羞得我腮儿热，小鬼头直到

撞破我也末哥,直到撞破我也末哥,我一星星都索从头儿说。"小旦云了。"妹子,你不知我兵火中多得他本人气力来,我已此忘不下他。"小旦云了,打悲科。"恁姐夫姓蒋名世隆字彦通,如今二十三岁也。"小旦打悲科,做猛问科。

[倘秀才]"来波!我怨感我合哽咽,不刺你啼哭你为甚迭?"小旦云了。"你莫不元是俺男儿旧妻妾?阿!是是是!当时只争个字儿别,我错呵了应者。"小旦云了。"你两个是亲弟兄。"小旦云了,做欢喜科。

[呆古朵]"似恁的呵,咱从今后越索著疼热,休想似在先时节!你又是我妹妹姑姑,我又是你嫂嫂姐姐。"小旦云了。"这般者,俺父母多宗派,您兄弟无枝叶。从今后休从俺耶娘家根脚排,只做俺儿夫家亲眷者。"小旦云了。"若说著俺那相别呵,话长!"

[三煞] 他正天行汗病,换脉交阳,那其间被俺耶把我横拖倒拽在招商舍,硬厮强扶上走马车。谁想舞燕啼莺,翠鸾娇凤,撞著猛虎狞狼,蝎蝎顽蛇。又不敢号咷悲哭,又不敢嘱咐丁宁,空则索感叹伤嗟!据著那凄凉惨切,一霎儿似痴呆。

[二煞] 则就里先肝肠眉黛千千结,烟水云山万万叠。他便似烈焰飘风,劣心卒性;怎禁他后拥前推,乱棒胡茄。阿谁无个老父,谁无个尊君,谁无个亲耶。从头儿看来,都不似俺那狠爹爹。

[尾]"他把世间毒害收拾彻,我将天下忧愁结揽绝。"小旦云了。"没盘缠,在店舍,有谁人,厮抬贴。那萧疏,那凄切,生分离,厮抛撇。从相别,那时节,音节无,信音绝。我这些时眼跳腮红耳轮热,眠梦交杂不宁贴,您哥哥暑湿风寒纵较些,多被那烦恼忧愁上断送也。"下

《拜月》南戏第三十二出,全从此出,而情事更明白曲尽,今亦录一段以比较之。

(旦)"呀!这丫头去了!天色已晚,只见半弯新月,斜挂柳梢,不免安排香案,对月祷告一番,争些误了。"

[二郎神慢]"拜星月,宝鼎中明香满爇。"(小旦潜上听科)(旦)"上苍!这一炷香呵!愿我抛闪下的男儿疾效些,得再睹同欢同悦!(小旦)悄悄轻把衣袂拽,却不道小鬼头春心动也。"(走科)(旦)"妹子到那里去?"(小旦)"我也到父亲行去说。"(旦扯科)(小旦)"放手!我这回定要去。"(旦跪科)"妹子饶过姐姐罢。"(小旦)"姐姐请起,那娇怯,无言俛首,红晕满腮颊。"

[莺集御林春]"恰才的乱掩胡遮,事到如今漏泄,姊妹心肠休见别,夫妻每是些周折。"(旦)"教我难推恁阻,罢!妹子我一星星对伊仔细从头说。"(小旦)"姐姐,他姓什么?"(旦)"姓蒋。"(小旦)"呀!他也姓蒋?叫做什么名字?"(旦)"世隆名。"(小旦)"呀!他家在那里?"(旦)"中都路是家。"(小旦)"呀!姐姐,你怎么认得他?他是什么样人?"(旦)"是我男儿受儒业。"

[前腔](小旦悲科)"听说罢姓名家乡,这情苦意切。冈海愁山,将我心上撒,不由人不泪珠流血。"(旦)"我凄惶是正理,只合此愁休对愁人说。妹子!他啼哭为何因,莫非是我男儿旧妻妾?"

[前腔](小旦)"他须是瑞莲亲兄。"(旦)"呀!元来是令兄。为何失散了?"(小旦)"为军马犯阙。"(旦)"是!我晓得了,散失忙寻相应者,那时节只争个字儿差迭。妹子,和你比先前又

亲,自今越更著疼热,你休随著我跟脚,久已后是我男儿那枝叶。"

［前腔］（小旦）"我须是你妹妹姑姑,你是我嫂嫂又是姐姐。未审家兄和你因甚别,两分离是何时节?"（旦）"正遇寒冬冷月,恨爹爹将奴拆散在招商舍。"（小旦）"你如今还思量著他么?"（旦）"思量起痛心酸,那其间染病耽疾。"（小旦）"那时怎生割舍得撇了?"（旦）"是我男儿,教我怎割舍。"

［四犯黄莺儿］（小旦）"他直恁太情切,你十分忒软怯,眼睁睁忍相抛撇。"（旦）"枉自怨嗟,无可计设,当不过他抢来推去望前拽。"（合）"意似虺蛇,性似蝎蜇,一言如何诉说。"

［前腔］（小旦）"流水一似马和车,顷刻间途路赊,他在穷途逆旅应难舍。"（旦）"那时节呵,囊箧又竭,药食又缺,他那里闷恹恹捱不过如年夜。"（合）"宝镜分裂,玉钗断折,何日重圆再接。"

［尾］"自从别后信音绝,这些时魂惊梦怯,莫不是烦恼忧愁将人断送也。"

细较南北二戏,则汉卿杂剧固酣畅淋漓,而南戏中二人对唱,亦宛转详尽。情与词偕,非元人不办。然则《拜月》纵不出于施君美,亦必元代高手也。

《拜月亭》南戏,前有所因;至《琵琶》则独铸伟词,其佳处殆兼南北之胜。今录其《吃糠》一节,可窥其一斑。

（商调过曲)［山坡羊］（旦）"乱荒荒不丰稔的年岁,远迢迢不回来的夫婿,急煎煎不耐烦的二亲,软怯怯不济事的孤身体。衣典尽寸丝不挂体,几番拼死了奴身已,争奈没主公婆教谁看取。思之,虚飘飘命怎期,难捱,实丕丕灾共危。"

［前腔］"滴溜溜难穷尽的珠泪,乱纷纷难宽解的愁绪,骨崖崖难扶持的病身,战兢兢难捱过的时和岁。这糠,我待不吃你呵,教奴怎忍饥?我待吃你呵,教奴怎生吃?思量起来不如奴先死,图得不知亲死时。思之,虚飘飘命怎期,难捱,实丕丕灾共危。"奴家早上,安排些饭与公婆吃,岂不欲买些鲑菜,争奈无钱可买。不想公婆抵死埋怨,只道奴家背他自吃了甚么东西,不知奴家吃的是米膜糠粃。又不敢教他知道,便使他埋怨杀我,我也不敢分说。苦,这些糠粃,怎生吃得下!(吃吐科)(双调过曲)[孝顺歌](旦)"呕得我肝肠痛,珠泪垂,喉咙尚兀自牢嘎住。糠那!你遭砻,被椿杵,筛你簸扬你,吃尽控持,好似奴家身狼狈,千辛万苦皆经历。苦人吃著苦滋味,两苦相逢,可知道欲吞下去。"(外净潜上觑科)

［前腔］(旦)"糠和米,本是相依倚,被簸扬作两处飞。一贵与一贱,好似奴家与夫婿,终无见期。丈夫便是米呵,米在他方没处寻;奴家便似糠呵,怎的把糠来救得人饥馁?好似儿夫出去,怎的教奴供膳得公婆甘旨。"(外净潜下科)

［前腔］(旦)"思量我生无益,死又值甚底,不如忍饥死了为怨鬼。只一件公婆老年纪,靠奴家相依倚,只得苟活片时。片时苟活虽容易,到底日久也难相聚。漫把糠来相比。这糠尚兀自有人吃,奴家的骨头知他埋在何处?"(外净上)(净云)"媳妇,你在这里吃甚么?"(旦云)"奴家不曾吃甚么。"(净搜夺科)(旦云)"婆婆你吃不得!"(外云)"咳!这是甚么东西?"

［前腔］(旦)"这是谷中膜,米上皮。"(外云)"呀!这便是糠,要他何用?"(旦)"将来伴偻可疗饥。"(净云)"咦!这糠只好将去喂猪狗,如何把来自吃。"(旦)"尝闻古贤书,狗彘食人食,也强如草根树皮。"(外净云)"恁的苦涩东西,怕不噎坏了

你。"(旦)"啮雪吞毡,苏卿犹健,餐松食柏,到做得神仙侣。这糠呵!纵然吃些何虑。"(净云)"阿公,你休听他说谎,这糠如何吃得?"(旦)"爹妈休疑,奴须是你孩儿的糟糠妻室。"(外净看,哭科)"媳妇,我原来错埋怨了你,兀的不痛杀我也。"

此一出实为一篇之警策,竹垞《静志居诗话》,谓闻则诚填词,夜案烧双烛,填至《吃糠》一出,句云"糠和米本一处飞",双烛花交为一。吴舒凫《长生殿传奇序》,亦谓则诚居栎社沈氏楼,清夜案歌,几上蜡烛二枚,光交为一,因名其楼曰瑞光。此事固属附会,可知自昔皆以此出为神来之作。然记中笔意近此者,亦尚不乏。此种笔墨,明以后人全无能为役,故虽谓北剧南戏,限于元代可也。

录曲馀谈[1]

《东坡志林》云:"八蜡,三代之戏礼也。岁终聚戏,此人情之所不能免也,因附以礼义。亦曰:不徒戏而已矣。祭必有尸,无尸曰奠,始死之奠与释奠是也。今蜡谓之祭,盖有尸也。猫虎之尸,谁当为之?非倡优而谁!葛带榛杖,以丧老物,黄冠草笠,以尊野服,皆戏之道也。子夏观蜡而不悦,孔子譬之曰:一张一弛,文武之道。盖为是也。"其言八蜡为戏礼甚当,唯不必倡优为之耳。

唐之傀儡戏,本以人演平城故事。段安节《乐府杂录》云:起于汉祖平城之围,乐家遂翻为戏,其引歌舞有郭郎者,发正秃,善优笑,闾里呼为郭郎。凡戏场,必在俳儿之首云云。故今曲调中有〔憨郭郎〕,词调中有〔郭郎儿近拍〕,皆以伶人之名名之也。宋之傀儡戏,则以傀儡演故事。吴自牧《梦粱录》所谓:"傀儡敷衍烟粉、灵怪、铁骑、公案、史书、历代君臣将相故事,话本或讲史,或作杂剧"是也。周密《武林旧事》所载略同。则唐以人演傀儡,宋以傀儡演人,二者适相反。然《唐诗纪事》载明皇《傀儡吟》云:"刻木牵丝作老翁,鸡皮鹤发与真同,须臾弄罢寂无事,还似人生一世中。"则唐时固已有此戏矣。

---

[1] 此论著作于1909年,原刊于《国粹学报》,收入《王国维遗书》第十六册。

传奇一语,代异其义。唐裴铏《传奇》,乃小说家言,与戏曲无涉。《武林旧事》载诸色伎艺人,诸宫调传奇,有高郎妇、黄淑卿、王双莲、袁太道等。《梦粱录》亦云：说唱诸宫调,昨汴京有孔三传,编成传奇灵怪,入曲说唱。即王灼《碧鸡漫志》所谓"泽洲孔三传者,首唱诸宫调古传,士大夫皆能诵之者"是也。则宋之传奇,当与今之弹词相似。至元尚有诸宫调之名,如石君实、戴善甫均有《诸宫调风月紫云亭》,钟嗣成编入杂剧中。又杨廉夫《元宫词》云："尸谏灵公演传奇,一朝传到九重知,奉宣赍与中书省,诸路都教唱此词。"案《尸谏灵公》乃鲍天祐所撰杂剧,则元人以杂剧为传奇也。明中叶以后,传奇之名,专指南剧,以与北曲之杂剧相别。则此二字之义,凡四变矣。

　　陶九成《辍耕录》云："唐有传奇,宋有戏曲、唱诨、词说,金有院本、杂剧,诸公(当作宫)调(案九成此说误也。唐之传奇非戏曲,见上条。杂剧,宋辽皆有之,不自金始。唯院本之名始于金耳。)院本、杂剧,其实一也；国朝院本、杂剧,始厘而二之。"则元之院本与杂剧异。今元剧尚存百种,而院本则无一存,唯《水浒传》及明周宪王《宫洞宾花月神仙会》杂剧所载二则,尚足考见大概。兹录于下：

　　　　雷横径到勾栏里来(中略),看看戏台上却做笑乐院本。院本下来,只见一个老儿,裹著磕额儿头巾,穿着一领茶褐罗衫,系一条皂绦,拿把扇子,上来开科,道："老汉是东京人氏白玉乔的便是,如今年迈,只凭女儿秀英歌舞吹弹,普天下伏侍看官。"锣声响处,那白秀英早上戏台,参拜四方,拈起锣棒,如撒豆般点动；拍下一声界方,念出四句七言诗,道："新鸟啾啾旧鸟归,老羊羸瘦小羊肥,人生衣食真难事,不及鸳鸯处处飞。"(中略)那白秀英道："今日秀英招牌上明写著这场话本,是一段风流蕴藉的格范,唤做《豫章城双渐赶苏卿》。"说了开话,又唱,唱了又说(中略)。那白秀英唱到务头,这白玉乔按喝道:"虽无买马博金艺,要动聪明鉴事人。看官喝采已过去了,我儿且下来。"这一回便是衬交鼓儿的院本。

周宪王杂剧中记院本一段,盖至明初犹有存者。曰:

〔净同捷讥、副末、末泥上,相见了,做《长寿仙献香添寿》。院本上〕捷云:歌声才住,末泥云:丝竹暂停。净云:俺四人佳戏向前,副末云:道甚清才谢乐?捷云:今日双秀士的生日,你一人要一句添寿的诗。捷先云:桧柏青松常四时。副末云:仙鹤仙鹿献灵芝。末泥云:瑶池金母蟠桃宴,净云:都活一千八百万。副末打云:这言语不成文章,再说。(下略)

下尚有滑稽语,且各唱〔醉太平〕一曲而毕。则院本之制,较之杂剧简甚。且尚有古代鹘打参军之遗。此外殊无可考见也。

《东京梦华录》《武林旧事》所载大宴礼节,杂剧之外,凡弄傀儡、踢架儿,谓杂艺,亦属教坊,宴时并用之。明顾起元《客座赘语》谓:"南都万历以前,大席则用教坊打院本(此谓元之杂剧),乃北曲四大套者,中间错以撮垫圈、舞观音,或百丈旗,或跳队",可知明时此风犹有存者矣。

罗马医学大家额伦,谓人之气质有四种:一热性,二冷性,三郁性,四浮性也。我国剧中脚色之分,隐与此四种合。大抵净为热性,生为郁性,副净与丑或浮性而兼冷性,或浮性而兼热性,虽我国作戏曲者尚不知描写性格,然脚色之分则有深意义存焉。

《辍耕录》云:副净,古谓之参军。《乐府杂录》所谓黄幡绰、张野狐弄参军是也。《东京梦华录》载内宴杂剧,凡勾队、问队、遣队之事,皆参军色主之,则参军似是教坊色长之类。《梦华录》又谓参军色执竹竿子,故史浩《鄮峰真隐漫录》所载大曲,直谓之竹竿子。然副净之名,北宋固已有之,黄山谷〔鼓笛令〕词云"副靖传语木大,鼓儿里且打一和"是也。后世脚色之名,此为最古。旦之名,始见于南宋官本杂剧目及金人院本名目。末泥始见于《武林旧事》及《梦粱录》。若生、丑、外、贴,第则更为后起之名矣。

"副靖传语木大",木大,疑亦脚色之名。金院本名目有《呆木大》,恐即《朝野佥载》所谓高崔嵬善弄痴大者也。

胡元瑞《少室山房笔丛》所考脚色甚多疏误。兹将见于古籍之脚色名目,列为一表如下:

古 名	武林旧事	梦粱录	辍耕录	太和正音谱	今名
	戏 头	末泥(《梦粱录》云末泥为长,则末泥即戏头也。)	末 泥	正 末(当场男子也)	生
	引戏(《太和正音谱》云:引戏,院本中狙也。)	引 戏	引 戏	狙(当场妓女也)	旦
参军 副靖 竹竿子	次 净	副 净	副 净	靓	净
苍 鹘	副 末	副 末	副 末	副 末	末
		装 孤	孤 装	孤	
	装 旦		元曲中有搽旦,明有外旦皆是。		花 旦

续 表

古　　名	武林旧事	梦梁录	辍耕录	太和正音谱	今名
				鸨（元曲中谓之卜儿）	老旦
				捷讥	
痴大、木大					

元初名公,喜作小令、套数,如刘仲晦(秉忠)、杜善夫(仁杰)、杨正卿(果)、姚牧庵(燧)、庐疏斋(挚)、冯海粟(子振)、贯酸斋(小云石海涯)等,皆称擅长,然不作杂剧。士大夫之作杂剧者,唯白兰谷(朴)耳。此外杂剧大家,如关、王、马、郑等,皆名位不著,在士人与倡优之间,故其文字诚有独绝千古者,然学问之弇陋与胸襟之卑鄙,亦独绝千古。戏曲之所以不得与于文学之末者,未始不由于此。至明,而士大夫亦多染指戏曲。前之东嘉,后之临川,皆博雅君子也;至国朝孔季重、洪昉思出,始一扫数百年之芜秽,然生气亦略尽矣。

元曲家中有与同时人同姓名者,以余所知,则有三白贲,三李好古,二刘时中,二赵天锡,二马致远,二秦简夫,二张鸣善,二贾仲明。白贲,一汴人,自号决寿老人,自上世以来至其孙渊,俱以经术著名,见元好问《中州集》。一隩州人,文举(华)之兄,而仁甫(朴)之伯父也,见元遗山《善人白公墓表》。一钱唐人,字无咎,白珽之子。今白珽《湛渊遗稿》有题子贲折枝牡丹诗,此即制曲之白无咎也。李好古,其一保定人,或云西平人,即制《张生煮海》杂剧者,见钟嗣成《录鬼簿》。其二,皆宋末元初人,一作《碎锦词》者,一字敏仲,见赵闻礼《阳春白雪》。刘时中,一《元史》世祖本纪,以刘时中为宣慰使,安辑大理。一号逋斋,南昌人,官至翰林学士,有散曲载杨朝英《阳春白雪》中。世祖武臣有赵天锡,冠氏人,《元史》有传。制曲之赵天锡,则汴人,《辍耕录》载宛邱赵天锡为吾邱衍买妾事,或即其人也。马致远,一大都人,即东篱。一金陵人,马琬文璧之父,见张以宁《翠屏集》。秦简夫,一名略,陵川人,与元遗山同时而辈行较长。一即制曲之秦简夫,《录鬼簿》所谓在都下擅名,晚岁来杭者也。张鸣善,一见王逢《梧溪集》,名择,平阳人,官江浙提学,谢病隐居吴江。《录鬼簿》亦有张鸣善,扬州人,宣慰司令史,则制曲者也。贾仲明,《太和正音谱》以为明初人,然吴师道《礼部诗话》云:阎子静初挟其乡人书,至京谒贾仲明,则元时又有一贾仲明矣。曲家名位不著,难以钩稽,往往如此。

曲家多限于一地。元初制杂剧者,不出燕齐晋豫四省,而燕人又占十之八九。中叶以后,则江浙人代兴,而浙人又占十之七八。即北人如郑德辉、乔梦符、曾瑞卿、秦简夫、钟丑斋辈,皆吾浙寓公也。至南曲,则为温州人所擅。宋末之《王魁》,元末之《琵琶》,皆永嘉人作也。又叶文庄《菉竹堂书目》,有《永嘉韫玉传奇》,亦元末明初人作。至明中叶以后,制传奇者,以江浙人居十之七八,而江浙人中,又以江之苏州,浙之绍兴居十之七八。此皆风习使然,不足异也。

世以南曲为始于《琵琶记》,非也。叶子奇《草木子》谓:"元朝南戏盛行,及当乱,北院本特盛。"《录鬼簿》谓:南北合腔,自沈和甫始。是为元时已有南曲之证。且《南词定律》引明钮少雅《曲谱》有元传奇《林招得》、元传奇《苏小卿》、元传奇《瓦窑》等,虽明人之书,未必可据,然亦足与叶、钟二说相发明也。又祝允明《猥谈》谓:"南戏出于宣政之际,南渡后谓之温州杂剧。"则未详其说所本。

戏曲之存于今者，以《西厢》为最古，亦以《西厢》为最富。宋赵德麟（令畤）始以商调《蝶恋花》十二阕，谱《会真记》事。南宋官本杂剧段数有《莺莺六么》一本，金则有董解元之《弦索西厢》，元则有王实甫、关汉卿之北《西厢》，明则陆天池（采）、李君实（日华）均有南《西厢》，周公望（公鲁）有《翻西厢》，国朝则查伊璜（继佐）有《续西厢》，周果庵（坦纶）有《锦西厢》，又有研雪子之《翻西厢》，叠床架屋，殊不可解。

施愚山（闰章）《矩斋杂记》云：传奇《荆钗记》，丑诋孙汝权。按汝权，宋名进士，有文集，尚气谊，王梅溪先生好友也。梅溪劾史浩八罪，汝权怂恿之，史氏切齿，故入传奇，谬其事以污之。温州周天锡，字懋宠，尝辨其诬，见《竹懒新著》。则《荆钗》似亦出于宋人杂剧，不独《西厢》《琵琶》然也。

胡元瑞谓韩苑洛以关汉卿比司马子长，大是词场猛诨。余谓汉卿诚不足道，然谓戏曲之体卑于史传，则不敢言。意大利人之视唐旦，英人之视狭斯丕尔，德人之视格代，较吾国人之视司马子长抑且过之。之数人曷尝非戏曲家耶！

余于元剧中得三大杰作焉。马致远之《汉宫秋》，白仁甫之《梧桐雨》，郑德辉之《倩女离魂》是也。马之雄劲，白之悲壮，郑之幽艳，可谓千古绝品。今置元人一代文学于天平之左，而置此二剧于其右，恐衡将右倚矣。

汤若士《还魂记》世或云刺昙阳子而作。昙阳子者，太仓王文肃公（锡爵）之次女，学道，不嫁而卒。王元美为作传，所谓昙阳菩萨者也。文肃，若士座主也。故蒋心余《临川梦》责若士曰："毕竟是桃李春风旧门墙，怎好将帏簿私情向笔下扬。他平生罪孽这词章。"顾不审昙阳受谤之事。嗣读彭二林《一行居集》云：世之谤昙阳者不一，捕风捉影，久成冤狱，冯子伟人夙慕仙踪，萃当时传记诗文,都为一集,又得昙阳弟衡手书,述家奴造谤始末,公案确然。然尚未审其得何谤也！近阅长沙杨恩寿《词余丛话》详载此事(但不知采自何书),曰:"昙阳子死数年,有鄞人娄姓者,以风水游吴越间,妻慧美有艺能,且操吴音,蓄赀甚富,捕者迹之亟,度不可脱,则曰:我太仓王姓也。于是讹然谓昙阳复生矣！时文肃父子俱在朝,以族人司家事,亟召娄夫妇。族人向未见昙阳,莫能辨,有老仆谛视良久,忽省曰:汝非二爷房中某娘乎？始惶恐伏罪。当海内轰传之时,若士遽采风影之谈,填成艳曲……"云云。然余谓此说不然。若士撰此曲时,正在太仓,正为文肃而作,又在文肃家居之后,决不作此轻薄事。江熙《扫轨间谈》云:王文肃家居,闻汤义仍到娄东,流连数日,不来谒,径去,心甚异之,乃遣人暗通汤从者,以觇汤所为。汤于路日撰《牡丹亭》,从者亦窃写以报。逮成,袖以示文肃,文肃曰:吾获见久矣。又,《静志居诗话》亦云:《牡丹亭》初出,太仓相君实先令家乐演之,且云,吾老年人,近颇为此曲惆怅。合此二书观之,则刺昙阳之说,不攻自破矣。

无名氏《传奇汇考》谓:《牡丹亭》言外,或别有寄寓。初隆庆时,总督王崇古招俺答来降,封为顺义王;其妻都三娘子封忠顺夫人。由是总督之缺,为时所慕。自方逢时、吴兑以后,其权愈重。称曰经略侍郎。郑洛,保定安肃人也,心欲得之;广西蒋遵箴为文选郎中,闻郑女甚美,使人谓曰:"以女嫁我,经略可得也。"郑以女嫁之,果得经略,而其女远别。洛妻痛哭诟洛,洛亦流涕。张江陵闻之笑曰:"郑范溪(洛别字)涕出而女于吴。"杜安抚者,盖指洛为经略也。岭南柳梦梅者,遵箴广西人,故曰岭南也。柳梦梅讥杜宝云"你只哄得杨妈妈退兵"者,洛等前后为经略,皆结纳三娘子,三娘子能钳制俺答,又能豹束蒙古,故以平得李半讥之也。陈最良语李全妻云:"欲讨金子,皆来宋朝取用",时吴兑以金帛结三娘子,遗百凤裙等，服色甚众，洛亦可知，故云。然柳梦梅姓名中有两木字，时丁丑科状元沈懋学、庚辰科状元张懋修、癸未科榜眼李廷机，皆有两木字。柳梦梅对策言"能战而后能守，能守而后能和"，宋时虽已有此语，然其影借者高丽之役，兵部侍郎进战、守、封三策，言能战而后能守，能守而后能封，与此语正合也，云云。附会殊切，似属明人之言。然此记即影射时事，犹其第二义；其大恉，则义仍《牡丹亭》自序尽之矣。

义仍应举时，拒江陵之招，甘于沈滞；登第后，又抗疏劾申时行，不肯讲学；又不附和王、李，在明之文人中，可谓特立独行之士矣。

明姚叔祥（士粦）《见只编》云：余尝见吾盐名画张纪临元人太宗强幸小周后粉本，有元人题云："江南剩得李花开，也被君王强折来；怪底金风冲地起，禁园红紫满龙堆。"盖以靖康为报也。又有宋人尝（此字疑误）后图上，有题曲云："南北惊风，汴城吹动，吹作宫花鲜董董。泼蝶狂蜂不珍重，弃雪拼香，无处著这面孔。一综儿是清风镇的样子，这将军是报粘罕的孟珙。"案孟珙克蔡时，哀宗后妃均尚在汴。汴为元师所克，无与珙事。此图此曲，必亡宋遗民所为，可谓怒于室而作色于市者矣。小周后事见龙衮《江南野史》，王铚《默记》尝引之。

世多病臧晋叔（懋循）刻《元曲选》，多所改窜；以余所见钱塘丁氏嘉惠堂所藏明初钞本郑廷玉《楚昭王疏者下船》杂剧，谬误拙劣，不及《元曲选》本远甚。盖元剧多遭伶人改窜，久失其真。晋叔所刊，出于黄州刘延伯所得御戏监本，其序已云，与今坊本不同。后人执坊本及《雍熙乐府》所选者而议之，宜其多所抵牾矣。

元人杂剧存于今者，只《元曲选》百种，此外如《元人杂剧选》《古名家杂剧》所刻元曲，出于《元曲选》外者，不及十种。且此二书,亦已久佚,唯《雍熙乐府》中尚存丛残折数,然有曲无白,亦难了其意义矣。所存别本,亦只《疏者下船》一种,淡生堂、也是园所藏,竟无一本留于人世者。设无晋叔校刻,今人殆不能知元剧为何物矣。

顷得《盛时杂剧》初集三十种,乃武林沈泰林宗所编,前有张元徵、程羽文二序,张序题崇祯己巳仲春,盖其书刊于是岁也。所载均明代名人之作,然已失元剧规模,间以南曲,亦有仅用一折者。

《雍熙乐府》提要云:旧本题海西广氏编。余所见嘉靖庚子、丙寅二本,均无编者姓名。《曹楝亭书目》则云:苍崟郭□辑,而失其名。今阅日本毛利侯《草月楼书目》,始知为郭勋所辑也。勋,明武定侯郭英曾孙,正德初嗣侯,嘉靖中以议大礼,功进翊国公,加太师。后坐罪下狱死。史称其桀黠有智数,颇涉书史,则此书必勋所辑也。《明史》附见英传。

己酉夏,得明季文林阁所刊传奇十种。中梁伯龙《浣纱记》末折,与汲古阁刻本颇异,细审之,乃借用汪伯玉(道昆)《五湖游》杂剧也。此外《易鞋记》六种,在毛刻六十种外,中有似弹词者,殆弋阳、海盐腔也。

今秋,观法人伯希和君所携敦煌石室唐人写本,伯君为言新得明汪廷讷《环翠堂十五种曲》,惜已束装,未能展视。此书已为巴黎国民图书馆所有,不知即淡生堂书目著录之《环翠堂乐府》否也?

《传奇汇考》,不知何人所作。去岁中秋,余于厂肆得六册。同时黄陂陈士可参事(毅)亦得四册。互相抄补,共成十册,已著之《曲录》卷六。今秋,武进董授经推丞、(康)又得六巨册,殆当前此十册之三倍,均系一手所抄;叙述及考证甚详,然颇病芜陋耳。

焦里堂先生(循)《曲考》一书,见于《扬州画舫录》,闻其手稿,为日本辻君武雄所得。遗书索观后,知焦氏后人自邵伯携书至扬州,中途舟覆,死三人,而稿亦失。里堂先生于此事用力颇深,一旦湮没,深可扼腕。

元人杂剧,佚者已不可睹。今春,陈士可参事于钱唐丁氏藏书中,购得明周宪王杂剧六种:一《张天师明断辰钩月》,二《吕洞宾花月神仙会》,三《群仙庆寿蟠桃会》,四《紫阳仙三度常椿寿》,五《瑶池会八仙庆寿》,六《东华仙三度十长生》,皆宣德间刻本。宪王颇有词名,然曲文庸熟,亦如宋人寿词矣。

宪王《诚斋乐府》七册,见明朱灌甫(睦㰌)《万卷堂书目》。其所另编之《聚乐堂书目》,作十册。而吾乡汪氏《振绮堂书目》有《诚斋乐府》十册,注云元本;又云,宋杨万里撰。余案,《杨诚斋集》小词不出十余阕,决无十册之理。此十册殆即万卷堂、聚乐堂所著录者。又误视明初刻本为元本耳。

钱遵王、黄荛圃,学问胸襟嗜好,约略相似;同为吴人,又同喜搜罗词曲。遵王也是园所藏杂剧,至三百余种,多人间希见之本。复翁所居,自拟李中麓词山曲海,有学山海居之目。然其藏曲之见于题跋者,仅元本《阳春白雪》、明杨仪部《南峰乐府》数种,尚不敌其藏词之精且富也。

曲之为体既卑,为时尤近,学士大夫论之者颇少。明则王元美《曲藻》,略具鉴裁;胡元瑞《笔丛》,稍加考证。臧晋叔、何元朗虽以知音自命,然其言殊无可采。国朝唯焦里堂《剧说》,可比《少室》;融斋《艺概》,略似《弇州》。若李调元《曲话》、杨恩寿《词余丛话》等,均所谓不知而作者也。

优语录[①]

元钱唐王晔日华,尝撰《优谏录》,杨维桢为之序,顾其书不传。余览唐宋传说,复辑优人戏语为一篇;顾辑录之意,稍与晔殊。盖优人俳语,大都出于演剧之际,故戏剧之源,与其迁变之迹,可以考焉;非徒其辞之足以裨阙失、供谐笑而已。吕本中《童蒙训》云:作杂剧,打猛诨入,却打猛诨出。吴自枚《梦粱录》谓:杂剧全托故事,务在滑稽。洪迈《夷坚志》谓:俳优侏儒,周伎之最下且贱者;然亦能因戏语而箴谏时政,世目为杂剧。然则宋之杂剧,即属此种。是录之辑,岂徒足以考古,亦以存唐宋之戏曲也。若其囿于闻见,不遍不赅,则俟他日补之。宣统改元冬十月海宁王国维识。

侍中宋璟疾负罪而妄诉不已者,悉付御史台治之。谓中丞李谨度曰:"服不更诉者,出之,尚诉不已者,且系。"由是人多怨者。会天旱,有优人作魃状,戏于上前。上问:"魃何为出?"对曰:"奉相公处分。"又问:"何故?"曰:"负冤者三百余人,相公悉以系狱抑之,故魃不得不出。"明皇心以为然。(《资治通鉴》)

相传:元宗尝令左右,提优人黄幡绰入池水中复出,幡绰曰:

[①] 此论著作于1909年,原刊于《国粹学报》,收入《王国维遗书》第十六册。

向见屈原笑臣,尔遭逢圣明,何遽至此?据《朝野佥载》:散乐高崔嵬,善弄痴大,帝令没首水底,少顷,出而大笑,上问之,曰:"臣见屈原谓臣云:我遇楚怀无道,汝何事亦来耶?"帝不觉惊起,赐物百段。(段成式《酉阳杂俎续集》)

咸通中,优人李可及者,滑稽谐戏,独出辈流。虽不能托讽匡正,然智巧敏捷,亦不可多得。尝因延庆节,缁黄讲论毕,次及倡优为戏。可及乃儒服险巾,褒衣博带,摄齐以升崇坐,自称三教《论衡》。其隅坐者问曰:"既言博通三教,释迦如来是何人?"曰:"是妇人。"问者惊曰:"何也?"对曰:"《金刚经》云:敷坐而坐。或非妇人,何烦夫坐,然后儿坐也。"上为之启齿。又问曰:"太上老君何人也?"对曰:"亦妇人也。"问者益所不喻。乃曰:"《道德经》云:吾有大患,是吾有身,及吾无身,吾复何患。倘非妇人,何患乎有娠乎?"上大悦。又曰:"文宣王何人也?"对曰:"妇人也。"问者曰:"何以知之?"对曰:"《论语》云:沽之哉!沽之哉!吾待贾者也。向非妇人,待嫁奚为?"上意极欢,宠锡甚厚。翌日,授环卫之员外职。(高彦休《唐阙史》)

僖宗皇帝好蹴踘斗鸡为乐,自以能于步打,谓俳优石野猪曰:"朕若作步打进士举,亦合得状元?"野猪对曰:"或遇尧舜禹汤作礼部侍郎,陛下不免且落第。"帝笑而已。(孙光宪《北梦琐言》)

光化中,朱朴自《毛诗》博士登庸,恃其口辩,可以立致太平。由藩邸引导,闻于昭宗,遂有此拜。对敭之日,面陈时事数条。每言:"臣必为陛下致之。"洎操大柄,无所施展,自是恩泽日衰,中外腾沸。内宴日,俳优穆刀陵作念经行者,至御前曰:"若是朱相,即是非相。"翌日出官。(同上)

刘仁恭之军,为汴帅败于内黄。尔后汴帅攻燕,亦败于唐河。他日命使聘汴,汴帅开宴,俳优戏医病人以讥之。且问:病状内

黄,以何药可瘳?其聘使谓汴帅曰:"内黄,可以唐河水浸之,必愈。"宾主大笑。(同上)

天复元年,凤翔李茂贞入觐。翌日,宴于寿春殿,茂贞肩舆,衣驼褐,入金銮殿,易服赴宴,咸以为前代跋扈,未有此也。先是,茂贞入阙,焚烧京城。是宴也,俳优安辔新,号茂贞为"火龙子",茂贞惭惕,俯首。宴罢有言:"他日须斩此优!"辔新闻之,请假往凤翔求救。茂贞遥见,诟之曰:"此优穷也!何为敢来?"对曰:"只要起居,不为求救,近日京中,且卖麸炭,可以取济。"茂贞大笑,而厚赐赦之也。(同上)

唐昭宗时,财用窘乏,李茂贞令榷油以佐军需。俄有司言:"官油沽卖不行,多为诸门放入松明搀夺,乞行禁止。"盖民间然松明为灯故也。优人张廷范曰:"此事大好。更有一例,便可并月明禁之。"茂贞大笑,松明之禁遂止。(陈耀文《天中记》引《易斋笑林》)

唐庄宗既好俳优,又知音,能度曲,至今汾晋之俗,往往能歌其声,谓之御制者,皆是也。其小字亚子,当时人或谓之亚次,又为优名,以自目曰李天下。自其为王,至于为天子,常身与俳优杂戏于庭。伶人由此用事,遂至于亡。皇后刘氏,素微,其父刘叟,卖药善卜,号刘山人。刘氏性悍,方与诸姬争宠,常自耻其家世,而特讳其事。庄宗乃为刘叟衣服,自负蓍囊、药箧,使其子继岌提破帽而随之,造其卧内,曰:"刘山人来省女。"刘氏大怒,笞继岌而逐之。宫中以此为笑乐。(《五代史·伶官传》)

庄宗好田猎,猎于中牟,践民田。中牟县令当马切谏,为民请。庄宗怒,叱县令去,将杀之。伶人敬新磨知其不可,乃率诸伶走追县令,擒至马前,责之曰:"汝为县令,独不知吾天子好猎邪?奈何纵民稼穑,以供税赋?何不饥汝县民,而空此地,以备吾天子之驰骋。汝罪当死!"因前请亟行刑,诸伶共倡和之。庄宗大笑,县令乃得免去。庄宗尝与群优戏于庭,四顾而呼曰:"李天下,李天下何在?"新磨遽前,以手批其颊。庄宗失色,左右皆恐,群伶亦大惊骇,共持新磨诘曰:"汝奈何批天子颊?"新磨对曰:"李天下者,一人而已,复谁呼邪?"于是左右皆笑。庄宗大喜,赐与新磨甚厚。新磨尝奏事殿中,殿中多恶犬,新磨去,犬起逐之。新磨倚柱呼曰:"陛下毋纵儿女啮人。"庄宗家世夷狄,夷狄之人讳言狗,故新磨以是讥之。庄宗大怒,弯弓注矢将射之。新磨急呼曰:"陛下无杀臣,臣与陛下为一体,杀之不祥。"庄宗大惊,问其故。对曰:"陛下开国,改元同光,天下皆谓陛下同光帝。且同,铜也,若杀敬新磨,则同无光矣。"庄宗大笑,乃释之。然时诸伶,独新磨尤善俳,其语最著,而不闻其他过恶。(《五代史·伶官传》)

王延彬独据建州,称伪号,一旦大设,伶官作戏,辞云:"只闻有泗州和尚,不见有五县天子。"(钱易《南部新书》)

祥符、天禧中,杨大年、钱文僖、晏元献、刘子仪以文章立朝,为诗皆宗李义山,后进多窃义山语句。尝内宴,优人有为义山者,衣服败裂,告人曰:"吾为诸馆职挦扯至此。"闻者欢笑。(刘攽《中山诗话》)

仁宗时,赏花钓鱼宴,赋诗往往宿制。天圣中,永兴军进山水石,因令赋山水石歌,出于不意,多荒恶。中坐,优人入戏,各执纸笔,若吟诗状。一人忽仆入石上,曰:"数日来作赏花钓鱼诗,准备应制,却被这石头擦倒。"明日降出,诗代中书铨定,内鄙恶者与外任。(《天中记》引《东斋遗事》)

潞公谓温公曰:"吾留守北京,遣人入大辽侦事,回云:见辽主大宴群臣,伶人剧戏,作衣冠者,见物必攫取怀之。有从其后以梃朴之者,曰:'司马端明邪?'君实清名,在夷狄如此。"温公愧谢。(邵伯温《闻见前录》)

孔道辅奉使契丹，契丹宴使者，优人以文宣王为戏，道辅艴然径出。契丹使主客者，邀道辅还坐，且令谢之。道辅正色曰："中国与北朝通好，以礼文相接，今俳优之徒，侮慢先圣而不之禁，北朝之过也。道辅何谢！"契丹君臣默然。（《宋史·孔道辅传》）

罗衣轻，不知其乡里，滑稽通变，一时谐谑，多所规讽。兴宗败于李元昊也，单骑突出，几不得脱。先是，远昊获辽人，辄劓其鼻，有奔北者，惟恐追及，故罗衣轻止之曰："且观鼻在否。"上怒，以氂索系帐后，将杀之，太子笑曰："打诨底不是黄幡绰。"罗衣轻应声曰："用兵底亦不是唐太宗。"上闻而释之。上尝与太弟重元狎昵，晏酣，许以千秋万岁后传位，重元喜甚，骄纵不法。又因双陆，赌以居民城邑，帝屡不竞，前后已偿数城。重元既恃梁孝王之宠，又多郑叔段之过，朝臣无敢言者，道路以目。一日复赌，罗衣轻指其局曰："双陆休痴，和你都输去也。"帝始悟，不复戏。清宁间以疾卒。（《辽史·伶官传》）

熙宁初，王丞相介甫既当轴处中，而神庙方赫然一切委听。号令骤出，但于人情，适有所离合，于是故臣名士，力争其不可，且多被黜降，后来者乃寖结其舌矣。当是时，以君相之威权而不能有所帖服者，独一教坊使丁仙现耳。丁仙现，人但呼之曰丁使。丁使遇介甫法制适行，必因燕设，于戏场中乃更作为嘲诨，肆其诮难，辄为人笑传。介甫不堪，然无如何也！因触王怒，必欲斩之，神宗乃密诏二王，取丁仙现匿诸王所。二王者，神庙之两爱弟也，故一时谚语："有台官不如伶官。"（蔡絛《铁围山丛谈》）

顷有秉政者，深被眷倚，言事无不从。一日御宴，教坊杂剧：为小商，自称姓赵名氏，以瓦瓿卖沙糖。道逢故人，喜而拜之。伸足误踏瓿倒，糖流于地。小商弹采叹息曰："甜采，你即溜也，怎奈何？"左右大笑。俚语以王姓为甜采。（此恐指介甫。见王辟之《渑

水燕谈录》)

元丰中,神宗仿汉原庙之制,增筑景灵宫。先于寺观,迎诸帝后御容,奉安禁中,浹日,以次备法驾羽卫前导,赴宫观者夹路,鼓吹振作。教坊使丁仙现舞,望仁宗御像,引袖障面,若挥泪者。都人父老皆泣下。呜呼,帝之德泽在人深矣。(邵伯温《闻见前录》)

东坡先生近令门人作《人不易物》赋(物为一,人轻重也),或戏作一联曰:"伏其几而袭其裳,岂为孔子;学其书而戴其帽,未是苏公。"(士大夫近年仿东坡桶高檐短名帽曰:"子瞻样。")荐因言之。公笑曰:"近扈从醴泉观,优人以相与自夸文章为戏者,一优丁仙现曰:'吾之文章,汝辈不可及也。'众优曰:'何也?'曰:'不见吾头上子瞻乎!'"上为解颜,顾公久之。(李荐《师友谈记》)

丁仙现自言:及见前朝老乐工,间有优诨及人所不敢言者,不徒为谐谑,往往因以达下情。故仙现亦时时效之。非为优戏,则容貌俨然如士大夫。(叶梦得《避暑录话》)

元祐中,上元,驾幸迎祥池,宴从臣。教坊伶人以先圣为戏。刑部侍郎孔宗翰(即道辅之子)奏,唐文宗时,尝有为此戏,诏斥去之。今圣君宴犒群臣,岂宜尚容有此!诏付检官置于理。或曰:"此细事,何足言!"孔曰:"非尔所知。天子春秋鼎盛,方且尊德乐道,而贱伎乃尔亵慢,纵而不治,岂不累圣德乎?"闻者羞惭叹服。(《渑水燕谈录》)

宣和中,童贯用兵燕蓟,败而窜。一日内宴,教坊进伎,为三四婢,首饰皆不同。其一当额为髻,曰:"蔡太师家人也";其二髻偏坠,曰:"郑太宰家人也";又一人满头为髻如小儿,曰:"童大王家人也"。问其故。蔡氏者曰:"太师觐清光,此名朝天髻。"郑氏者曰:"吾太宰奉祠就第,此懒梳髻。"至童氏者曰:"大王方用兵,此三十六髻也。"(周密《齐东野语》)

宣和间，钧天乐部焦德者，以谐谑被遇，时借以讽谏。一日，从幸禁苑，指花竹草木，以询其名，德曰："皆芭蕉也。"上诘之，乃曰："禁苑花竹，皆取于四方，在途之远，巴至上林，则已焦矣。"上大笑。（周煇《清波杂志》）

蔡卞之妻七夫人，颇知书，能诗词。蔡每有国事，先谋之于床笫，然后宣之于庙堂。时执政相语曰："吾辈今日所奉行者，皆其咳唾之馀也。"蔡拜右相，家宴张乐，伶人扬言曰："右丞今日大拜，都是夫人裙带。"讽其官职自妻而致，中外传以为笑。（周煇《清波杂志》）

俳优侏儒，周伎之最下且贱者；然亦能因戏语而箴讽时政，有合于古矇诵工谏之义，世目为杂剧者是也。崇宁初，斥远元祐忠贤，禁锢学术，凡偶涉其时所为所行，无论大小，一切不得志。伶者对御为戏：推一参军作宰相，据坐，宣扬朝政之美。一僧乞给公据游方，视其戒牒，则元祐三年者，立涂毁之，而加以冠巾。道士失亡度牒，闻披载时，亦元祐也，剥其羽服，使为民。一士人以元祐五年获荐，当免举，礼部不为引用，来自言，即押送所属屏斥。已而，主管宅库者附耳语曰："今日在左藏库，请相公料钱一千贯，尽是元祐钱，合取钧旨。"其人俯首久之，曰："从后门搬入去。"副者举所梃杖其背，曰："你做到宰相，元来也只要钱！"是时，至尊亦解颜。（洪迈《夷坚志》丁集）

蔡京作宰，弟卞为元枢。卞乃王安石婿，尊崇妇翁。当孔庙释奠时，跻于配享而封舒王。优人设孔子正坐，颜、孟与安石侍侧。孔子命之坐，安石揖孟子居上，孟辞曰："天下达尊，爵居其一，轲近蒙公爵，相公贵为真王，何必谦光如此！"遂揖颜，曰："回也陋巷匹夫，平生无分毫事业，公为命世真儒，位貌有间，辞之过矣。"安石遂处其上。夫子不能安席，亦避位。安石惶惧拱手云："不敢。"往复未决。子路在外,情愤不能堪,径趋从祀堂,挽公冶长臂而出。公冶为窘迫之状,谢曰:"长何罪?"乃责数之曰:"汝全不救护丈人,看取别人家女婿。"其意以讥卞也。时方议升安石于孟子之右,为此而止。(洪迈《夷坚志》丁集)

又常设三辈为儒、道、释,各称颂其教。儒者曰:"吾之所学,仁义礼智信,曰五常。"遂演畅其旨,皆采引经书,不杂媟语。次至道士,曰:"吾之所学,金木水火土,曰五行。"亦说大意。末至僧,僧抵掌曰:"二子腐生常谈,不足听;吾之所学,生老病死苦,曰五化。《藏经》渊奥,非汝等所得闻,当以现世佛菩萨法理之妙,为汝陈之。盍以次问我?"曰:"敢问生?"曰:"内自大学辟雍,外至下州偏县,凡秀才读书者,尽为三舍生。华屋美馔,月书季考,三岁大比,脱白挂绿,上可以为卿相。国家之于生也如此。"曰:"敢问老?"曰:"老而孤独贫困,必沦沟壑,今所在立孤老院,养之终身。国家之于老也如此。"曰:"敢问病?"曰:"不幸而有疾,家贫不能拯疗,于是有安济坊,使之存处,差医付药,责以十全之效。其于病也如此。"曰:"敢问死?"曰:"死者,人所不免,唯贫民无所归,则择孔隙地,为漏泽园。无以敛,则与之棺,使得葬埋;春秋享祀,恩及泉壤。其于死也如此。"曰:"敢问苦?"其人瞑目不应,阳若恻悚然。促之再三,乃蹙额答曰:"只是百姓一般受无量苦。"徽宗为恻然长思,弗以为罪。(洪迈《夷坚志》丁集)

崇宁二年,铸大钱,蔡元长建议,俾为折十。民间不便。优人因内宴,为买浆者,或投一大钱,饮一杯,而索偿其余。卖浆者对以方出市,未有钱,可更饮浆。乃连饮至于五六,其人鼓腹曰:"使相公改作折百钱,奈何!"上为之动。法由是改。又,大农告乏时,有献廪俸减半之议。优人乃为衣冠之士,自束带衣裾,被身之物,辄除其半。众怪而问之,则曰:"减半。"已而,两足共穿半袴,蹩而来

前。复问之,则又曰:"减半。"乃长叹曰:"但知减半,岂料难行。"语传禁中,亦遂罢议。(曾敏行《独醒杂志》)

伪齐刘豫,既僭位,大飨群臣。教坊进杂剧。有处士问星翁曰:"自古帝王之兴,必有受命之符,今新主有天下,抑有嘉祥美瑞以应之乎?"星翁曰:"固有之。新主即位之前一日,有一星聚东井,真所谓符命也。"处士以杖击之,曰:"五星,非一也,乃云聚耳。一星,又何聚焉?"星翁曰:"汝固不知也。新主圣德,比汉高祖只少四星儿里。"(沈作喆《寓简》)

绍兴初,杨存中在建康,诸军之旗中有双胜交环,谓之二圣环,取两宫北还之意。因得美玉,琢成帽环,进高庙日尚御裹。偶有伶者在旁,高庙指环示之:"此环杨太尉进来,名二圣环。"伶人接奏曰:"可惜二圣环只放在脑后。"高宗亦为之改色。所谓"工执艺事以谏"。(张端义《贵耳集》)

秦桧以绍兴十五的四月丙子朔,赐第望仙桥;丁丑,赐银绢万匹两,钱千万,彩千缣。有诏:"就第赐燕,假以教坊优伶。"宰执咸与。中席,优长诵致语,退。有参军者,前,褒桧功德,一伶以荷叶交椅从之。诙语杂至,宾欢既洽,参军方拱揖谢,将就椅,忽坠其幞头,乃总发为髻,如行伍之巾;后有大巾镮,为双叠胜。伶指而问曰:"此何镮?"曰:"二圣镮。"遽以朴击其首,曰:"尔但坐太师交椅,请取银绢例物,此镮掉脑后可也。"一坐失色。桧怒,明日下伶于狱,有死者。于是语禁始益繁。(岳珂《桯史》)

绍兴中,李椿年行经界量田法。方事之初,郡邑奉命严急,民当其职者,颇困苦之。优者为先圣、先师,鼎足而坐。有弟子从末席起,咨叩所疑。孟子奋曰:"夫仁政必自经界始。吾下世千五百年,其言乃为圣世所施用,三千之徒皆不如。"颜子默默无语。或于旁笑曰:"使汝不是短命而死,也须做出一场害人事。"时秦桧主张

李议,闻者畏获罪,不待此段之毕,即以谤亵圣贤,叱执送狱。明日,杖而逐出境。(洪迈《夷坚志》丁集)

生戌省试,秦桧之子熺、侄昌时、昌龄,皆奏名。公议籍籍,而无敢辄语。至乙丑春首,优者即戏场,设为士子,赴南宫,相与推论知举官为谁。指侍从某尚书、某侍郎,当主文柄,优长者非之曰:"今年必差彭越。"问者曰:"朝廷之上,不闻有此官员。"曰:"汉梁王也。"曰:"彼是古人,死已千年,如何来得?"曰:"前举是楚王韩信,信、越一等人,所以知今为彭王。"问者嗤其妄,且扣厥指,笑曰:"若不是韩信,如何取得他三秦!"四座不敢领略,一哄而出。秦亦不敢明行谴罚云。(洪迈《夷坚志》丁集)

寿皇赐宰执宴,御前杂剧,装秀才三人。首问曰:"第一秀才,仙乡何处?"曰:"上党人。"次问:"第二秀才,仙乡何处?"曰:"泽州人。"又问:"第三秀才,仙乡何处?"曰:"湖州人。"又问:"上党秀才,汝乡出何生药?"曰:"某乡出人参。"次问:"泽州秀才,汝乡出甚生药?"曰:"某乡出甘草。"次问:"湖州出甚生药?"曰:"出黄蘗。""如何湖州出黄蘗?""最是黄蘗苦人!"当时,皇伯秀王在湖州,故有此语。寿皇即日召入,赐第,奉朝请。(《贵耳集》)

何自然中丞,上疏乞朝廷并库,寿皇从之。方且讲究未定,御前有燕,杂剧:伶人妆一卖故衣者,持裤一腰,只有一只裤口。买者得之,问:"如何著?"卖者曰:"两脚并做一裤口。"买者曰:"裤却并了,只恐行不得。"寿皇即寝此议。(《贵耳集》)

胡给事元质既新贡院,嗣岁庚子,适大比,乃侈其事,命供帐考校者,悉倍前规。鹄袍入试,茗卒馈浆,公庖继肉,坐案宽洁。执事恪敬,訚訚于于,以笔于文,士论大惬。会初场,赋题出《孟子》《舜闻善若决江河》,而以"闻善而行、沛然莫御"为韵。士既就案矣。蜀俗敬长而尚先达,每在广场,不废请益焉。晡后,忽一老儒,擿

《礼部韵》示诸生，谓沛字唯十四泰有之，一为颠沛，一为沛邑。注无沛洓之义。惟它有霈字，乃从雨为可疑。众曰"是"，哄然叩帘请。出题者方假寐，有少年出酧之，漫不经意，擅云："《礼部韵》注义既非，增一雨头无害也。"揖而退，如言以登于卷。坐远于帘者，或不闻知，乃仍用前字。于是试者用霈、沛各半。明日将试《论语》，籍籍传，凡用沛字者皆窘。复叩帘。出题者初不知昨夕之对，应曰如字。廷中大喧，浸不可制，噪而入曰："试官误我三年，利害不细。"帘前闑木如拱，皆折。或入于房，执考校者一人殴之。考校者惶遽，急曰："有雨头也得，无雨头也得！"或又咎其误，曰："第二场更不敢也。"盖一时祈脱之词，移时稍定。试司申：鼓噪场屋。胡以其不称于礼遇也，怒，物色为首者，尽系狱。韦布益不平。既拆号，例宴主司以劳还，毕三爵，优伶序进。有儒服立于前者，一人旁揖之，相与诧博洽，辨古今，岸然不相下。因各求挑试所诵忆。其一问："汉名宰相凡几？"儒服以萧曹以下，枚数之无遗。群优咸赞其能。乃曰："汉相吾言之矣。敢问唐三百载，名将帅何人也？"旁揖者亦诎指英、卫以及季叶，曰："张巡、许远、田万春。"儒服奋起，争曰："巡、远之姓是也，万春之姓雷，历考史牒，未有以雷为田者。"揖者不服，撑拄腾口。俄一绿衣参军，自称教授，前据几，二人敬质疑，曰："是故雷姓。"揖者大诟，袒裼奋拳，教授遽作恐惧状，曰："有雨头也得，无雨头亦得！"坐中方失色，知其讽己也。忽优有黄衣者，持令旗跃出稠人中，曰："制置大学给事台旨：试官在座，尔辈安得无礼！"群优亟敛下，喏曰："第二场更不敢也。"侠忛皆笑，席客大惭。明日遁去。遂释系者。胡意其为郡士所使，录优而诘之，杖而出诸境。（《桯史》）

　　蜀伶多能文，俳语率杂以经史，凡制帅幕府之宴集，多用之。嘉定初，吴畏斋帅成都，从行者多选人，类以京削系念。伶知其然，一日,为古衣冠服数人,游于庭,自称孔门弟子。交质以姓氏,或曰常,或曰於,或曰吾。问其所莅官,则合而应曰:"皆选人也。"固请析之。居首者率然对曰:"子乃不我知,《论语》所谓'常从事於斯矣',即某其人也。官为从事而系以姓,固理之然。"问其次,曰:"亦出《论语》'於从政乎何有',盖即某官氏之称。"又问其次,曰:"某又《论语》,十七篇所谓'吾将仕'者。"遂相与叹咤,以选调为淹抑。有恧愚其旁者,曰:"子之名不见于七十子,固圣门下第,盍扣十哲而受教焉。"如其言,见颜、闵,方在堂,群而请益。子骞蹙额曰:"如之何?何必改!"衮公应之曰:"然,回也不改。"众怃然不怡,曰:"无已,质诸夫子。"如之,夫子不答,久而曰:"钻遂改,火急可已矣。"坐客皆愧而笑。闻者至今启颜。优流侮圣言,直可诛绝。特记一时之戏语如此。(《桯史》)

韩平原在庆元初,其弟仰胄为知阁门事,颇与密议,时人谓之大、小韩,求捷径者争趋之。一日内宴,优人有为衣冠到选者,自叙履历、材艺,应得美官,而流滞铨曹,自春徂冬,未有所拟,方徘徊浩叹。又为日者,敝帽持扇,过其旁,遂邀之谈庚甲,问以得禄之期。日者厉声曰:"君命甚高;但于五星局中,财帛宫若有所碍。目下若欲亨达,先见小寒;更望成事,必见大寒可也。"优盖以寒为韩。侍宴者皆缩颈匿笑。(《桯史》)

嘉泰末年,平原恃公有扶日之功,凡事自作威福,政事皆不由内出。会内宴,伶人王公瑾曰:"今日政如客人卖伞,不由里面。"宁宗恭淑后上仙,而曹氏为姨好,平原持以为亲属,偶值真里富国进驯象至,平原语公瑾曰:"不闻有真里富国。"(音如李辅国)公瑾曰:"如今有假杨国忠。"平原虽憾之,而无罪加焉。(《天中记》引《白獭髓》)

韩侂胄用兵既败,为之须发俱白,闷不知所为。优伶因上赐侂胄宴,设樊迟、樊哙,旁有一人曰樊恼。又设一人,揖问迟:"谁与你取名?"对以夫子所取。则拜曰:"是圣门之高弟也。"又揖问哙,曰:"谁名汝?"对曰:"汉高祖所命。"则拜曰:"真汉家之名将也。"又揖恼,曰:"谁名汝?"对以"樊恼自取"。(叶绍翁《四朝闻见录》戊集)

郭倪郭杲败,因赐宴,优伶以生菱进于桌上,命二人移桌,忽生菱堕,尽碎。其一人云:"苦,苦,苦!坏了许多生灵,只因移果桌。"(叶绍翁《四朝闻见录》戊集)

金章宗元妃李氏,势位熏赫,与皇后侔。一日,宴宫中,优人瑇瑁头者,戏于前。或问:"上国有何符瑞?"优曰:"汝不闻凤凰见乎?"曰:"知之而未闻其详。"优曰:"其飞有四,所应亦异。若向上飞,则风雨顺时;向下飞,则五谷丰登;向外飞,则四国来朝;向里飞,则加官进禄。"上笑而罢。(《金史·后妃传》)

宋端平间,真德秀应召而起,百姓仰之,若元祐之仰涑水也。继参大政,未及有所建置而卒。魏了翁帅师,亦未及有所经略而罢。临安优人,装一儒生,手持一鹤;别一儒生与之邂逅,问其姓名,曰:"姓钟名庸。"问所持何物,曰:"大鹤也。"因倾盖欢然,呼酒对饮。其人大嚼洪吸,酒肉靡有孑遗。忽颠仆于地,群数人曳之不动。一人乃批其颊,大骂曰:"说甚《中庸》、《大学》,与了许多酒食,一动也不动。"遂一笑而罢。(罗大经《鹤林玉露》。今通行十六卷本无此条。此条出《天中记》所引。)

己亥,史□之为京尹,其弟以参政督兵于淮。一日内宴,伶人衣金紫,而幞头忽脱,乃红巾也。或惊问曰:"贼裹红巾,何为官亦如此?"傍一人答曰:"如今做官的都是如此。"于是褫其衣冠,则有万回佛自怀中坠地。其旁者曰:"他虽做贼,且看他哥哥面。"(《齐东野语》。按参政即史嵩之,其兄无考。)

女冠吴知古用事,人皆侧目。内宴日,参军四筵张乐,胥辈请佥文书,参军怒曰:"吾方听觱栗,可少缓。"请至再三,答如前。胥击其首曰:"甚事不被觱栗坏了!"盖俗呼黄冠为觱栗也。(《齐东野语》)

王叔(疑有阙字)知吴门日,名其酒曰"彻底清"。锡宴日,伶人持一樽,夸于众曰:"此酒名彻底清。"既而开樽,则浊醪也。旁诮之曰:"汝既为彻底清,却如何如此?"答云:"本是彻底清,被钱打得浑了。"(《齐东野语》)

蜀伶尤能涉猎古今,援引经史,以佐口吻,资笑谈。当史丞相弥远用事,选人改官,多出其门。制阃大宴,有优为衣冠者数辈,皆称为孔门弟子,相与言吾侪皆选人。遂各言其姓。"吾为常从事","吾为於从政","吾为吾将仕","吾为路文学"。别有二人出,曰:"吾宰予也。夫子曰:於予与改,可谓侥幸。"其一曰:"吾颜回也。夫子曰,回也不改。吾为四科之首而不改,汝何为独改?"曰:"吾钻故,汝何不钻?"回曰:"吾非不钻,而钻弥坚耳。"曰:"汝之不改宜也,何不钻弥远乎?"其离析文义,可谓侮圣言;而巧发微中,有足称言者焉。(《齐东野语》)

蜀伶有袁三者,名尤著。有从官姓袁者,制蜀颇乏廉声。群优四人,分主酒、色、财、气,各夸张其好尚之乐,而余者互讥诮之。至袁优,则曰:"吾所好者,财也。"因极言财之美、利,众亦讥诮之。徐以手自指曰:"任你讥笑,其如袁丈好此何!"(《齐东野语》)

弘治己未科会试,学士程敏政主考,仆辈假通关节,以要赂。举人唐寅辈因而夤缘,欲窃高第,为言官华昶等所发,逮赴诏狱。孝皇亲御午门,会法司官鞫问,以东宫旧官,从轻夺职。尝闻事未发,孝皇内宴,优人扮出一人,以盘捧熟豚蹄七,行且号曰:"卖蹄呵。"一人就买,问价几何?曰:"一千两一个。"买者曰:"何贵若是!"卖者曰:"此俱熟蹄,非生蹄也。"哄堂而罢。孝皇顿悟。(明徐咸《西园杂记》)

人间词话①

一

《诗·蒹葭》②一篇最得风人深致③。晏同叔④之"昨夜西风凋碧树。独上高楼,望尽天涯路"⑤意颇近之。但一洒落,一悲壮耳。

〔注〕①《人间词话》从1908年开始刊于《国粹学报》第47、49、50期,1926年由朴社印行。本处采用滕咸惠先生的审校与选注。
② 诗经·秦风·蒹葭
蒹葭苍苍,白露为霜。所谓伊人,在水一方。遡洄从之,道阻且长。遡游从之,宛在水中央。 蒹葭凄凄,白霜未晞。所谓伊人,在水之湄。遡洄从之,道阻且跻。遡游从之,宛在水中坻。 蒹葭采采,白露未已。所谓伊人,在水之涘。遡洄从之,道阻且右。遡游从之,宛在水中沚。(据朱熹《诗集传》,上海古籍出版社本)
③ "风人"即诗人。《诗经》有十五国风。"风人深致"指诗人"所见者真,所知者深",因而可以做到"其言情也必沁人心脾,其写景也必豁人耳目,其辞脱口而出无一矫揉装束之态"。
④ 晏同叔 晏殊(991—1055),字同叔,北宋词人。
⑤ 晏殊 鹊踏枝
槛菊愁烟兰泣露。罗幕轻寒,燕子双飞去。明月不谙离恨苦。斜光到晓穿朱户。 昨夜西风凋碧树。独上高楼,望尽天涯路。欲寄彩笺兼尺素。天长水阔知何处。(据唐圭璋编《全宋词》)

二

古今之成大事业、大学问者,罔不经过三种之境界:"昨夜西风凋碧树。独上高楼,望尽天涯路",此第一境界也。"衣带渐宽终不悔,为伊消得人憔悴"①,(欧阳永叔②)此第二境界也。"众里寻他千百度,回头蓦见,那人正在灯火阑珊处"③,(辛幼安④)此第三境界也。此等语皆非大词人不能道。然遽以此意解释诸词,恐为晏、欧诸公所不许也。

〔校〕此条亦见《文学小言》,"三种之境界"作"三种之阶级"。
〔注〕① 欧阳修　蝶恋花
独倚危楼风细细。望极离愁,黯黯生天际。草色山光残照里。无人会得凭阑意。　也拟疏狂图一醉。对酒当歌,强乐还无味。衣带渐宽都不悔。况伊销得人憔悴。(据《全宋词》)
② 欧阳永叔　欧阳修(1007—1072),字永叔,北宋文学家。
③ 辛弃疾　青玉案元夕
东风夜放花千树。更吹落,星如雨。宝马雕车香满路。凤箫声动,玉壶光转,一夜鱼龙舞。　蛾儿雪柳黄金缕,笑语盈盈暗香去。众里寻他千百度,蓦然回首,那人却在灯火阑珊处。(据邓广铭《稼轩词编年笺注》,上海古籍出版社本)
④ 辛幼安　辛弃疾(1140—1207),字幼安,号稼轩,南宋词人。

三

太白①纯以气象胜。"西风残照,汉家陵阙"②,寥寥八字,独有千古。③后世唯范文正④之《渔家傲》⑤、夏英公⑥之《喜迁莺》⑦差堪继武,然气象已不逮矣。

〔校〕"独有千古",通行本作"遂关千古登临之口"。
〔注〕① 太白　李白(701—762),字太白,唐代诗人。
② 李白　忆秦娥
箫声咽,秦娥梦断秦楼月。秦楼月,年年柳色,霸陵伤别。　乐游原上清秋节,咸阳古道音尘绝。音尘绝,西风残照,汉家陵阙。(据黄升辑《花庵词选》,中华书局本)
③ 黄升《花庵词选》云:"二词(指李白《菩萨蛮》和《忆秦娥》——引者)为百代词曲之祖。"陈廷焯《白雨斋词话》云:"太白《菩萨蛮》《忆秦娥》两阕,神在箇中,音流弦外,可以是为词中鼻祖。"(据人民文学出版社本)

但二词是否为李白作品,历来有争论。

胡应麟《少室山房笔丛》云:"太白在当时,直以风雅自任。即近体盛行,七言律鄙不肯为,宁屑事此?且二词虽工丽而气衰飒,于太白超然之致,不啻穹埌。藉令真出青莲,必不作如是语。详其意调,绝类温方城辈。盖晚唐人词,嫁名太白。""《菩萨蛮》之名,当起于晚唐世。案《杜阳杂编》云:大中初,女蛮国贡双龙犀、明霞锦。其国人危髻金冠,璎珞被体,故谓之菩萨。当时倡优遂制《菩萨蛮》曲,文士亦往往效其词。《南部新书》亦载此事。则太白之世,唐尚未有斯题,何得预制其曲耶?"(据中华书局本,下册)

吴衡照《莲子居词话》云:"唐词《菩萨蛮》《忆秦娥》二阙,花庵以后,咸以为出自太白。……胡应麟《笔丛》疑其伪托,未为无见。谓详其意调,绝类温方城,殊不然。如'瞑色入高楼,有人楼上愁''西风残照,汉家陵阙'等语,神理高绝,却非金荃手笔所能。"(据唐圭璋编《词话丛编》本)

吴梅《词学通论》云:"太白此词(指《忆秦娥》——引者)实冠今古,决非后人可以伪托。……盖自齐、梁以来,陶弘景之《寒夜怨》、陆琼《饮酒乐》、徐孝穆《长相思》等,虽具词体而堂庑未大。至太白繁情促节,长吟远慕,遂使前此诸家,悉归笼化,故论词不得不首太白也。"(据商务印书馆本)

杨宪益《李白与〈菩萨蛮〉》云:"《菩萨蛮》是古代缅甸方面的乐调,由云南传入中国。著名的《菩萨蛮》词'平林漠漠烟如织'是李白的作品。因为李白是氐人,生长在锦州昌明,所以幼时就受了西南音乐的影响。在开元年间,李白流落荆楚,路过鼎州沧水驿楼,登楼望远,忽思故乡,遂以故乡的旧调作为此词。《忆秦娥》和《清平乐》也是李白利用故乡的俗曲写成的,不过其写成当在《菩萨蛮》后,约当李白去京都长安前后。"(见《李白研究论文集》)

任二北在《敦煌曲初探》中,认为杨宪益的看法和《教坊记》《奇男子传》以及敦煌写本等资料"无不吻合","较为接近事实。"

④ 范文正 范仲淹(989—1052),字希文,谥文正,北宋文学家。

⑤ 范仲淹 渔家傲秋思

塞下秋来风景异,衡阳雁去无留意。四面边声连角起。千嶂里,长烟落日孤城闭。 浊酒一杯家万里,燕然未勒归无计。羌管悠悠霜满地。人不寐,将军白发征夫泪。(据《全宋词》)

⑥ 夏英公 夏竦(984—1050),字子乔,曾为宰相,封英国公,北宋词人。

⑦ 夏竦 喜迁莺

霞散绮,月垂钩。帘卷未央楼。夜凉河汉截天流,宫阙锁清秋。 瑶堵曙,金茎露。凤髓香和烟雾。三千珠翠拥宸游,水殿按凉州。(据《全宋词》)

黄升《花庵词选》注云:"景德中,水殿按舞时,公翰林内直,上遣中使取新词,公援毫立成以进,大蒙天奖。"

四

张皋文①谓:飞卿②之词"深美闳约"③。余谓此四字唯冯正中④足以当之。⑤刘融斋⑥谓:"飞卿精艳绝人。"⑦差近之耳。

〔注〕① 张皋文　张惠言(1761—1802),字皋文,清代词人、词论家。
② 飞卿　温庭筠(812—约870),本名岐,字飞卿,唐代文学家。
③ 张惠言《词选叙》云:"自唐之词人李白为首,其后韦应物、王建、韩翃、白居易、刘禹锡、皇甫淞、司空图、韩偓并有述造,而温庭筠最高,其言深美闳约。"(据《词选》,中华书局本)
④ 冯正中　冯延巳(904—960),字正中,南唐词人。
⑤ 陈廷焯《白雨斋词话》云:"冯正中词,极沈郁之致,穷顿挫之妙,缠绵忠厚,与温、韦相伯仲也。"
⑥ 刘融斋　刘熙载(1813—1881),字伯简,一字融斋,清代文学家。
⑦ 刘熙载《艺概·词曲概》云:"温飞卿词精妙绝人,然类不出乎绮怨。"(据上海古籍出版社本)

五

南唐中主①词"菡萏香销翠叶残,西风愁起绿波间"②,大有"众芳芜秽"③"美人迟暮"④之感。乃古今独赏其"细雨梦回鸡塞远,小楼吹彻玉笙寒"⑤,故知解人正不易得。⑥

〔注〕① 南唐中主　李璟(916—961),五代南唐中主,本名景通,改名瑶,后名璟,字伯玉,词人。
② 李璟　摊破浣溪沙
菡萏香销翠叶残,西风愁起绿波间。还与韶光共憔悴,不堪看。　细雨梦回鸡塞远,小楼吹彻玉笙寒。多少泪珠何限恨,倚阑干。(据《全唐诗》)
③ 屈原《离骚》:"余既滋兰之九畹兮,又树蕙之百亩。畦留夷与揭车兮,杂杜衡与芳芷。冀枝叶之峻茂兮,愿俟时乎吾将刈。虽萎绝其亦何伤兮,哀众芳之芜秽。"(据朱熹《楚辞集注》,上海古籍出版社本)
④ 屈原《离骚》:"日月忽其不淹兮,春与秋其代序。惟草木之零落兮,恐美人之迟暮。"(据《楚辞集注》)
⑤ 马令《南唐书·冯延巳传》云:"元宗乐府词云'小楼吹彻玉笙寒'。延巳有'风乍起,吹皱一池春水'之句。皆为警策。元宗尝戏延巳曰:'"吹皱一池春水",干卿何事?'延巳曰:'未若陛下"小楼吹彻玉笙寒"。'元宗悦。"(据《墨海金壶》本)胡存《苕溪渔隐丛话》引《雪浪斋日记》云:"荆公问山谷云:'作小词曾看李后主词否?'云:'曾看。'荆公云:

'何处最好?'山谷以'一江春水向东流'为对。荆公云:'未若"细雨梦回鸡塞远,小楼吹彻玉笙寒",又"细雨湿流光"最好。'(据人民文学出版社本,上册)按:王安石误把南唐中主词和冯延巳词当作后主词。

⑥ 陈廷焯《白雨斋词话》云:"南唐中宗《山花子》云:'还与韶光共憔悴,不堪看。'沈之至,郁之至,凄然欲绝。后主虽善言情,卒不能出其右也。"

吴梅《词学通论》云:"中宗诸作,自以《山花子》二首为最。……此词之佳在于沈郁。夫'菡萏销翠'、'愁起西风'与'韶光'无涉也。而在伤心人见之,则夏景繁盛亦易摧残,与春光同此憔悴耳。故一则曰'不堪看',一则曰'何限恨'。其顿挫空灵处,全在情景融洽,不事雕琢,凄然欲绝。至'细雨'、'小楼'二语,为'西风愁起'之点染语,炼词虽工,非一篇中之至胜处,而世人竞赏此二语,亦可谓不善读者矣。"

六

冯正中词虽不失五代风格而堂庑特大,开北宋一代风气。①中、后二主②皆未逮其精诣。《花间》③于南唐人词中虽录张泌④作,而独不登正中只字,岂当时文采为功名所掩耶?⑤

―――――――

〔校〕"中、后二主皆未逮其精诣……文采为功名所掩耶?"通行本作"与中、后二主词皆在《花间》范围之外,宜《花间集》中不登其只字也"。

〔注〕① 刘熙载《艺概·词曲概》云:"冯延巳词,晏同叔得其俊,欧阳永叔得其深。"冯煦《唐五代词选叙》云:"吾家正中翁,鼓吹南唐,上翼二主,下启欧、晏,实正变之枢贯,短长之流别。"(据商务印书馆本)

② 中、后二主　南唐中主(参见第5条注①)和南唐后主。后主李煜(937—978),字重光,词人。

③《花间》　《花间集》,五代后蜀赵孟祚编,选录晚唐五代十八家词五百首。

④ 张泌　南唐词人。

⑤ 龙榆生《南宋名家词选》云:"《花间集》多西蜀词人,不采二主及正中词,当由道里隔绝,又年岁不相及,有以致然。非因流派不同,遂尔遗置也。王说非是。"(据开明书店1934年版)

七

大家之作,其言情也必沁人心脾,其写景也必豁人耳目。其辞脱口而出无一矫揉装束之态。①以其所见者真,所知者深也。持此以衡古今之作者,百不失一。此余所以不免有北宋后无词之叹也。

〔校〕通行本在"所知者深也"下,多出"诗词皆然"四字,"百不失一"作"可无大误",无"此余所以不免有北宋后无词之叹也"。

〔注〕① 王国维《宋元戏曲考序》云:"往者读元人杂剧而善之;以为能道人情,状物态,词采俊拔,而出乎自然,盖古所未有,而后人所不能仿佛也。"《宋元曲考》云:"然元剧最佳之处,不在其思想结构,而在其文章。其文章之妙,亦一言以蔽之曰:有意境而已矣。何以谓之有意境?曰:写情则沁人心脾,写景则在人耳目,述事则如其口出是也。古诗词之佳者,无不如是。元曲亦然。"(据《王国维戏曲论文集》)

八

美成①词深远之致不及欧②、秦③,唯言情体物,穷极工巧,故不失为第一流之作者。但恨创调之才多,创意之才少耳。④

〔注〕① 美成　周邦彦(1057—1121),字美成,北宋词人。
② 欧　欧阳修,参见第2条注②。
③ 秦　秦观(1049—1100),字少游、太虚,号淮海居士,北宋词人。
④ 陈振孙《直斋书录解题》云:"清真词多用唐人诗语檃括入律,浑然天成,长调尤善铺叙,富艳精工,词人之甲乙也。"(据《丛书集成初编》本)
强焕《题周美成词》云:"公之词,其摹写物态,曲尽其妙。"(据《宋六十名家词·片玉词》,四部备要本)张炎《词源》云:"美成词只当看他浑成处,于软媚中有气魄,采唐诗融化如自己者,乃其所长;惜乎意趣却不高远。"(据《词源注·乐府指迷笺》,人民文学出版社本)沈义父《乐府指迷》云:"凡作词当以清真为主。盖清真最为知音,且无一点市井气,下字运意,皆有法度,往往自唐、宋诸贤诗句中来,而不用经史中生硬字面,此所以为冠绝也。"(同上)周济《介存斋论词杂著》云:"清真,集大成者也。""清真浑厚,正于钩勒处见。他人一钩勒便刻削,清真愈钩勒、愈浑厚。"(据《介存斋论词杂著·复堂词话·蒿庵论词》,人民文学出版社本)
刘熙载《艺概·词曲概》云:"周美成词,或称其无美不备。余谓论词莫先于品。美成词信富艳精工,只是当不得一个贞字。是以士大夫不肯学之,学之则不知终日意萦何处矣。""周美成律最精审,史邦卿句最警炼。然未得为君子之词者,周旨荡而史意贪也。"

九

词最忌用替代字。美成《解语花》①之"桂花流瓦"境界极妙，惜以"桂华"二字代"月"耳。梦窗②以下则用代字更多。其所以然者，非意不足，则语不妙也。盖语妙则不必代，意足则不暇代。此少游③之"小楼连苑""绣毂雕鞍"④，所以为东坡⑤所讥也。⑥

〔注〕① 周邦彦　解语花元宵

风销焰蜡，露浥烘炉，花市光相射。桂华流瓦。纤云散、耿耿素娥欲下。衣裳淡雅。看楚女、纤腰一把。箫鼓喧、人影参差，满路飘香麝。　　因念都城放夜。望千门如昼，嬉笑游冶。钿车罗帕。相逢处，自有暗尘随马。年光是也。唯只见、旧情衰谢。清漏移，飞盖归来，从舞休歌罢。（据《全宋词》）

② 梦窗　吴文英（约1200—1260），字君特，号梦窗、觉翁，南宋词人。

③ 少游　秦观，参见第8条注③。

④ 秦观　水龙吟

小楼连远横空，下窥绣毂雕鞍骤。朱帘半卷，单衣初试，清明时候。破暖轻风，弄晴微雨，欲无还有。卖花声过尽，斜阳院落，红成阵、飞鸳甃。　　玉佩丁东别后，怅佳期、参差难又。名缰利锁，天还知道，和天也瘦。花下重门，柳边深巷，不堪回首。念多情，但有当时皓月，向人依旧。（据《全宋词》）

⑤ 东坡　苏轼（1036—1101），字子瞻，号东坡居士，北宋文学家。

⑥ 黄升《花庵词选》云："秦少游自会稽入京，见东坡。……（东坡）问别作何词，秦举'小楼连苑横空，下窥绣毂雕鞍骤'。坡云：'十三个字，只说得一个人骑马楼前过。'秦问先生近著，坡云：'亦有一词说楼上事。乃举'燕子楼空，佳人何在，空锁楼中燕'。晁无咎在座，云：'三句说尽张建封燕子楼一段事，奇哉。'"

十

沈伯时①《乐府指迷》云："说桃不可直说桃，须用'红雨'②'刘郎'③等字，说柳不可直说破柳，须用'章台'④'灞岸'⑤等事。"若惟恐人不用替代字者。果以是为工，则古今类书具在，又安用词为耶？宜其为《提要》所讥也。⑥

〔注〕① 沈伯时　沈夫义,字伯时,南宋词论家。

② 李贺《将进酒》:"况是青春日将暮,桃花乱落如红雨。"王实甫《西厢记》:"相见时,红雨纷纷点绿苔。"

③ 刘郎,刘禹锡。《旧唐书·刘禹锡传》:"(王)叔文败,(刘禹锡)坐贬连州刺史,在道,贬朗州司马。……禹锡在朗州十年……元和十年,自武陵召还。宰相欲置之郎署。时禹锡作《游玄都观咏看花诸君子》诗,语涉讥刺,执政不悦,复出为播州刺史。……改授连州刺史。去京师又十余年,连刺数郡。太和二年,自和州刺史征还,拜主客郎中。禹锡衔前事未已,复作《游玄都观诗》。……其前篇有'玄都观里桃千树,总是刘郎去后栽'之句,后篇有'种桃道士今何在,前度刘郎今又来'之句。"(据中华书局本)

④ 汉长安章台下街名章台街,乃歌妓聚居之所。孟棨《本事诗》叙韩翊与柳氏悲欢离合故事,中有韩翊寄柳氏诗云:"章台柳,章台柳,往日依依今在否?纵使长条似旧垂,亦应攀折他人手。"

⑤ 灞岸即灞陵岸。灞水流经长安东灞陵,有桥名灞桥。送客至此,折柳赠别。王粲《七哀诗》:"南登霸陵岸,回首望长安。"李白《忆秦娥》:"年年柳色,霸陵伤别。"戎昱《途中寄李二》:"杨柳烟含灞岸春,年年攀折为行人。"(或作李益诗)罗隐《送进士臧濆下第后归池州》:"柳攀灞岸强遮袂,水忆池阳渌满心。"

⑥ 《四库全书总目提要》"乐府指迷"条云:"又谓说桃须用'红雨''刘郎'等字,说柳须用'章台''灞岸'等字……不可直说破。其意欲避鄙俗,而不知转成涂饰,亦非确论。"(据商务印书馆本)

十一

南宋词人,白石①有格而无情,剑南②有气而乏韵。其堪与北宋人颉颃者,唯一幼安耳。近人祖南宋而祧北宋,以南宋之词可学,北宋不可学也。学南宋者,不祖白石,则祖梦窗,以白石、梦窗可学,幼安不可学也。③学幼安者,率祖其粗犷、滑稽,以其粗犷、滑稽处可学,佳处不可学也。同时白石、龙洲④学幼安之作且如此,况他人乎?其实幼安词之佳者,如《摸鱼儿》《贺新郎送茂嘉》《青玉案元夕》《祝英台近》⑤等,俊伟幽咽固独有千古,其他豪放之处亦有"横素波、干青云"⑥之概,宁梦窗辈龌龊小生所可语耶?⑦

〔校〕"同时白石、龙洲学幼安之作"至"宁梦窗辈醒龊小生所可语耶?"通行本作"幼安之佳处,在有性情,有境界。即以气象论,亦有'横素波、干青云'之概,宁后世醒龊小生所可拟耶?"

〔注〕① 白石　姜夔(约1155—约1221),字尧章,号白石道人,南宋词人。

② 剑南　陆游(1125—1210),字务观,号放翁,南宋诗人。有《剑南诗稿》《渭南文集》。

③ 王氏所说"近人祖南宋而祧北宋,以南宋之词可学,北宋不可学也。……"主要是针对清代词学中的浙派而言。朱彝尊《词综发凡》云:"世人言词,必称北宋。然词至南宋,始极其工,至宋季而始极其变。姜尧章氏最为杰出。"(据《词综》,上海古籍出版社本)《黑蝶斋诗余序》云:"词莫善于姜夔,宗之者张辑、卢祖皋、史达祖、吴文英、蒋捷、王沂孙、张炎、周密、陈允平、张翥、杨基,皆具夔之一体。"(据《曝书亭全集》,四部备要本)

厉鹗《张今涪红螺词序》云:"尝以词譬之画,画家以南宗胜北宗。稼轩、后村诸人,词之北宗也;清真、白石诸人,词之南宗也。"(据《樊榭山房文集》,四部备要本)

对于浙派的流弊,在王氏之前已有人提出批评。

文廷式《云起轩词钞序》云:"词者,远继风骚,近沿乐府,岂小道欤? 自朱竹垞以玉田为宗,所选《词综》,意旨枯寂。后人继之,尤为冗漫。以二窗为祢祖,视辛、刘若仇雠。家法若斯,庸非巨谬。二百年来,不为笼绊者,盖亦仅矣。"(转自《中国历代文论选》下册,中华书局本)吴衡照《莲子居词话》云:"词至南宋始极其工,秀水创此论,为明季人孟浪言词者示救病刀圭,意非不足。夫北宋大也,苏之大、张之秀、柳之艳、秦之韵、周之圆融,南宋诸老何以尚兹!"

④ 龙洲　刘过(1154—1206),字改之,号龙洲道人,南宋词人。

⑤ 辛弃疾　摸鱼儿淳熙己亥,自湖北漕移湖南,同官王正之置酒小山亭,为赋

更能消、几番风雨,匆匆春又归去。惜春长怕花开早,何况落红无数。春且住。见说道、天涯芳草无归路。怨春不语。算只有殷勤,画檐蛛网,尽日惹飞絮。　长门事,准拟佳期又误。蛾眉曾有人妒。千金纵买相如赋,脉脉此情谁诉? 君莫舞。君不见、玉环飞燕皆尘土! 闲愁最苦。休去倚危栏,斜阳正在,烟柳断肠处。

贺新郎别茂嘉十二弟。鹈鴂杜鹃实两种,见《离骚补注》

绿树听鹈鴂。更那堪、鹧鸪声住,杜鹃声切。啼到春归无寻处,苦恨芳菲都歇。算未抵、人间离别。马上琵琶关塞黑,更长门翠辇辞金阙。看燕燕,送归妾。　将军百战声名裂。向河梁回头万里,故人长绝。易水萧萧西风冷,满座衣冠似雪。正壮士、悲歌未彻。啼鸟还知如许恨,料不啼、清泪长啼血。谁共我,醉明月!

祝英台近晚春

宝钗分,桃叶渡,烟柳暗南浦。怕上层楼,十日九风雨。断肠片片飞红,都无人管;更谁劝、啼莺声住?　鬓边觑。试把花卜归期,才簪又重数。罗帐灯昏,哽咽梦中语:是他春带愁来,春归何处,却不解、带将愁去。

青玉案元夕

见第2条注③。(据《稼轩词编年笺注》)

⑥ 萧统《陶渊明集序》云:"横素波而傍流,干青云而直上。"
⑦ 刘克庄《辛稼轩集序》云:"公所作大声镗鞳,小声铿鍧,横绝六合,扫空万古,自有苍生以来所无。其秾纤绵密者亦不在小晏、秦郎之下。"(据《稼轩词编年笺注·附录》)

彭孙遹《金粟词话》云:"稼轩之词,胸有万卷,笔无点尘,激昂排宕,不可一世。"(据《词话丛编》本)

周济《介存斋论词杂著》云:"稼轩不平之鸣,随处辄发,有英雄语,无学问语,故往往锋颖太露。然其才情富艳,思力果锐,南北两朝,实无其匹,无怪流传之广且久也。""后人以粗豪学稼轩,非徒无其才,并无其性。稼轩固是才大,然情至处,后人万不能及。"(据《介存斋论词杂著·复堂词话·蒿庵论词》)

陈廷焯《白雨斋词话》云:"辛稼轩,词中之龙也,气魄极雄大,意境却极沉郁。不善学之,流入叫嚣一派,论者遂集矢于稼轩,稼轩不受也。"

十二

周介存①谓:梦窗词之佳者,如"水光云影,摇荡绿波,抚玩无极,追寻已远"②。余览《梦窗甲乙丙丁稿》中,实无足当此者。有之,其唯"隔江人在雨声中,晚风菰叶生秋怨"③二语乎?

〔注〕① 周介存 周济(1781—1839),字保绪,一字介存,晚号止庵,清代词人、词论家。
② 周济《介存斋论词杂著》云:"梦窗非无生涩处,总胜空滑。况其佳者,天光云影,摇荡绿波;抚玩无极,追寻已远。"
③ 吴文英 踏莎行
润玉笼绡,檀樱倚扇。绣圈犹带脂香浅。榴心空叠舞裙红。艾枝应压愁鬟乱。　　午梦千山,窗阴一箭。香瘢新褪红丝腕。隔江人在雨声中,晚风菰叶生秋怨。(据《全宋词》)

十三

白石之词,余所最爱者亦仅二语,曰:"淮南皓月冷千山,冥冥归去无人管。"①

〔注〕① 姜夔 踏莎行自沔东来,丁未元日,至金陵,江上感梦而作。

燕燕轻盈,莺莺娇软,分明又向华胥见。夜长争得薄情知?春初早被相思染。别后书辞,别时针线,离魂暗逐郎行远。淮南皓月冷千山,冥冥归去无人管。(据夏承焘《姜白石词编年笺校》,中华书局本)

十四

梦窗之词,吾得取其词中之一语以评之,曰:"映梦窗凌乱碧。"① 玉田② 之词,亦得取其词中之一语以评之,曰:"玉老田荒。"③

〔注〕① 吴文英　秋思荷塘为括苍名姝求赋其听雨小阁
堆枕香鬟侧。骤夜声、偏称画屏秋色。风碎串珠,润侵歌板,愁压眉窄。动罗箧清商,寸心低诉叙怨抑。映梦窗,零乱碧。待涨绿春深,落花香汛,料有断红流处,暗题相忆。　欢酌。檐花细滴。送故人、粉黛重饰。漏侵琼瑟。丁东敲断,弄晴月白。怕一曲、霓裳未终,催去骖凤翼。叹谢客、犹未识。漫瘦却东阳,灯前无梦到得。路隔重云雁北。(据《全宋词》)

② 玉田　张炎(1248—?),字叔夏,号玉田、乐笑翁,南宋词人、词论家。

③ 张炎　祝英台近与周草窗话旧
水痕深,花信足,寂寞汉南树。转首青荫,芳事顿如许。不知多少消魂,夜来风雨,犹梦到、断红流处。　最无据。长年息影空山,愁入庾郎句。玉老田荒,心事已迟暮。几回听得啼鹃,不如归去。终不似、旧时鹦鹉。(据《全宋词》)

十五

双声、叠韵之论盛于六朝,唐人犹多用之。至宋以后则渐不讲,并不知二者为何物。乾嘉① 间吾乡周松霭先生春② 著《杜诗双声叠韵谱括略》,正千余年之误,可谓有功文苑者矣。其言曰:"两字同母谓之双声,两字同韵谓之叠韵。"余按:用今日各国文法通用之语表之,则两字同一子音者谓之双声。(如《南史·羊元保传》之"官家恨狭,更广八分",官、家、更、广四字皆从 K 得声。《洛阳伽蓝记》之"狞奴慢骂",狞、奴二字皆从 n 得声,慢、骂二字皆从 m 得声是也。)两字同一母音者,谓之叠韵。(如梁武帝③ 之"后庸有朽柳",后、膺、有三字双声而兼叠韵,有、朽、柳三字其母音皆为 u。刘孝绰④之"梁皇长康强",梁、长、强三字其母音皆为 ian⑤也。)⑥自李淑⑦《诗苑》伪造沈约⑧之说,以双声叠韵为诗中八病之二⑨,后世诗家多废而不讲,亦不复用之于词。余谓苟于词之荡漾处用叠韵,促节处用双声,则其铿锵可诵必有过于前人者。惜世之专讲音律者,尚未悟此也。(按:此条原已删去)

〔注〕① 乾嘉　乾隆(1736—1795),清高宗弘历年号;嘉庆(1796—1820)清仁宗颙琰年号。
② 周松霭　周春,字屯兮,号松霭,清代学术家。
③ 梁武帝　名萧衍(464—549)。
④ 刘孝绰(481—539),南北朝梁代文学家。
⑤ ian 应为 iang。
⑥ 葛立方《韵语阳秋》引陆龟蒙诗序:"叠韵起自梁武帝,云:'后膺有朽柳。'当时侍从之臣皆倡和。刘孝绰云:'梁王长康强。'沈休文云:'偏眠船舷边。'庾肩吾云:'载碓每碍唪。'自后用此体作为小诗者多矣。"(据何文焕《历代诗话》本)
⑦ 李淑　北宋人,有《诗苑类格》,佚。
⑧ 沈约(441—513),字休文,南北朝梁代文学家。
⑨ 周春《杜诗双声叠韵谱括略》引李淑《诗苑》:"梁沈约云:诗病有八,……七曰旁纽,八曰正纽。(谓十字内两字双声为'正纽',若不共一字而有双声为'旁纽',如'流六'为正纽,'流柳'为旁纽。)"周春案:"正纽、旁纽,皆指双声而言,观神珙之图,自可悟入。若此注所云,则旁纽即叠韵矣,非。"

十六

昔人但知双声之不拘四声,不知叠韵亦不拘平、上、去三声。凡字之同母者,虽平仄有殊皆叠韵也。(按:此条原已删去)

十七

诗至唐中叶以后,殆为羔雁之具①矣。故五代北宋之诗,佳者绝少,而词则为其极盛时代。即诗词兼擅如永叔、少游者,亦词胜于诗远甚。以其写之于诗者,不若写之于词者之真也。至南宋以后,词亦为羔雁之具,而词亦替矣。此亦文学升降之一关键也。

〔校〕此条亦见《文学小言》,但"故五代北宋之诗"下,王氏自注"除一、二大家外";"而词亦替矣"下,自注"除稼轩一人外"。
〔注〕① 羔雁之具　羔雁,小羊与雁。古代卿大夫相见时的礼品。《礼记·曲礼》:"凡挚,天子鬯,诸侯圭,卿羔,大夫雁。""羔雁之具"在这里意为礼聘应酬之物。

十八

冯正中词除《鹊踏枝》《菩萨蛮》①十数阕最煊赫外,如《醉花间》②之"高树鹊衔巢,斜月明寒草",余谓韦苏州③之"流萤渡高阁"④,孟襄阳⑤之"疏雨漏梧桐"⑥不能过也。

〔注〕① 冯延巳《阳春集》载《鹊踏枝》十四首,《菩萨蛮》九首,现各选三首。
鹊　踏　枝
谁道闲情抛掷久?每到春来,惆怅还依旧。日日花前常病酒,敢辞镜里朱颜瘦。河畔青芜堤上柳。为问新愁,何事年年有?独立小楼风满袖,平林新月人归后。
萧索清秋珠泪坠。枕簟微凉,展转浑无寐。残酒欲醒中夜起,月明如练天如水。阶下寒声啼络纬。庭树金风,悄悄重门闭。可惜旧欢携手地,思量一夕成憔悴。
六曲阑干偎碧树。杨柳风轻,展尽黄金缕。谁把钿筝移玉柱?穿帘海燕惊飞去。满眼游丝兼落絮。红杏开时,一霎清明雨。浓醉觉来莺乱语,惊残好梦无寻处。
菩　萨　蛮
梅花吹入谁家笛?行云半夜凝空碧。欹枕不成瞑,关山人未还。　声随幽怨绝,空断澄霜月。月影下重簷,轻风花满帘。　西风娲娲凌歌扇,秋期正与行人远。花叶脱霜红,流萤残月中。　兰闺人在否,千里重楼暮。翠被已销香,梦随寒漏长。　欹鬟堕髻摇双桨,采莲晚出清江上。顾影约流萍,楚歌娇未成。　相逢颦翠黛,笑把珠珰解。家住柳阴中,画桥东复东。(据四印斋本《阳春集》)
② 冯延巳　醉花间
晴雪小园春未到。池边梅自早。高树鹊衔巢,斜月明寒草。　山川风景好。自古金陵道。少年看却老。相逢莫厌醉金杯,别离多,欢会少。(据《阳春集》)
③ 韦苏州　韦应物(737—约790),唐代诗人,曾任苏州刺史。
④ 韦应物　寺居独夜寄崔主簿

幽人寂不寐,木叶纷纷落。寒雨暗深更,流萤渡高阁。坐使青灯晓,还伤夏衣薄。宁知岁方晏,离居更萧索。(据《全唐诗》)
⑤ 孟襄阳　孟浩然(689或691—740),唐代诗人,襄阳人。
⑥ 王士源《孟浩然集序》云:"(浩然)间游秘省,秋月新霁,诸英华赋诗作会。浩然句云:'微云淡河汉,疏雨滴梧桐。'举坐嗟其清绝,咸阁笔不复为继。"(据《孟浩然集》,四部备要本)

十九

欧九《浣溪沙》①词"绿杨楼外出秋千"。晁补之②谓只一"出"字便后人所不能道。③余谓此本于正中《上行杯》④词"柳外秋千出画墙",但欧语尤工耳。

〔注〕① 欧阳修　浣溪沙
堤上游人逐画船,拍堤春水四垂天,绿杨楼外出秋千。　白发戴花君莫笑,六幺催拍盏频传,人生何处似尊前?(据《全宋词》)
② 晁补之(1053—1110),字无咎,号归来子,北宋文学家。
③ 吴曾《能改斋漫录》引晁无咎评本朝乐章云:"欧阳永叔《浣溪沙》云:'堤上游人逐画船,拍堤春水四垂天。绿杨楼外出秋千。'要皆绝妙。然只一'出'字自是后人道不到处。"(据中华书局本,下册)龙榆生《唐宋名家词选》云:"唐王摩诘寒食城东即事诗云:'蹴鞠屡过飞鸟上,秋千竞出垂杨里。'欧公用'出'字,盖本此。"(据上海古籍出版社本)
④ 冯延巳　上行杯
落梅著雨消残粉,云重烟轻寒食近。罗幕遮香,柳外秋千出画墙。　春山颠倒钗横凤,飞絮入帘春睡重。梦里佳期,祇许庭花与月知。(据《阳春集》)

二十

美成《青玉案》①词"叶上初阳乾宿雨。水面清圆,一一风荷举"。此真能得荷之神理者②。觉白石《念奴娇》《惜红衣》③二词犹有隔雾看花之恨。

〔注〕①《青玉案》或作《苏幕遮》。

周邦彦　苏幕遮

燎沉香,消溽暑。鸟雀呼晴,侵晓窥檐语。叶上初阳乾宿雨。水面清圆,一一风荷举。　故乡遥,何日去。家住吴门,久作长安旅。五月渔郎相忆否。小楫轻舟,梦入芙蓉浦。(据《全宋词》)

② 所谓"得荷之神理",即"模写物态,曲尽其妙"。

③ 姜夔　念奴娇

予客武陵,湖北宪治在焉。古城野水,乔木参天,予与二三友日荡舟其间,薄荷花而饮。意象幽闲,不类人境。秋水且涸,荷叶出地寻丈,因列坐其下,上不见日,清风徐来,绿云自动,间于疏处窥见游人画船,亦一乐也。竭来吴兴,数得相羊荷花中。又夜泛西湖,光景奇绝。故以此句写之。

闹红一舸,记来时尝与鸳鸯为侣。三十六陂人未到,水佩风裳无数。翠叶吹凉,玉容销酒,更洒菰蒲雨。嫣然摇动,冷香飞上诗句。　日暮青盖亭亭,情人不见,争忍凌波去。只恐舞衣寒易落,愁入西风南浦。高柳垂阴,老鱼吹浪,留我花间住。田田多少,几回沙际归路。

惜　红　衣

吴兴号水晶宫,荷花盛丽。陈简斋云:"今年何以报君恩？一路荷花相送到青墩。"亦可见矣。丁未之夏,予游千岩,数往来红香中,自度此曲,以无射宫歌之。

簟枕邀凉,琴书换日,睡余无力。细洒冰泉,并刀破甘碧。墙头唤酒,谁问讯城南诗客。岑寂,高柳晚蝉,说西风消息。　虹梁水陌,鱼浪吹香,红衣半狼藉。维舟试望,故国眇天北。可惜渚边沙外,不共美人游历。问甚时同赋、三十六陂秋色。(据《姜白石词编年笺校》)

二十一

曾纯甫①中秋应制作《壶中天慢》②词。自注云:"是夜西兴亦闻天乐。"谓宫中乐声闻于隔岸也。毛子晋③谓:"天神亦不以人废言。"④近冯梦华⑤复辨其诬。⑥不解"天乐"二字文义,殊笑人也。

〔注〕① 曾纯甫　曾觌(1109—1180),字纯甫,南宋词人。

② 曾觌　壶中天慢

此进御月词也。上皇大喜曰:"从来月词不曾用'金瓯'事,可谓新奇。"赐金束带紫番罗水晶碗。上亦赐宝盏。至一更五点还宫。是夜西兴亦闻天乐焉。

素飙漾碧,看天衢稳送、一轮明月。翠水瀛壶人不到,比似年世间秋别。玉手瑶笙,一时同色,小按霓裳叠。天津桥上,有人偷记新阕。　当日谁幻银桥,阿瞒儿戏,一笑成痴绝。肯信群仙高宴处,移下水晶宫阙。云海尘清,山河影满,桂冷吹香雪。何劳玉斧,

金瓯千古无缺。(据《宋六十名家词·海野词》,四部备要本)

③ 毛子晋　毛晋(1599—1659),字子晋,明末清初藏书家、出版家。

④ 毛晋跋《海野词》:"(曾觌)不时赋词进御,赏赉甚渥。至进月词一夕,西兴共闻天乐,岂天神亦不以人废言耶?"(据《宋六十名家词·海野词》,四部备要本)

⑤ 冯梦华　冯煦(1843—1927),字梦华,号蒿庵,近代词论家。

⑥ 冯煦《蒿庵论词》云:"曾纯甫赋进御月词,其自记云:'是夜西兴亦闻天乐。'子晋遂谓天神亦不以人废言。不知宋人每好自神其说。白石道人尚欲以巢湖风驶归功于《平调满江红》,于海野何讥焉?"(据《介存斋论词杂著·复堂词话·蒿庵论词》)

二十二

古今词人格调之高无如白石。惜不于意境上用力,故觉无言外之味,弦外之响①,终落第二手。(按:此五字原已删去)其志清峻则有之,其旨遥深则未也。②

〔校〕"终落第二手"至"其旨遥深则未也",通行本作"终不能与于第一流之作者也"。

〔注〕① 司空图《与李生论诗书》云:"文之难而诗尤难。古今之喻多矣,愚以为辨于味而后可以言诗也。江岭之南,凡足资于适口者,若醯,非不酸也,止于酸而已;若鹾,非不咸也,止于咸而已,中华之人所以充饥而遽辍者,知其咸酸之外,醇美有所乏耳。……近而不浮,远而不尽,然后可以言韵外之致耳。"(据《诗品集解·续诗品注》,人民文学出版社本)

② 陈郁《藏一话腴》云:"白石道人姜尧章……意到语工,不期于高远而自高远。"(据《豫章丛书》本)

张炎《词源》云:"词要清空,不要质实;清空则古雅峭拔,质实则凝涩晦昧。姜白石词如野云孤飞,去留无迹。"(据《词源注·乐府指迷笺》)

刘熙载《艺概·词曲概》云:"姜白石词幽韵冷香,令人挹之无尽。拟诸形容,在乐则琴,在花则梅也。词家称白石曰白石老仙。或曰:毕竟与何仙相似?曰:藐姑冰雪盖为近之。"

周济《介存斋论词杂著》云:"白石词如明七子诗,看是高格响调,不耐人细思。"

陈廷焯《白雨斋词话》云:"白石词,以清虚为体,而时有阴冷处,格调最高。"

二十三

梅溪①、梦窗、中仙②(按:二字原已删去)、玉田、草窗③、西麓④

诸家,词虽不同,然同失之肤浅。虽时代使然,亦其才分有限也。近人弃周鼎而宝康瓠,实难索解。

〔注〕① 梅溪　史达祖,字邦卿,号梅溪,南宋词人。
② 中仙　王沂孙,字圣与,号碧山、中仙,南宋词人。
③ 草窗　周密(1232—约1298),字公谨,号草窗、苹洲、四水潜夫,南宋文学家。
④ 西麓　陈允平(1205?—1285?),字君衡,号西麓,南宋词人。

二十四

余填词不喜作长调,尤不喜用人韵。偶尔游戏,作《水龙吟》①咏杨花用质夫②、东坡倡和韵,作《齐天乐》③咏蟋蟀用白石韵,皆有与晋代兴之意。余之所长殊不在是,世之君子宁以他词称我。

〔注〕① 王国维　水龙吟杨花。用章质夫苏子瞻唱和均
开时不与人看,如何一霎濛濛坠。日长无绪,回廊小立,迷离情思。细雨池塘,斜阳院落,重门深闭。正参差欲住,轻衫掠处,又特地因风起。　花事阑珊到汝,更休寻、满枝琼缀。算人只合,人间哀乐,者般零碎。一样飘零,宁为尘土,勿随流水。怕盈盈、一片春江,都贮得离人泪。(据《海宁王静安先生遗书・苕华词》)
② 质夫　章棨,字质夫。他的《水龙吟杨花》和苏轼的和作参见第27条注①②。
③ 王国维　齐天乐蟋蟀。用姜石帚原均
天涯已自愁秋极,何须更闻虫语。乍响瑶阶,旋穿绣闼,更入画屏深处。喁喁似诉。有几许哀丝,佐伊机杼。一夜东堂,暗抽离恨万千绪。　空庭相和秋雨。又南城罢柝,西院停杵。试问王孙,苍茫岁晚,那有闲愁无数。宵深谩与。怕梦稳春酣,万家儿女。不识孤吟,劳人床下苦。(同上)

二十五

余友沈昕伯纮自巴黎寄余《蝶恋花》一阕云:"帘外东风随燕到。春色东来,循我来时道。一霎围场生绿草,归迟却怨春来早。　锦绣一城春水绕。庭院笙歌,行乐多年少。著意来开孤

客抱,不知名字闲花鸟。"此词当在晏氏父子①间,南宋人不能道也。

〔注〕① 晏氏父子　指北宋词人晏殊和晏几道(字叔原,号小山,殊第七子)。

二十六

樊抗夫①谓余词如《浣溪沙》之"天末同云"、《蝶恋花》之"昨夜梦中""百尺高楼""春到临春"②等阕,凿空而道,开词家未有之境。余自谓才不若古人,但于力争第一义处,古人亦不如我用意耳。

〔注〕① 樊抗夫　即樊志厚。
② 王国维　浣溪沙
天末同云黯四垂,失行孤雁逆风飞。江湖寥落尔安归?　　陌上金丸看落羽,闺中素手试调醯。今朝欢宴胜平时。(据《海宁王静安先生遗书·苕华词》)
蝶　恋　花
昨夜梦中多少恨。细马香车,两两行相近。对面似怜人瘦损,众中不惜搴帷问。　　陌上轻雷听隐辚。梦里难从,觉后那堪讯? 蜡泪窗前堆一寸,人间只有相思分。(据《海宁王静安先生遗书·观堂集林》)
百尺朱楼临大道。楼外轻雷,不闭昏和晓。独倚阑干人窈窕,闲中数尽行人小。一霎车尘生树杪。陌上楼头,都向尘中老。薄晚西风吹雨到,明朝又是伤流潦。(同上)
春到临春花正妩。迟日阑干,蜂蝶飞无数。谁遣一春抛却去,马蹄日日章台路。　　几度寻春春不遇。不见春来,那识春归处? 斜日晚风杨柳渚,马头何处无飞絮。(据《海宁王静安先生遗书·苕华词》)

二十七

东坡杨花词①和韵而似元唱,章质夫词②元唱而似和韵。才之不可强也如是。③

〔注〕① 苏轼　水龙吟次韵章质夫杨花词
似花还似非花,也无人惜从教坠。抛家傍路,思量却是,无情有思。萦损柔肠,困酣

娇眼,却开还闭。梦随风万里,寻郎去处。又还被、莺呼起。　　不恨此花飞尽,恨西园、落红难缀。晓来雨过,遗踪何在?一池萍碎。春色三分,二分尘土,一分流水。细看来,不是杨花点点,是离人泪。(据《全宋词》)

② 章粢　水龙吟

燕忙莺懒花残,正堤上、柳花飘坠。轻飞乱舞,点画青林,全无才思。闲趁游丝,静临深院,日长门闭。傍珠帘散漫,垂垂欲下,依前被、风扶起。　　兰帐玉人睡觉,怪春衣、雪霑琼缀。绣床渐满,香毬无数,才圆却碎。时见蜂儿,仰黏轻粉,鱼吞池水。望章台路杳,金鞍游荡,有盈盈泪。(据《全宋词》)

③ 关于这两首词的高低优劣,历来有不同意见。

朱弁《曲洧旧闻》云:"章粢质夫作《水龙吟》咏杨花,其命意用事清丽可喜。东坡和之,若豪放不入律吕。徐而视之,声韵谐婉,便觉质夫词有织绣工夫。晁叔用云:'东坡如毛嫱、西施,净洗却面与天下妇人斗好,质夫岂可比耶?'"(据《知不足斋丛书》本)

魏庆之《诗人玉屑》云:"章质夫咏杨花词,东坡和之。晁叔用云(见前引,略——引者),是则然矣。余以为质夫词中,所谓'傍珠帘散漫,垂垂欲下,依前被、风扶起',亦可谓曲尽杨花妙处。东坡所和虽高,恐未能及。诗人议论不公如此耳。"(据中华书局本,下册)

张炎《词源》云:"东坡次章质夫杨花《水龙吟》韵,机锋相摩,起句便合让东坡出一头地,后片愈出愈奇,真是压倒今古。"

许昂霄《词综偶评》云:"(和作)与原作均是绝唱,不容妄为轩轾。"(据《词话丛编》本)

二十八

叔本华[①]曰:"抒情诗,少年之作也。叙事诗及戏曲,壮年之作也。"余谓:抒情诗,国民幼稚时代之作也。叙事诗,国民盛壮时代之作也。故曲则古不如今。(元曲诚多天籁,然其思想之陋劣,布置之粗笨,千篇一律令人喷饭。[②]至本朝之《桃花扇》《长生殿》[③]诸传奇,则进矣。)词则今不如古。盖一则以布局为主,一则须伫兴而成故也。

〔注〕① 叔本华(1788—1860),德国唯心主义哲学家。

② 随着对中国古代戏曲史研究的进展,王国维对元杂剧的看法有了很大的发展和变化。在随后的戏曲研究专著中,他对元曲给以高度评价。他说:"凡一代有一代之文学:楚之骚,汉之赋,六朝之骈语,唐之诗,宋之词,元之曲,皆所谓一代之文学,而后世

莫能继焉者也。""往者读元人杂剧而善之；以为能道人情，状物态，词采俊拔而出乎自然，盖古所未有，而后人所不能髣髴也。"(《宋元戏曲考·序》)"元曲之佳处何在？一言以蔽之，曰：自然而已矣。古今之大文学，无不以自然胜，而莫著于元曲。盖元剧之作者，其人均非有名位学问也；其作剧也，非有藏之名山，传之其人之意也。彼以意兴之所至为之，以自娱娱人。关目之拙劣，所不问也；思想之卑陋，所不讳也；人物之矛盾，所不顾也；彼但摹写其胸中之感想，与时代之情状，而真挚之理，与秀杰之气，时流露于其间。"(《宋元戏曲考》)"明昌一编，尽金源之文献；吴兴《百种》，抗皇元之风雅，百年之风会成焉，三朝之人文系焉。"(《曲录自序》，以上均据《王国维戏曲论文集》)

③《桃花扇》和《长生殿》是清代传奇中最著名的作品。前者作者为孔尚任(1648—1718)，后者作者为洪升(1645？—1704)。

二十九

北宋名家以方回①为最次，其词如历下、新城②之诗，非不华瞻，惜少真味。③至宋末诸家，仅可譬之腐烂制艺，乃诸家之享重名者且数百年，始知世之幸人不独曹蜍、李志④也。⑤(按："至宋末诸家……不独曹蜍、李志也"，原已删去)

〔校〕通行本无王氏原已删去之一段。
〔注〕① 方回　贺铸(1052—1125)，字方回，北宋词人。
② 历下、新城　历下，李攀龙(1514—1570)，字于鳞，号沧溟，历城(今山东济南)人，明代作家，"后七子"之一。新城，王士祯(1634—1711)，字贻上，号阮亭，别号渔洋山人，新城(今山东垣台)人，清代作家。
③ 王国维《文学小言》云："宋以后之能感自己之感，言自己之言者，其惟东坡乎！山谷可谓能言其言矣，未可谓能感所感也。遗山以下亦然。若国朝之新城，岂徒言一人之言而已哉，所谓'莺偷百鸟声'者也。"(据《海宁王静安先生遗书·静庵文集续编》)
④ 刘义庆《世说新语》："(庾子道云)'廉颇、蔺相如虽千载上死人，懔懔恒如有生气；曹蜍、李志虽见在，厌厌如九泉下人'。"(据四部备要本)
⑤ 贺铸词，宋人一般评价比较高。张耒云：贺词"高绝一世""夫其盛丽如游金、张之堂，而妖冶如揽嫱、施之袪，幽洁如屈、宋，悲壮如苏、李"(《东山词序》)。王灼称其能"自成一家"(《碧鸡漫志》)。陆游称其"诗文皆高，不独工长短句也"(《老学庵笔记》)。张炎称其"善于炼字面"(《词源》)。李清照对贺铸有微词，云："贺词苦少典重。"(《苕溪渔隐丛话》引)

清代浙派和常州派词论家一般也不否定贺铸。清末陈廷焯对贺词评价甚高："方回词，胸中眼中，另有一种伤心说不出处，全得力于楚骚而运以变化，允推神品。""方回词极沈郁,而笔势却又飞舞,变化无端,不可方物,吾乌乎测其所至。"(《白雨斋词话》)此外,刘体仁云:"惟片言而居要,乃一篇之警策。词有警句则全首俱动。若贺方回,非不楚楚,总拾人牙慧,何足比数。"(《七颂堂词绎》)这和王氏意见相近。

三十

散文易学而难工,骈文难学而易工。近体诗易学而难工,古体诗难学而易工。小令易学而难工,长调难学而易工。

──────────

〔校〕王国维之意似为:格律较为简单形式较为自由者"易学而难工",格律严格或繁复者"难学而易工"。若此理解不误,则"近体诗易学而难工,古体诗难学而易工"系王氏笔误,当改为"古体诗易学而难工,近体诗难学而易工"。

三十一

词以境界为最上。有境界则自成高格,自有名句。① 五代北宋之词所以独绝者在此。

──────────

〔注〕① 王国维云:"原夫文学之所以有意境者,以其能观也。出于观我者,意余于境。而出于观物者,境多于意。然非物无以见我,而观我之时又自有我在。故二者常互相错综,能有所偏重,而不能有所偏废也。文学之工不工,亦视意境之有无与其深浅而已。"(参见《人间词话附录》第2条)"山谷云:'天下清景,不择贤愚而与之,然吾特疑端为我辈设。'诚哉是言! 抑岂独清景而已,一切境界无不为诗人设。世无诗人即无此种境界。夫境界之呈于吾心而见于外物者,皆须臾之物。惟诗人能以此须臾之物,镌诸不朽之文字,使读者自得之。遂觉诗人之言,字字为我心中所欲言,而又非我之所能自言,此大诗人之秘妙也。"(参见《人间词话附录》第5条)"文学中有二原质焉:曰景,曰情。前者以描写自然及人生之事实为主,后者则吾人对此种事实之精神的态度也。故前者客观的,后者主观的也;前者知识的,后者感情的也。自一方面言之,则必吾人之胸中洞然无物,而后其观物也深,而其体物也切,即客观的知识,实与主观的情感为反比例。自他方面言之,则激动之感情,亦得为直观之对象、文学之材料,而观物与其描写之也,亦有无限之快乐伴之。要之,文学者,不外知识与感情交代之结果而已。苟无锐敏之知识与深邃之感情者,不足与于文学之事。"(《文学小言》)"文学之事,其内足以摅己,而外足以感人者,意与境二者而已。上焉者意与境浑,其次或以境胜,或以意胜。苟缺其一,不

足以言文学。"(参见《人间词话附录》第2条)"诗歌之题目,皆以描写自己深邃之感情为主。其写景物也。亦必以自己深邃之感情为之素地,而始得于特别之境遇中,用特别之眼观之。"(《屈子文学之精神》,以上均据《海宁王静安先生遗书》)

叔本华《世界是意志和表象》云:"抛开个人利害关系,抛开主观成分,纯粹客观地观察事物,并且全神贯注在事物上……以前在意志之路上追求而往往失诸交臂的宁静心情便立刻不促而至,那就对我们好极了。这是绝无痛苦的境界,伊壁鸠鲁把它推崇为最高的善神的境界,……伊克西翁的飞轮屹然停止。""天才的本质就在于从事这种静观的卓越能力。""(天才)有充分的自觉,使人能以深思熟虑的技巧来再现所体会到的东西。把在心中浮动的飘忽的形象固定为经久的思想。"(据缪灵珠先生未刊译稿,以下凡引叔本华语均据此,不另注)

刘勰《文心雕龙·物色》云:"岁有其物,物有其容;情以物迁,辞以情发。……诗人感物,联类不穷;流连万象之际,沈吟视听之区;写气图貌,既随物以宛转;属采附声,亦与心而徘徊。"(据范文澜《文心雕龙注》,人民文学出版社本)

欧阳修《六一诗话》引梅尧臣语云:"状难写之景,如在目前;含不尽之意,见于言外。"(据《六一诗话·白石诗说·潭南诗话》,人民文学出版社本)

姜夔《白石诗说》云:"意中有景,景中有意。"(据范文澜《文心雕龙注》,人民文学出版社本)

范晞文《对床夜语》评杜诗云:"景无情不发,情无景不生。""情景相触而莫分。"(据《知不足斋丛书》本)

黄升《花庵词选》引姜夔论史达祖词云:"融情景于一家,会句意于两得。"

张炎《词源》云:"情景交炼,得言外意。"

谢榛《四溟诗话》云:"作诗本乎情景,孤不自成,两不相背。……景乃诗之媒,情乃诗之胚,合而为诗,以数言而统万形,元气浑成,其浩无涯矣。""凡作诗要情景俱工。"(据《四溟诗话·姜斋诗话》,人民文学出版社本)

王夫之《姜斋诗话》云:"情景虽有在心在物之分。而景生情,情生景,哀乐之触,荣悴之迎,互藏其宅。""情景名为二,而实不可离。神于诗者,妙合无垠。巧者则有情中景,景中情。"(据范文澜《文心雕龙注》,人民文学出版社本)

宋徵璧云:"情景者,文章之辅车也。故情以景幽,单情则露;景以情妍,独景则滞。今人景少情多。当是写云月露,虑鲜真意。然善述情者,多寓诸景,梨花、榆火、金井、玉钩,一经染翰,使人百思,哀乐移神,不在歌恸也。"(沈雄《古今词话》引,据《词话丛编》本)

三十二

有造境,有写境。此理想与写实二派之所由分。然二者颇难区别。因大诗人所造之境,必合乎自然,所写之境,必邻于理想故也。

三十三

　　有有我之境,有无我之境。"泪眼问花花不语,乱红飞过秋千去"①,"可堪孤馆闭春寒,杜鹃声里斜阳暮"②,有我之境也。"采菊东篱下,悠然见南山"③,"寒波淡淡起,白鸟悠悠下"④,无我之境也。有我之境,物皆著我之色彩。⑤无我之境,不知何者为我,何者为物。⑥此即主观诗与客观诗之所由分也。(按:此十四字原已删去)古人为词,写有我之境者为多,然非不能写无我之境,此在豪杰之士能自树立耳。

―――――――――

〔校〕"有我之境,物皆著我之色彩。无我之境,不知何者为我,何者为物。"通行本作"有我之境,以我观物⑦,故皆著我之色彩。无我之境,以物观物⑧,故不知何者为我,何者为物"。又,无"此即主观诗与客观诗之所由分也"。

〔注〕① 冯延巳　鹊踏枝

庭院深深深几许?杨柳堆烟,帘幕无重数。玉勒雕鞍游冶处,楼高不见章台路。　　雨横风狂三月暮。门掩黄昏,无计留春住。泪眼问花花不语,乱红飞过秋千去。(据《阳春集》)

② 秦观　踏莎行

雾失楼台,月迷津渡。桃源望断无寻处。可堪孤馆闭春寒,杜鹃声里斜阳暮。驿寄梅花,鱼传尺素。砌成此恨无重数。郴江幸自绕郴山,为谁流下潇湘去?(据《全宋词》)

③ 陶潜　饮酒二十首之五

结庐在人境,而无车马喧。问君何能尔,心远地自偏。采菊东篱下,悠然见南山。山气日夕佳,飞鸟相与还。此还有真意,欲辨已忘言。(据逯钦立校注《陶渊明集》,中华书局本)

④ 元好问　颖亭留别　同李冶仁卿、张肃子敬、王元亮子正分韵得"画"字。

故人重分携,临流驻归驾。乾坤展清眺,万景若相借。北风三日雪,太素秉元化。九山郁峥嵘,了不受陵跨。寒波淡淡起,白鸟悠悠下。怀归人自急,物态本闲暇。壶觞负吟啸,尘土足悲咤。回首亭中人,平林淡如画。(据《元诗别裁集》,上海古籍出版社本)

⑤ 叔本华《世界是意志和表象》云:"在抒情诗和抒情的心境中,……主观的心情,

意志的影响,把它的色彩染上所见的环境。"

⑥ 叔本华《世界是意志和表象》云:"每当我们达到纯粹客观的静观心境,从而能够唤起一种幻觉,仿佛只有物而没有我存在的时候,……物与我就完全溶为一体。"

⑦⑧ 邵雍《皇极经世绪言》云:"圣人之所以能一万物之情者,谓其能反观也。所以谓之反观者,不以我观物也。不以我观物者,以物观之谓也。既能以物观物,又安有(我)于其间哉。""以物观物,性也;以我观物,情也。性公而明,情偏而暗。"(黄粤洲注云:"皇极以观物也,即本物之理观乎本物,则观者非我,物之性也。若我之意观乎是物,则观者非物,我之情也。性乃公,公乃明。情乃偏,偏致暗。")(据四部备要本)

三十四

古诗云:"谁能思不歌?谁能饥不食?"①诗词者,物之不得其平而鸣者也。② 故"欢愉之辞难工,愁苦之言易巧"③。

〔注〕① 郭茂倩编《乐府诗集》《子夜歌》:"谁能思不歌?谁能饥不食?日冥当户倚,惆怅底不忆?"(据四部备要本)

② 韩愈《送孟东野序》云:"大凡物不得其平则鸣,……人之于言也亦然。有不得已者而后言,其歌也有思,其哭也有怀。凡出乎口而为声者,其皆有弗平者乎?"(据《韩昌黎集》,国学基本丛书本)

③ 韩愈《荆谭倡和诗序》云:"夫和平之音淡薄,而愁思之声要妙,欢愉之辞难工,而穷苦之言好也。是故文章之作,恒发于羁旅草野。至若王公贵人,气满志得,非性能而好之,则不暇以为。"(据《韩昌黎集》,国学基本丛书本)

朱彝尊《紫云词序》云:"昌黎子曰:'欢愉之辞难工,愁苦之言易好。'斯亦善言诗矣。至于词,或不然。大都欢愉之词,工者十九,而言愁苦者,十一焉耳。故诗际兵戈俶扰流离琐尾,而作者愈工。词则宜于宴嬉逸乐,以歌咏太平,此学士大夫并存焉而不废也。"(据《曝书亭全集》,四部备要本)

陈廷焯《白雨斋词话》云:"诗以穷而后工,倚声亦然。故仙词不如鬼词,哀则幽郁,乐则浅显也。"

三十五

境非独谓景物也,感情亦人心中之境界。故能写真景物、真感情者谓之有境界,否则谓之无境界。①

〔校〕"感情",通行本作"喜怒哀乐"。
〔注〕① 王国维《文学小言》云:"'燕燕于飞,差池其羽'。'燕燕于飞,颉之颃之'。'睍睆黄鸟,载好其音'。'昔我往矣,杨柳依依'。诗人体物之妙,侔于造化,然皆出于离人孽子征夫之口,故知感情真者,其观物亦真。"

三十六

无我之境,人唯于静中得之。有我之境,于由动之静时得之。故一优美,一宏壮也。①

〔注〕① 叔本华《世界是意志和表象》云:"美是纯粹客观的静观心境。""如果物象是与意志对抗,并以其不可抵抗的力量使得意志感到威胁,或者其不可测量的体积使得意志自惭形秽,但是如果欣赏者……默默静观那些威胁意志的物象,……他就充满了崇高感。"
王国维《叔本华之哲学及其教育学说》云:"美之中又有优美与壮美之别。今有一物,令人忘利害之关系,而玩之而不厌者,谓之曰优美之感情。若其物不利于吾人之意志,而意志为之破裂,唯由知识冥想其理念者,谓之曰壮美之感情。"(据《海宁王静安先生遗书·静庵文集》)

三十七

自然中之物,互相关系,互相限制,故不能有完全之美。然其写之于文学中也,必遗其关系、限制之处。故虽写实家亦理想家也。又虽如何虚构之境,其材料必求之于自然,而其构造亦必从自然之法则。故虽理想家亦写实家也。①

〔校〕通行本无"故不能有完全之美"。
〔注〕① 叔本华《世界是意志和表象》云:"实际的物象几乎总是它们所表现的理念之极不完全的摹仿,所以天才就需要想象力以洞察事物。那不是说大自然确已创造出来的事物,而是说大自然企图去创造,但因为事物间自然形式的冲突而未能创造出来的

东西。""天才……不注意事物的联系的知识,他忽略了符合充足理由律的那种事物关系的知识,是为了要在事物中只看它们的理念。""有人会说:艺术摹仿自然而创造了美的东西。……这是多么固执而愚蠢的成见啊。……美的知识绝不可能纯粹是后天的,它总是先天的,至少有一部分是先天的。……只有依赖这种预料,我们才能认识美。……这种预料就是理想。因为它得之于先验,至少有一半是先验的,所以它也是理念。而且它对于艺术具有实用意义,因为它符合并且补充我们通过自然后验地获得的东西。"

三十八

社会上之习惯,杀许多之善人。文学上之习惯,杀许多之天才。

三十九

诗之三百篇①、十九首②,词之五代北宋,皆无题也。非无题也,诗词中之意不能以题尽之也。自《花庵》③《草堂》④每调立题,并古人无题之词亦为之作题,其可笑孰甚。⑤诗词之题目本为自然及人生。⑥古人误以为美刺投赠咏史怀古之用,题目既误,诗亦自不能佳。后人才不及古人,见古名、大家亦有此等作,遂遗其独到之处而专学此种,不复知诗词之本意。于是豪杰之士不得不变其体格,如楚辞、汉之五言诗、唐五代北宋之词皆是也。故此等文学皆无题。(按:"诗词之题目,……故此等文学皆无题"一段,原已删去)诗有题而诗亡,词有题而词亡。然中材之士鲜能知此而自振拔者矣。

〔校〕通行本无"其可笑孰甚"和原删去之一段,但在"并古人无题之词亦为之作题"下,多出"如观一幅佳山水,而即曰其某山某河,可乎?"后即接"诗有题而诗亡"。
〔注〕① 三百篇 《诗经》。
② 十九首 古诗十九首,汉代无名氏作,最早见于萧统(昭明太子)编《文选》。
③《花庵》《花庵词选》,词总集。南宋黄升编,共二十卷。前十卷为《唐宋诸贤绝妙词选》,选唐、五代、北宋词人作品。后十卷为《中兴以来绝妙词选》,选南宋词人作品。

④《草堂》 《草堂诗余》,词总集。编者不详,或为何士信。主要选宋词,间有唐五代作品。

⑤ 陈廷焯《白雨斋词话》云:"古人词大率无题者多,唐五代人,多以调为词。自增入'闺情''闺思'等题,全失古人托兴之旨;作俑于《花庵》《草堂》,后世遂相沿袭,最为可厌。至《清绮轩词选》,乃于古人无题者妄增入一题,诬己诬人,匪独无识,直是无耻。"

⑥ 王国维《屈子文学之精神》云:"诗歌者,描写人生者也。(用德国大诗人希尔列尔之定义——王氏原注)此定义未免太狭,今更广之曰:描写自然及人生可乎?"(据《海宁王静安先生遗书·静庵文集续编》)

四十

冯梦华《宋六十一家词选序》谓:"淮海①、小山②古之伤心人也。其淡语皆有味,浅语皆有致。"③余谓此唯淮海足以当之。④小山矜贵有余,但稍胜方回耳。古人以秦七⑤、黄九⑥或小晏⑦、秦郎⑧并称⑨,不图老子乃与韩非同传。⑩

〔校〕"但稍胜方回耳"至"不图老子乃与韩非同传",通行本作"但可方驾子野⑪、方回,未足抗衡淮海也"。

〔注〕①⑤⑧ 淮海、秦七、秦郎　秦观,参见第8条注③。
② ⑦ 小山、小晏　晏几道,参见第25条注①。
③ 冯煦《蒿庵论词》云:"淮海、小山,真古之伤心人也。其淡语皆有味,浅语皆有致,求之两宋词人,实罕其匹。"
④ 陈廷焯《白雨斋词话》引乔笙巢云:"少游词,寄概身世,闲雅有情思,酒边花下,一往情深,而怨悱不乱,哨乎得《小雅》之遗。"
⑥ 黄九　黄庭坚(1045—1105),字鲁直,号山谷道人、涪翁,北宋文学家。
⑨ 陈师道云:"今代词手,惟秦七、黄九耳,唐诸人不迨也。"(《苕溪渔隐丛话》引)
彭孙遹《金粟词话》云:"词家每以秦七、黄九并称,其实黄不及秦甚远,犹高之视史,刘之视辛,虽齐名一时,而优劣自不可掩。"(据《词话丛编》本)
⑩ 司马迁《史记·老庄申韩列传》,其中有道家老子和法家韩非的传记。
⑪ 子野　张先(990—1078),字子野,北宋词人。

四十一

人能于诗词中不为美刺投赠怀古咏史之篇,不使隶事之句,不用装饰之字,则于此道已过半矣。①

〔校〕通行本无"怀古咏史"四字,"装饰"作"粉饰"。
〔注〕① 王国维《论哲学家与美术家之天职》云:"诗歌之方面,则咏史怀古感事赠人之题目弥满充塞于诗界,而抒情叙事之作什佰不能得一。其有美术上之价值者,仅其写自然之美之一方面耳。甚至戏曲小说之纯文学,亦往往以惩劝为恉。其有美术上之目的者,世非惟不知贵且加贬焉。"(据《海宁王静安先生遗书·静庵文集》)陈廷焯《白雨斋词话》云:"无论诗古文词,推到极处,总以一诚为主。……明乎此,则无聊之酬应与无病之呻吟,皆可不作矣。"

四十二

以《长恨歌》之壮采,而所隶之事。只"小玉""双成"四字①,才有余也。梅村②歌行,则非隶事不可。③白④、吴⑤优劣即于此见。⑥此不独作诗为然,填词家亦不可不知也。

〔注〕① 白居易《长恨歌》:"金阙西厢叩玉扃,转教小玉报双成。""小玉"为吴王夫差女,"双成"即董双成,神话中的西王母侍女。此处借指仙山宫阙中太真侍女。
②⑤ 梅村、吴　吴伟业(1609—1671),字骏公,号梅村,清代诗人。
③ 吴伟业歌行如《圆圆曲》《永和宫词》等用典故甚多。
④ 白　白居易(772—846),字乐天,晚号香山居士,唐代诗人。
⑥ 王国维《致豹轩先生函》云:"前作《颐和园词》一首,虽不敢上希白傅,庶几追步梅村。盖白傅能不使事,梅村则专以使事为工。然梅村自有雄气骏骨,遇白描处尤有深味,非如陈云伯辈但以秀缛见长,有肉无骨也。"(据日本神田信畅编《王忠悫公遗墨》)

四十三

词之为体,要眇宜修。①能言诗之所不能言,而不能尽言诗之所能言。诗之境阔,词之言长。②

〔注〕① 屈原《九歌·湘君》:"君不行兮夷犹,謇谁留兮中洲,美要眇兮宜修。"(据

《楚辞集注》》

② 张惠言《词选叙》："词者……其缘情造端，兴于微言，以相感动，极命风谣里巷男女哀乐，以道贤人君子幽约怨悱不能自言之情，低徊要眇以喻其致。……非苟为雕琢曼辞而已。"(据《词选》，中华书局本)

四十四

"明月照积雪"①"大江流日夜"②"澄江净如练"③"山气日夕佳"④"落日照大旗""中天悬明月"⑤"大漠孤烟直，黄河落日圆"⑥，此等境界可谓千古壮语。求之于词，则纳兰容若⑦塞上之作，如《长相思》⑧之"夜深千帐灯"，《如梦令》⑨之"万帐穹庐人醉，星影摇摇欲坠"差近之。

〔校〕通行本无"澄江净如练""山气日夕佳""大漠孤烟直""落日照大旗"，"壮语"作"壮观"。

〔注〕① 谢灵运　岁暮

殷忧不能寐，苦此夜难颓。明月照积雪，朔风劲且哀。运往无淹物，年逝觉已催。(据《全汉三国晋南北朝诗》上册，中华书局本)

② 谢朓　暂使下都夜发新林至京邑赠西府同僚

大江流日夜，客心悲未央。徒念关山近，终知反路长。秋河曙耿耿，寒渚夜苍苍。引领见京室，宫雉正相望。金波丽鳷鹊，玉绳低建章。驱车鼎门外，思见昭丘阳。驰晖不可接，何况隔两乡。风云有鸟路，江汉限无梁。常恐鹰隼击，时菊委严霜。寄言罻罗者，寥廓已高翔。(同上)

③ 谢朓　晚登三山还望京邑

灞涘望长安，河阳视京县。白日丽飞甍，参差皆可见。余霞散成绮，澄江静如练。喧鸟覆春洲，杂英满芳甸。去矣方滞淫，怀哉罢欢宴。佳期怅何许，泪下如流霰。有情知望乡，谁能鬒不变。(同上)

④ 陶潜《饮酒二十首》(之五)，见第33条注③。

⑤ 杜甫　后出塞五首之二

朝进东门营，暮上河阳桥。落日照大旗，马鸣风萧萧。平沙列万幕，部伍各见招。中天悬明月，令严夜寂寥。悲笳数声动，壮士惨不骄。借问大将谁，恐是霍嫖姚。(据《杜工部诗集》上册，中华书局本)

⑥ 王维　使至塞上

单车欲问边，属国过居延。征蓬出汉塞，归雁入胡天。大漠孤烟直，长河落日圆。

萧关逢候吏,都护在燕然。(据《全唐诗》)
⑦ 纳兰容若　纳兰性德(1654—1685),原名成德,字容若,号楞伽山人,清代词人。
⑧⑨ 纳兰性德　长相思
山一程,水一程。身向榆关那畔行,夜深千帐灯。　　风一更,雪一更。聒碎乡心梦不成,故园无此声。

如梦令

万帐穹庐人醉,星影摇摇欲坠。归梦隔狼河,又被河声搅碎。还睡,还睡。解道醒来无味。(据陈乃乾编《清名家词·通志堂词》)

四十五

言气质①,言神韵②,不如言境界。有境界,本也。气质、神韵,末也。有境界而二者随之矣。

〔注〕① 气质是中国古代文论家常用的概念。曹丕《典论论文》云:"文以气为主,气之清浊有体,不可力强而致。"沈约《宋书谢灵运传论》云:"子建、仲宣以气质为体。"刘勰《文心雕龙·体性》云:"才有庸俊,气有刚柔,学有浅深,习有雅郑。并情性所铄,陶染所凝。是以笔区云谲,文苑波诡者矣。"这已经接触到作家的创作个性(风格)问题。

② 司空图在《二十四诗品》中主张诗歌要有"韵外之致""味外之旨",强调冲淡平和的风格,"不着一字,尽得风流""遇之匪深,即之愈稀",要求具有含蓄蕴藉之美。严羽在《沧浪诗话》中标举"兴趣",认为诗歌创作应该"不涉理路,不落言筌""羚羊挂角,无迹可求""莹彻玲珑,不可凑拍"。王士祯在此基础上提出"神韵"说,主张诗要"神韵天然""兴会超妙""兴会神到""得意忘言"。这种理论强调了艺术思维和艺术创作的特点,但却有脱离现实的倾向,给人一种恍惚迷离不可捉摸的感觉。

四十六

"红杏枝头春意闹"①,著一"闹"字而境界全出。"云破月来花弄影"②,著一"弄"字而境界全出矣。③

〔注〕① 宋祁　玉楼春　春景
东城渐觉风光好。縠皱波纹迎客棹。绿杨烟外晓寒轻,红杏枝头春意闹。　　浮生长恨欢娱少。肯爱千金轻一笑。为君持酒劝斜阳,且向花间留晚照。(据《全宋词》)

② 张先　天仙子时为嘉禾小倅、以病眠不赴府会

水调数声持酒听，午醉醒来愁未醒。送春春去几时回？临晚镜，伤流景，往事后期空记省。　　沙上并禽池上瞑，云破月来花弄影。重重帘幕密遮灯。风不定，人初静。明月落红应满径。(同上)

③ 胡仔《苕溪渔隐丛话》引《遯斋闲览》云："张子野郎中以乐章擅名一时。宋子京尚书奇其才，先往见之，遣将命者，谓曰：'尚书欲见"云破月来花弄影"郎中乎？'子野屏后呼曰：'得非"红杏枝头春意闹"尚书邪？'遂出，置酒尽欢。盖二人所举，皆其警策也。"(据人民文学出版社本，前集)

对于"红杏枝头春意闹"和"云破月来花弄影"，历代文论家一般是肯定、赞扬的，但也有不同意见。

刘熙载《艺概·词曲概》云："词中句与字，有似触著者，所谓极炼如不炼也。晏元献'无可奈何花落去'二句，触著之句也。宋景文'红杏枝头春意闹'，'闹'字，触著之字也。"

王士禛《花草蒙拾》云："'红杏枝头春意闹尚书'，当时传为美谈。吾友公㦉(刘体仁，字公㦉——引者)极叹之，以为卓绝千古。然实本《花间》'暝觉杏梢红'，特有青蓝冰水之妙耳。"(据《词话丛编》本)

李渔《窥词管见》云："琢句炼字，虽贵新奇，亦须新而妥，奇而确。妥与确总不越一理字。欲望句之惊人，先求理之服众。时贤勿论，吾论古人。古人多工于此技。有最服余心者，'云破月来花弄影郎中'是也。有蜚声千载上而不能倔强项之笠翁者，'红杏枝头春意闹尚书'是也。'云破月来'句，词极尖新，而实为理之所有。若红杏之在枝头，忽然加一'闹'字，此语殊难着解。争斗有声之谓闹。桃李争春则有之。红杏闹春，予实未之见也。'闹'字可用，则'吵'字、'斗'字、'打'字皆可用矣。宋子京当日以此噪名，人不呼其姓氏，竟以此作尚书美号，岂由尚书二字起见耶？予谓'闹'字极粗俗，且听不入耳，非但不可加于此句，并不当见之诗词。近日词中争尚此字者，子京一人之流毒也。"(据《词话丛编》本)

钱钟书《通感》引宋祁"红杏枝头春意闹"和苏轼"小星闹若沸"(《夜行观星》)云："宋祁和苏轼所以用'闹'字，是想把事物的无声的姿态描绘成有象有声音，表示他们在视觉里仿佛获得了听觉的感受。用现代心理学或语言学的术语来说，这两句都是'通感(Synaesthesia)'或'感觉移借'的例子。""在日常经验里，视觉、听觉、触觉、嗅觉等往往可以彼此打通或交通，眼、耳、鼻、身等各个官能的领域可以不分界限。……通感的各种现象里，最早引起注意的也许是触觉和视觉向听觉里的挪移。……好些描写通感的诗句都是直接采用了日常生活里表达这种经验的习惯语言。……不过，诗人对事物往往突破了一般经验的感受，有更深刻、更细致的体会，因此也需要推敲出一些新颖、奇特的字法，例如前面所举宋祁和苏轼的两句。"(见《文学评论》，1962年第1期)

四十七

"西风吹渭水，落日满长安。"① 美成以之入词。② 白仁甫③ 以之

入曲。④此借古人之境界为我之境界者也。然非自有境界,古人亦不为我用。

〔注〕① 贾岛　忆江上吴处士
闽国扬帆去,蟾蜍亏复圆。秋风生渭水,落叶满长安。此地聚会夕,当时雷雨寒。兰桡殊未返,消息海云端。(据《全唐诗》)
② 周邦彦　齐天乐秋思
绿芜彫尽台城路,殊乡又逢秋晚。暮雨生寒,鸣蛩劝织,深阁时闻裁剪。云窗静掩。叹重拂罗裀,顿疏花簟。尚有练囊,露萤清夜照书卷。　荆江留滞最久,故人相望处,离思何限。渭水西风,长安乱叶,空忆诗情宛转。凭高眺远。正玉液新篘,蟹螯初荐。醉倒山翁,但愁斜照敛。(据《全宋词》)
③ 白仁甫　白朴(1226—1306之后),字太素,号兰谷,初名恒,字仁甫,元代杂剧家。
④ 白朴　〔双调〕得胜乐秋(节录)
玉露冷。蛩吟砌。听落叶西风渭水。寒雁儿长空嘹唳。陶元亮醉在东篱。(据隋树森编《金元散曲》上册,中华书局本)
又,《梧桐雨》杂剧第二折《普天乐》:"伤心故园。西风渭水,落日长安。"

四十八

境界有大小,然不以是而分高下。"细雨鱼儿出,微风燕子斜"①,何遽不若"落日照大旗,马鸣风萧萧"②。"宝帘闲挂小银钩"③,何遽不若"雾失楼台,月迷津渡"④也。

〔注〕① 杜甫　水槛遣心二首之一
去郭轩楹敞,无村眺望赊。澄江平少岸,幽树晚多花。细雨鱼儿出,微风燕子斜。城中十万户,此地两三家。(据《杜工部诗集》,下册)
② 杜甫《后出塞五首》(之二),见第44条注⑤。
③ 秦观　浣溪沙
漠漠轻寒上小楼,晓阴无赖似穷秋。淡烟流水画屏幽。　自在飞花轻似梦,无边丝雨细如愁。宝帘闲挂小银钩。(据《全宋词》)
④ 秦观《踏莎行》,见第33条注②。

四十九

昔人论诗词有景语、情语之别。不知一切景语皆情语也。（按：此条原已删去）

五十

"岂不尔思，室是远而"。而孔子讥之。①故知孔门而用词，则牛峤②之"甘作一生拌，尽君今日欢"③等作，必不在见删之数。（按：此条原已删去）

〔注〕①《论语·子罕》："'唐棣之花，偏其反尔，岂不尔思，室是远而。'子曰：'未之思也，夫何远之有？'"（据《论语正义》，十三经注疏本）

② 牛峤　字松卿，一字延峰，五代前蜀词人。

③ 牛峤　菩萨蛮

玉楼冰簟鸳鸯锦，粉融香汗流山枕。帘外辘轳声，敛眉含笑惊。　柳阴烟漠漠，低鬓蝉钗落。须作一生拌，尽君今日欢。（据李一氓《花间集校》）

五十一

词家多以景寓情。其专作情语而绝妙者，如牛峤之"甘作一生拌，尽君今日欢"。顾敻①之"换我心为你心，始知相忆深"②。欧阳修之"衣带渐宽终不悔，为伊消得人憔悴"③。美成之"许多烦恼，只为当时，一饷留情"④。此等词古今曾不多见。⑤余《乙稿》⑥中颇于此方面有开拓之功。

〔校〕通行本无"余《乙稿》中……开拓之功"。

〔注〕① 顾敻　五代蜀词人。

② 顾敻　诉衷情

永夜抛人何处去？绝来音。香阁掩，眉敛，月将沉。争忍不相寻？怨孤衾。换我心

为你心,始知相忆深。(据《花间集校》)

③ 欧阳修《蝶恋花》,见第二条注①。

④ 周邦彦　庆宫春

云接平冈,山围寒野,路回渐转孤城。衰柳啼鸦,惊风驱雁,动人一片秋声。倦途休驾,淡烟里、微茫见星。尘埃憔悴,生怕黄昏,离思牵萦。　　华堂旧日逢迎。花艳参差,香雾飘零。弦管当头,偏怜娇凤。夜深簧暖笙清。眼波传意,恨密约、匆匆未成。许多烦恼,只为当时,一饷留情。(据《全宋词》)

⑤ 贺裳《皱水轩词筌》云:"小词以含蓄为佳,亦有作决绝语而妙者。如韦庄'谁家年少足风流。妾拟将身嫁与,一生休。纵被无情弃,不能羞'之类是也。牛峤'须作一生拚,尽君今日欢'抑亦其次。柳耆卿'衣带渐宽终不悔,为伊消得人憔悴'亦即韦意,而气加婉矣。"(据《词话丛编》本)

⑥ 王国维《人间词乙稿》。

五十二

梅圣(按:原误作舜)俞①《苏幕遮》②词:"落尽梨花春事了。满地斜阳,翠色和烟老。"兴化刘氏谓:少游一生似专学此种。③余谓冯正中《玉楼春》④词:"芳菲次弟长相续,自是情多无处足。尊前百计得春归,莫为伤春眉黛促。"少游一生似专学此种。

〔校〕末句"少游一生似专学此种",通行本作"永叔一生似专学此种"。

〔注〕① 梅圣俞　梅尧臣(1002—1060),字圣俞,北宋诗人。

② 梅尧臣　苏幕遮

露堤平,烟墅杳。乱碧萋萋,雨后江天晓。独有庾郎年最少。窣地春袍,嫩色宜相照。　　接长亭,迷远道。堪怨王孙,不记归期早。落尽梨花春又了。满地残阳,翠色和烟老。(据《全宋词》)

③ 刘熙载《艺概·词曲概》云:"少游词有小晏之妍,其幽趣则过之。梅圣俞《苏幕遮》云:'落尽梨花春又了,满地斜阳,翠色和烟老。'此一种似为少游开先。"

④ 冯延巳　玉楼春

雪云乍变春云簇,渐觉年华堪纵目。北枝梅蕊犯寒开,南浦波纹如酒绿。　　芳菲次弟长相续,自是情多无处足。尊前百计得春归,莫为伤春眉黛蹙。(据四印斋本《阳春集》补遗,又见彊村丛书本《尊前集》)

五十三

人知和靖①《点绛唇》②、圣(按：原误作舜)俞《苏幕遮》③永叔《少年游》三阕为咏春草绝调。④不知先有冯正中"细雨湿流光"⑤五字,皆能写春草之魂者也。

〔校〕"写",通行本作"摄"。
〔注〕① 和靖　林逋(967—1028),字君复,卒谥和靖先生,北宋诗人。
② 林逋　点绛唇
金谷年年,乱生春色谁为主。余花落处,满地和烟雨。　又是离歌,一阕长亭暮。王孙去,萋萋无数。南北东西路。(据《全宋词》)
③ 梅尧臣《苏幕遮》,见第 52 条注②。
④ 吴曾《能改斋漫录》云："梅圣俞在欧阳公座,有以林逋草词'金谷年年,乱生青草谁为主'为美者,圣俞因别为《苏幕遮》一阕。(下引全文,略——引者)欧公击节赏之,又自为一词云：'栏干十二独凭春,晴碧远连云。千里万里,二月三月,行色苦愁人。谢家池上,江淹浦畔,吟魄与离魂。那堪疏雨滴黄昏,更特地忆王孙。'盖《少年游》令也。不惟前二公所不及,虽置诸唐人温、李集中,殆与之为一矣。"(据中华书局本,下册)
⑤ 冯延巳　南乡子
细雨湿流光,芳草年年与恨长。烟锁凤楼无限事,茫茫。鸾镜鸳衾两断肠。　魂梦任悠扬,睡起杨花满绣床。薄幸不来门半掩,斜阳。负你残春泪几行。(据《阳春集》)

五十四

诗中体制以五言古及五、七言绝句为最尊,七古次之,五、七律又次之,五言排律为最下。盖此体于寄兴言情均不相适,殆与骈体文等耳。词中小令如五言古及绝句,长调如五、七律,若长调之《沁园春》等阕,则近于五排矣。

〔校〕此条通行本作："近体诗体制,以五、七言绝句为最尊,律诗次之,排律最下。盖此体于寄兴言情,两无所当,殆有均之骈体文耳。词中小令如绝句,长调似律诗,若长调之《百字令》《沁园春》等,则近于排律矣。"

五十五

长调自以周、柳①、苏、辛为最工。美成《浪淘沙慢》二词②,精壮顿挫,已开北曲之先声。若屯田③之《八声甘州》④,玉局⑤之《水调歌头》(中秋寄子由)⑥,则伫兴之作,格高千古,不能以常词论也。⑦

〔校〕"玉局"通行本作"东坡","常词"作"常调"。
〔注〕①③ 柳、屯田　柳永,原名三变,字耆卿,官至屯田员外郎,北宋词人。
② 周邦彦　浪淘沙慢
昼阴重,霜凋岸草,雾隐城堞。南陌脂车待发,东门帐饮乍阕。正拂面、垂杨堪揽结。掩红泪、玉手亲折。念汉浦离鸿去何许,经时信音绝。　情切。望中地远天阔。向露冷风清,无人处、耿耿寒漏咽。嗟万事难忘,唯是离别。翠尊未竭。凭断云留取,西楼残月。　罗带光销纹衾叠。连环解、旧香顿歇。怨歌永、琼壶敲尽缺。恨春去、不与人期,弄夜色,空余满地梨花雪。
万叶战,秋声露结,雁度砂碛。细草和烟尚绿,遥山向晚更碧。见隐隐云边新月白。映落照、帘幕千家。听数声、何处倚楼笛。装点尽秋色。　脉脉。旅情暗自消释。念珠玉、临水犹悲戚,何况天涯客。忆少年歌酒,当时踪迹。岁华易老。衣带宽、懊恼心肠终窄。　飞散后、风流人阻,蓝桥约、怅恨路隔。马啼过、犹嘶旧巷陌。叹往事、一一堪伤,旷望极。凝思又把阑干拍。(据《全宋词》)
④ 柳永　八声甘州
对潇潇、暮雨洒江天,一番洗清秋。渐霜风凄惨,关河冷落,残照当楼。是处红衰翠减,苒苒物华休。惟有长江水,无语东流。　不忍登高临远,望故乡渺邈,归思难收。叹年来踪迹,何事苦淹留。想佳人、妆楼颙望,误几回、天际识归舟。争知我,倚阑干处,正恁凝愁。(据《全宋词》)
⑤ 玉局　苏轼,他曾提举玉局观。《宋史·苏轼传》:"徽宗立,(从琼州)移廉州,改舒州团练副使,徙永州。更三大赦,遂提举玉局观,复朝奉郎。"
⑥ 苏轼　水调歌头丙辰中秋,欢饮达旦,大醉。作此篇,兼怀子由。
明月几时有,把酒问青天。不知天上宫阙,今夕是何年。我欲乘风归去,又恐琼楼玉宇,高处不胜寒。起舞弄清影,何似在人间。　转朱阁,低绮户,照无眠。不应有恨,何事长向别时圆。人有悲欢离合,月有阴晴圆缺,此事古难全。但愿人长久,千里共婵娟。(据《全宋词》)
⑦ 吴曾《能改斋漫录》引晁无咎评本朝乐章云:"世言柳耆卿曲俗,非也。如《八声甘州》云:'渐霜风凄紧,关河冷落。残照当楼。'此真唐人语不减高处矣。"(下册)

胡仔《苕溪渔隐丛话》云："中秋词，自东坡《水调歌头》一出，余词尽废。"（后集）

五十六

稼轩《贺新郎》词（送茂嘉十二弟）①，章法绝妙，且语语有境界，此能品而几于神者。②然非有意为之，故后人不能学也。

〔注〕① 见第11条注⑤。
② 杨慎《词品》引陈子宏论辛弃疾《贺新郎》云："此词集许多怨事，全与李太白拟恨赋相似。……盖曲者曲也，固当以委曲为体，然徒狃于风情婉娈，则亦易厌。回视稼轩所作，自觉豪爽。"（转自《词苑丛谈》，上海古籍出版社本）陈廷焯《白雨斋词话》云："稼轩词，自以《贺新郎》别茂嘉十二弟一篇为冠。沈郁苍凉，跳跃动荡，古今无此笔力。"

五十七

"画屏金鹧鸪"①，飞卿语也，其词品似之。"弦上黄莺语"②，端己③语也，其词品亦似之。若正中词品欲于其词中求之，则"和泪试严妆"④殆近之欤？

〔注〕① 温庭筠　更漏子
柳丝长，春雨细。花外漏声迢递。惊塞雁，起城乌。画屏金鹧鸪。　　香雾薄，透帘幕。惆怅谢家池阁。红烛背，绣帘垂。梦长君不知。（据《花间集校》）
② 韦庄　菩萨蛮
红楼别夜堪惆怅，香灯半卷流苏帐。残月出门时，美人和泪辞。　　琵琶金翠羽，弦上黄莺语。劝我早归家，绿窗人似花。（据《花间集校》）
③ 端己　韦庄（836—910），字端己，五代前蜀词人。
④ 冯延巳　菩萨蛮
娇鬟堆枕钗横凤，溶溶春水杨花梦。红烛泪阑干，翠屏烟浪远。　　锦壶催画箭，玉佩天涯远。和泪试严妆，落梅飞晓霜。（据《阳春集》）

五十八

"暮雨潇潇郎不归"①，当是古词，未必即白傅②所作。故白诗

云:"吴娘夜雨潇潇曲,自别苏州更不闻"③也。(按:此条原已删去)

〔注〕① 白居易　长相思
深画眉,浅画眉,蝉鬓鬅鬙云满衣。阳台行雨回。　巫山高,巫山低,暮雨潇潇郎不归。空房独守时。(据《花庵词选》)
② 白傅　白居易,参见第42条注③。
③ 白居易　寄殷协律
五岁优游同过日,一朝消散似浮云。琴侍酒伴皆抛我,雪月花时最忆君。几度听鸡歌白日,亦曾骑马咏红裙。　吴娘暮雨萧萧曲,自别江南更不闻。(据《白香山集》,文学古籍刊行社本)

五十九

稼轩《贺新郎》①词:"柳暗凌波路。送春归猛风暴雨,一番新绿。"又,《定风波》②词:"从此酒酣明月夜。耳热。""绿""热"二字皆作上去用。与韩玉③《东浦词》《贺新郎》④以"玉""曲"叶"注""女",《卜算子》⑤以"夜""谢"叶"食""月",已开北曲四声通押之祖。

〔注〕① 辛弃疾　贺新郎
柳暗凌波路。送春归、猛风暴雨,一番新绿。千里潇湘葡萄涨,人解扁舟欲去。又樯燕、留人相语。艇子飞来生尘步,唾花寒、唱我新番句。波似箭,催鸣橹。　黄陵祠下山无数。听湘娥、泠泠曲罢,为谁情苦。行到东吴春已暮。正江阔潮平稳渡。望金雀、觚稜翔舞。前度刘郎今重到,问玄都、千树花存否。愁为倩,么弦诉。(据《稼轩词编年笺注》)
② 辛弃疾　定风波
金印累累佩陆离,河梁更赋断肠诗。莫拥旌旗真箇去,何处?玉堂元自要论思。　且约风流三学士,同醉,春风看试几枪旗。从此酒酣明月夜,耳热,那边应是说依时。(据《稼轩词编年笺注》)
③ 韩玉　字温甫,南宋词人。
④ 韩玉　贺新郎咏水仙

绰约人如玉。试新妆、娇黄半绿,汉宫匀注。倚傍小栏闲竚立,翠带风前似舞。记洛浦、当年俦侣。罗袜尘生香冉冉,料征鸿、微步凌波女。惊梦断,楚江曲。　　春工若见应为主。忍教都、闲亭邃馆,冷风凄雨。待把此花都折取,和泪连香寄与。须信道、离情如许。烟水茫茫斜照里,是骚人、九辨招魂处。千古恨,与谁语?(据《全宋词》)

⑤ 韩玉　卜算子

杨柳绿成阴,初过寒食节。门掩金铺独自眠,那更逢寒夜。

强起立东风,惨惨梨花谢。何事王孙不早归,寂寞秋千月。(据《全宋词》)

按:此词"节、夜、谢、月"相押,王氏云"以'夜''谢'叶'食''月'","食"应为"节"。

六十

稼轩"中秋饮酒达旦用《天问》体作送月词"调寄《木兰花慢》①云:"可怜今夕月,向何处、去悠悠?是别有人间,那边才见,光景东头。"词人想象直悟月轮遶地之事,与科学上密合,可谓神悟。(此词汲古阁刻六十家词失载。黄荛圃②所藏元大德本亦阙,复属顾涧蘋③就汲古阁抄本中补之,今归聊城杨氏④海源阁,王半塘⑤四印斋所刻者是也。但汲古阁抄本与刻本不符,殊不可解,或子晋⑥于刻词后始得抄本耳。)

〔校〕"(此词汲古阁……始得抄本耳)"通行本无。

〔注〕① 辛弃疾　木兰花慢

中秋饮酒将旦,客谓前人诗词有赋待月、无送月者,因用《天问》体赋

可怜今夕月,向何处、去悠悠?是别有人间,那边才见,光景东头?是天外,空汗漫,但长风浩浩送中秋?飞镜无根谁系?姮娥不嫁谁留?谓经海底问无由,恍惚使人愁。怕万里长鲸,从横触破,玉殿琼楼。虾蟆故堪浴水,问云何玉兔解沈浮?若道都齐无恙,云何渐渐如钩?(据《稼轩词编年笺注》)

② 黄荛圃　黄丕烈,字绍武,号荛圃,清代藏书家、刻书家。

③ 顾涧蘋　顾广圻,字千里,号涧蘋或涧平,清代考据家、校勘家。

④ 杨氏　杨以增,字益之,一字至道,山东聊城人,清代著名藏书家,藏书楼名海源阁。

⑤ 王半塘　王鹏运(1849—1904),字幼遐,号半塘、鹜翁,近代词人。

⑥ 子晋　毛晋,参见第21条注③,其藏书楼名汲古阁。

六十一

谭复堂①《箧中词选》谓:"蒋鹿潭②《水云楼词》与成容若③、项莲生④二百年间分鼎三足。"⑤然《水云楼词》小令颇有境界,长调惟存气格。《忆云词》⑥亦精实有余,超逸不足,皆不足与容若比,然视皋文⑦、止庵⑧辈,则倜乎远矣。

〔注〕① 谭复堂　谭献(1832—1901),字仲修,号复堂,近代词人、词论家。
② 蒋鹿潭　蒋春霖(1818—1868),字鹿潭,清代词人。
③ 成容若　纳兰性德,参见第44条注⑦。
④⑥ 项莲生、《忆云词》　项鸿祚(1798—1835),字莲生,清代词人,有《忆云词甲乙丙丁稿》。
⑤ 谭献《复堂词话》云:"文字无大小,必有正变,必有家数。《水云楼词》固清商变徵之声,而流别甚正,家数颇大,与成容若、项莲生,二百年中分鼎三足。咸丰兵事,天挺此才,为倚声家杜老,而晚唐两宋一唱三叹之意,则已微矣。"(据《介存斋论词杂著·复堂词话·蒿庵论词》)
⑦ 皋文　张惠言(1761—1802),字皋文,清代经学家、文学家。
⑧ 止庵　周济,参见第12条注①。

六十二

昭明太子①称陶渊明②诗"跌宕昭彰,独超众类。抑扬爽朗,莫之与京"③。王无功④称薛收赋"韵趣高奇,词义晦远。嵯峨萧瑟,真不可言"⑤。词中惜少此二种气象。前者唯东坡,后者唯白石略得一二耳。⑥

〔注〕① 昭明太子　萧统(501—532),字德施,南北朝梁武帝长子,武帝天监元年立为太子,谥昭明,世称昭明太子,文学家。
② 陶渊明(365或372—427),一名潜,字元亮,东晋诗人。
③ 见萧统《陶渊明集序》。
④ 王无功　王绩(?—644),字无功。隋唐之间诗人。

⑤ 见王绩《答冯子华处士书》。
⑥ 刘熙载《艺概·赋概》云:"王无功谓薛收《白牛溪赋》'韵趣高奇,词义旷远,嵯峨萧瑟,真不可言。'余谓赋之足当此评者盖不多有。前此其惟小山《招隐士》乎?"

六十三

词之雅郑,在神不在貌。永叔、少游虽作艳语,终有品格。方之美成,便有贵妇人与倡伎之别。

〔校〕"贵妇人",通行本作"淑女"。

六十四

贺黄公裳①《皱水轩词筌》云:"张玉田《乐府指迷》②其调叶宫商,铺张藻绘抑亦可矣,至于风流蕴藉之事,真属茫茫。如啖官厨饭者,不知牲牢之外别有甘鲜也。"此语解颐。

〔注〕① 贺黄公 贺赏,字黄公,清代词论家。
② 这里所说的《乐府指迷》,实际是张炎《词源》。

六十五

周保绪济《词辨》云:"玉田①近人所最尊奉,才情诣力亦不后诸人;终觉积谷作米、把缆放船,无开阔手段。"又云:"叔夏②所以不及前人处,只在字句上著功夫,不肯换意。""近人喜学玉田,亦为修饰字句易,换意难。"

〔注〕①② 玉田、叔夏 张炎,参见第14条注②。

《红楼梦》评论[①]

第一章　人生及美术之概观

　　《老子》曰："人之大患,在我有身。"《庄子》曰："大块载我以形,劳我以生。"忧患与劳苦之与生,相对待也久矣。夫生者,人人之所欲;忧患与劳苦者,人人之所恶也。然则讵不人人欲其所恶,而恶其所欲欤？将其所恶者,固不能不欲,而其所欲者,终非可欲之物欤？人有生矣,则思所以奉其生:饥而欲食,渴而欲饮,寒而欲衣,露处而欲宫室;此皆所以维持一人之生活者也。然一人之生,少则数十年,多则百年而止耳。而吾人欲生之心,必以是为不足。于是于数十百年之生活外,更进而图永远之生活。时则有牝牡之欲,家室之累;进而育子女矣,则有保抱、扶持、饮食、教诲之责,婚嫁之务。百年之间,早作而夕思,穷老而不知所终。问有出于此保存自己及种姓之生活之外者乎？无有也。百年之后,观吾人之成绩,其有逾于此保存自己及种姓之生活之外者乎？无有也。又人人知侵害自己及种姓之生活者之非一端也,于是相集而成一群,相约束而立一国,择其贤且智者以为之君,为之立法律以治之,建学校以教

[①]　此文1904年连载于《教育世界》杂志第8、9、10、12、13期,后收入《静庵文集》。

之,为之警察以防内奸,为之陆海军以御外患,使人人各遂其生活之欲而不相侵害;凡此皆欲生之心之所为也。夫人之于生活也,欲之如此其切也,用力如此其勤也,设计如此其周且至也,固亦有其真可欲者存欤?吾人之忧患劳苦,固亦有所以偿之者欤?则吾人不得不就生活之本质,熟思而审考之也。

生活之本质何?欲而已矣。欲之为性无厌,而其原生于不足。不足之状态,苦痛是也。既偿一欲,则此欲以终。然欲之被偿者一,而不偿者什百。一欲既终,他欲随之。故究竟之慰藉,终不可得也。即使吾人之欲悉偿,而更无所欲之对象,倦厌之情即起而乘之。于是吾人自己之生活,若负之而不胜其重。故人生者,如钟表之摆,实往复于苦痛与倦厌之间者也。夫倦厌固可视为苦痛之一种,有能除去此二者,吾人谓之曰快乐。然当其求快乐也,吾人于固有之苦痛外,又不得不加以努力,而努力亦苦痛之一也。且快乐之后,其感苦痛也弥深。故苦痛而无回复之快乐者有之矣,未有快乐而不先之或继之以苦痛者也。又此苦痛与世界之文化俱增,而不由之而减。何则?文化愈进,其知识弥广,其所欲弥多,又其感苦痛亦弥甚故也。然则人生之所欲,既无以逾于生活,而生活之性质又不外乎苦痛,故欲与生活、与苦痛,三者一而已矣。

吾人生活之性质,既如斯矣,故吾人之知识,遂无往而不与生活之欲相关系,即与吾人之利害相关系。就其实而言之,则知识者,固生于此欲,而示此欲以我与外界之关系,使之趋利而避害者也。常人之知识,止知我与物之关系,易言以明之,止知物之与我相关系者,而于此物中,又不过知其与我相关系之部分而已。及人知渐进,于是始知欲知此物与我之关系,不可不研究此物与彼物之关系。知愈大者,其研究愈远焉。自是而生各种之科学:如欲知空间之一部之与我相关系者,不可不知空间全体之关系,于是几何学兴焉。(按西洋几何学Geometry之本义,系量地之意,可知古代视为应用之科学,而不视为纯粹之科学也。)欲知力之一部之与我相关系者,不可不知力之全体关系,于是力学兴焉。吾人既知一物之全体之关系,又知此物与彼物之全体之关系,而立一法则焉,以应用之。于是物之现于吾前者,其与我之关系,及其与他物之关系,粲然陈于目前而无所遁。夫然后吾人得以利用此物,有其利而无其害,以使吾人生活之欲,增进于无穷。此科学之功效也。故科学上之成功,虽若层楼杰观,高严巨丽,然其基址则筑乎生活之欲之上,与政治上之系统立于生活之欲之上无以异。然则吾人理论与实际之二方面,皆此生活之欲之结果也。

由是观之,吾人之知识与实践之二方面,无往而不与生活之欲相关系,即与苦痛相关系。兹有一物焉,使吾人超然于利害之外,而忘物与我之关系。此时也,吾人之心无希望,无恐怖,非复欲之我,而但知之我也。此犹积阴弥月,而旭日杲杲也;犹覆舟大海之中,浮沉上下,而飘著于故乡之海岸也;犹阴云惨淡,而插翅之天使,赍平和之福音而来者也;犹鱼之脱于罾网,鸟之自樊笼出,而游于山林江海也。然物之能使吾人超然于利害之外者,必其物之于吾人无利害之关系而后可。易言以明之,必其物非实物而后可。然则非美术何足以当之乎?夫自然界之物,无不与吾人有利害之关系;纵非直接,亦必间接相关系者也。苟吾人而能忘物与我之关系而观物,则夫自然界之山明水媚,鸟飞花落,固无往而非华胥之国、极乐之土也。岂独自然界而已?人类之言语动作,悲欢啼笑,孰非美之对象乎?然此物既与吾人有利害之关系,而吾人欲强离其关系而观之,自非天才,岂易及此?于是天才者出,以其所观于自然人生中者复现之于美术中,而使中智以下之人,亦因其物之与己无关系,而超然于利害之外。是故观物无方,因人而变。濠上之鱼,庄、惠之所乐也,而渔父袭之以网罟;舞雩之木,孔、曾之所憩也,而樵者继之以斤斧。若物非有形,心无所住,则虽殉财之夫,贵私之子,宁有对曹霸、韩干之马,而计驰骋之乐,见毕宏、韦偃之松,而思栋梁之用;求好逑于雅典之偶,思税驾于金字之塔者哉?故美术之为物,欲者不观,观者不欲;而艺术之美所以优于自然之美者,全存于使人易忘物我之关系也。

而美之为物有二种:一曰优美,一曰壮美。苟一物焉,与吾人无利害之关系,而吾人之观之也,不观其关系,而但观其物;或吾人之心中,无丝毫生活之欲存,而其观物也,不视为与我有关系之物,而但视为外物,则今之所观者,非昔之所观者也。此时吾心宁静之状态,名之曰优美之情,而谓此物曰优美。若此物大不利于吾人,而吾人生活之意志为之破裂,因之意志遁去,而知力得为独立之作用,以深观其物,吾人谓此物曰壮美,而谓其感情曰壮美之情。普通之美,皆属前种。至于地狱变相之图、决斗垂死之像、庐江小吏之诗、雁门尚书之曲,其人固氓庶之所共怜,其遇虽戾夫为之流涕,讵有子颓乐祸之心,宁无尼父反袂之戚?而吾人观之,不厌千复。格代(今译歌德,下同)之诗曰:

"What in life doth only grieve us,

That in art we gladly see."

凡人生中足以使人悲者,于美术中则吾人乐而观之。①

此之谓也。此即所谓壮美之情;而其快乐存于使人忘物我之关系,则固与优美无以异也。

至美术中之与二者相反者,名之曰眩惑。夫优美与壮美,皆使

---

① 此为王国维之译文。

吾人离生活之欲,而入于纯粹之知识者。若美术中而有眩惑之原质乎,则又使吾人自纯粹知识出,而复归于生活之欲。如粔籹蜜饵,《招魂》《七发》之所陈;玉体横陈,周昉、仇英之所绘;《西厢记》之《酬柬》,《牡丹亭》之《惊梦》;伶元之传飞燕,杨慎之赝《秘辛》:徒讽一而劝百,欲止沸而益薪。所以子云有"靡靡"之消,法秀有"绮语"之诃。虽则梦幻泡影,可作如是观,而拔舌地狱,专为斯人设者矣。故眩惑之于美,如甘之于辛,火之于水,不相并立者也。吾人欲以眩惑之快乐,医人世之苦痛,是犹欲航断港而至海,入幽谷而求明,岂徒无益,而又增之。则岂不以其不能使人忘生活之欲及此欲与物之关系,而反鼓舞之也哉!眩惑之与优美及壮美相反对,其故实存于此。

今既述人生与美术之概略如左,吾人且持此标准,以观我国之美术。而美术中以诗歌、戏曲、小说为其顶点,以其目的在描写人生,故吾人于是得一绝大著作曰《红楼梦》。

第二章 《红楼梦》之精神

哀伽尔之诗曰:

"Ye wise men, highly, deeply learned,
Who think it out and know,
How, when and where do all things pair?
Why do they kiss and love?
Ye men of lofty Wisdom, say
What happened to me then,
Search out and tell me where, how, when,
And why it happened thus."

> 嗟汝哲人,靡所不知,靡所不学,既深且跻。粲粲生物,罔不匹俦,各啙厥唇,而相厥攸。匪汝哲人,孰知其故?自何时始,来自何处?嗟汝哲人,渊渊其知。相彼百昌,奚而熙熙?愿言哲人,诏余其故。自何时始,来自何处?(译文)

哀伽尔之问题,人人所有之问题,而人人未解决之大问题也。人有恒言曰:"饮食男女,人之大欲存焉。"然人七日不食则死,一日不再食则饥。若男女之欲,则于一人之生活上,宁有害无利者也,而吾人之欲之也如此,何哉?吾人自少壮以后,其过半之光阴,过半之事业,所计画、所勤勤者为何事?汉之成、哀,曷为而丧其生?殷辛、周幽,曷为而亡其国?励精如唐玄宗,英武如后唐庄宗,曷为而不善其终?且人生苟为数十年之生活计,则其维持此生活,亦易易耳,曷为而其忧劳之度,倍蓰而未有已?《记》曰:"人不婚宦,情欲失半。"人苟能解此问题,则于人生之知识,思过半矣。而蚩蚩者乃日用而不知,岂不可哀也欤?其自哲学上解此问题者,则二千年间,仅有叔本华之《男女之爱之形而上学》耳。诗歌、小说之描写此事者,通古今中西,殆不能悉数,然能解决之者鲜矣。《红楼梦》一书,非徒提出此问题,又解决之者也。彼于开卷即下男女之爱之神话的解释。其叙此书之主人公贾宝玉之来历曰:

> 却说女娲氏炼石补天之时,于大荒山无稽崖,炼成高十二丈、见方二十四丈,大的顽石三万六千五百零一块。那娲皇只用了三万六千五百块,单单剩下一块未用,弃在青埂峰下。谁知此石自经锻炼之后,灵性已通,自去自来,可大可小。因见众石俱得补天,独自己无才,不得入选,遂自怨自艾,日夜悲哀。(第一回)

此可知生活之欲之先人生而存在,而人生不过此欲之发现也。

此可知吾人之堕落,由吾人之所欲,而意志自由之罪恶也。夫顽钝者,既不幸而为此石矣,又幸而不见用,则何不游于广漠之野、无何有之乡,以自适其适,而必欲入此忧患劳苦之世界,不可谓非此石之大误也。由此一念之误,而遂造出十九年之历史与百二十回之事实,与茫茫大士、渺渺真人何与?又于第百十七回中,述宝玉与和尚之谈论曰:

"弟子请问师父,可是从'太虚幻境'而来?"那和尚道:"什么幻境!不过是来处来,去处去罢了。我是送还你的玉来的。我且问你,你那玉是从哪里来的?"宝玉一时对答不来。那和尚笑道:"你的来路还不知,便来问我!"宝玉本来颖悟,又经点化,早把红尘看破,只是自己的底里未知;一闻那僧问起玉来,好像当头一棒,便说:"你也不用银子了,我把那玉还你罢。"那僧笑道:"早该还我了!"

所谓"自己的底里未知"者,未知其生活乃自己之一念之误,而此念之所自造也。及一闻和尚之言,始知此不幸之生活,由自己之所欲,而其拒绝之也,亦不得由自己,是以有还玉之言。所谓玉者,不过生活之欲之代表而已矣。故携之红尘者,非彼二人之所为,顽石自己而已;引登彼岸者,亦非二人之力,顽石自己而已。此岂独宝玉一人然哉?人类之堕落与解脱,亦视其意志而已。而此生活之意志,其于永远之生活,比个人之生活为尤切。易言以明之,则男女之欲,尤强于饮食之欲。何则?前者无尽的,后者有限的也;前者形而上的,后者形而下的也。又如上章所说,生活之于苦痛,二者一而非二,而苦痛之度,与主张生活之欲之度为比例。是故前者之苦痛,万倍蓰于后者之苦痛。而《红楼梦》一书,实示此生活、此苦痛之由于自造,又示其解脱之道不可不由自己求之者出。

而解脱之道，存于出世，而不存于自杀。出世者，拒绝一切生活之欲者也。彼知生活之无所逃于苦痛，而求入于无生之域。当其终也，恒干虽存，固已形如槁木，而心如死灰矣。若生活之欲如故，但不满于现在之生活，而求主张之于异日，则死于此者，固不得不复生于彼，而苦海之流，又将与生活之欲而无穷。故金钏之堕井也，司棋之触墙也，尤三姐、潘又安之自刎也，非解脱也，求偿其欲而不得者也。彼等之所不欲者，其特别之生活，而对生活之为物，则固欲之而不疑也。故此书中真正之解脱，仅贾宝玉、惜春、紫鹃三人耳。而柳湘莲之入道，有似潘又安；芳官之出家，略同于金钏。故苟有生活之欲存乎，则虽出世而无与于解脱；苟无此欲，则自杀亦未始非解脱之一者也。如鸳鸯之死，彼固有不得已之境遇在；不然，则惜春、紫鹃之事，固亦其所优为者也。

而解脱之中，又自有二种之别：一存于观他人之苦痛，一存于觉自己之苦痛。然前者之解脱，唯非常之人为能，其高百倍于后者，而其难亦百倍。但由其成功观之，则二者一也。通常之人，其解脱由于苦痛之阅历，而不由于苦痛之知识。唯非常之人，由非常之知力，而洞观宇宙人生之本质，始知生活与痛苦之不能相离，由是求绝其生活之欲，而得解脱之道。然于解脱之途中，彼之生活之欲，犹时时起而与之相抗，而生种种之幻影。所谓恶魔者，不过此等幻影之人物化而已矣。故通常之解脱，存于自己之苦痛，彼之生活之欲，因不得其满足而愈烈，又因愈烈而愈不得其满足，如此循环而陷于失望之境遇，遂悟宇宙人生之真相，遽而求其息肩之所。彼全变其气质，而超出乎苦乐之外，举昔之所执著者，一旦而舍之。彼以生活为炉、苦痛为炭，而铸其解脱之鼎。彼以疲于生活之欲故，故其生活之欲，不能复起而为之幻影。此通常之人解脱之状态也。前者之解脱,如惜春、紫鹃;后者之解脱,如宝玉。前者之解脱,超自然的也,神明的也;后者之解脱,自然的也,人类的也。前者之解脱,宗教的也;后者美术的也。前者平和的也,后者悲感的也,壮美的也,故文学的也,诗歌的也,小说的也。此《红楼梦》之主人公所以非惜春、紫鹃而为贾宝玉者也。

呜呼,宇宙一生活之欲而已!而此生活之欲之罪过,即以生活之苦痛罚之:此即宇宙之永远的正义也。自犯罪,自加罚,自忏悔,自解脱。美术之务,在描写人生之苦痛与其解脱之道,而使吾侪冯生之徒,于此桎梏之世界中,离此生活之欲之争斗,而得其暂时之平和,此一切美术之目的也。夫欧洲近世之文学中,所以推格代(今译歌德)之《法斯德》(今译《浮士德》)为第一者,以其描写博士法斯德之苦痛,及其解脱之途径,最为精切故也。若《红楼梦》之写宝玉,又岂有以异于彼乎?彼于缠陷最深之中,而已伏解脱之种子:故听《寄生草》之曲,而悟立足之境;读《胠箧》之篇,而作"焚花散麝"之想。所以未能者,则以黛玉尚在耳,至黛玉死而其志渐决。然尚屡失于宝钗,几败于五儿,屡蹶屡振,而终获最后之胜利。读者观自九十八回以至百二十回之事实,其解脱之行程,精进之历史,明了真切何如哉!且法斯德之苦痛,天才之苦痛;宝玉之苦痛,人人所有之苦痛也。其存于人之根柢者为独深,而其希救济也为尤切,作者一一掇拾而发挥之。我辈之读此书者,宜如何表满足感谢之意哉!而吾人于作者之姓名,尚未有确实之知识,岂徒吾侪寡学之羞,亦足以见二百余年来,吾人之祖先对此宇宙之大著述如何冷淡遇之也。谁使此大著述之作者不敢自署其名?此可知此书之精神大背于吾国人之性质,及吾人之沉溺于生活之欲而乏美术之知识有如此也。然则,予之为此论,亦自知有罪也矣。

第三章 《红楼梦》之美学上之价值

如上章之说,吾国人之精神,世间的也,乐天的也。故代表其精神之戏曲、小说,无往而不著此乐天之色彩:始於悲者终于欢,始于离者终于合,始于困者终于亨;非是而欲餍阅者之心,难矣。若《牡丹亭》之返魂,《长生殿》之重圆,其最著之一例也。《西厢记》之以《惊梦》终也,未成之作也,此书若成,吾乌知其不为《续西厢》之浅陋也?有《水浒传》矣,曷为而又有《荡寇志》?有《桃花扇》矣,曷为而又有《南桃花扇》?有《红楼梦》矣,彼《红楼复梦》《补红楼梦》《续红楼梦》者,曷为而作也?又曷为而有反对《红楼梦》之《儿女英雄传》?故吾国之文学中,其具厌世解脱之精神者,仅有《桃花扇》与《红楼梦》耳。而《桃花扇》之解脱,非真解脱也。沧桑之变,目击之而身历之,不能自悟,而悟於张道士之一言;且以历数千里,冒不测之险,投缧绁之中,所索之女子,才得一面,而以道士之言,一朝而舍之,自非三尺童子,其谁信之哉?故《桃花扇》之解脱,他律的也;而《红楼梦》之解脱,自律的也。且《桃花扇》之作者,但借侯、李之事,以写故国之戚,而非以描写人生为事。故《桃花扇》,政治的也,国民的也,历史的也;《红楼梦》,哲学的也,宇宙的也,文学的也。此《红楼梦》之所以大背於吾国人之精神,而其价值亦即存乎此。彼《南桃花扇》《红楼复梦》等,正代表吾国人乐天之精神者也。

《红楼梦》一书与一切喜剧相反,彻头彻尾之悲剧也。其大宗旨如上章之所述,读者既知之矣。除主人公不计外,凡此书中之人,有与生活之欲相关系者,无不与苦痛相终始,以视宝琴、岫烟、李纹、李绮等,若藐姑射神人,夐乎不可及矣。夫此数人者,曷尝无生活之欲,曷尝无苦痛?而书中既不及写其生活之欲,则其苦痛自不得而写之。足以见二者如骖之靳，而永远的正义，无往不逞其权力也。又吾国之文学，以挟乐天的精神故，故往往说诗歌的正义，善人必令其终，而恶人必离其罚：此亦吾国戏曲、小说之特质也。《红楼梦》则不然，赵姨、凤姐之死，非鬼神之罚，彼良心自己之苦痛也。若李纨之受封，彼於《红楼梦》十四曲中，固已明说之曰：

〔晚韶华〕镜里恩情，更那堪梦里功名！那美韶华去之何迅。再休题绣帐鸳衾；只这戴珠冠，披凤袄，也抵不了无常性命。虽说是人生莫受老来贫，也须要阴骘积儿孙。气昂昂头戴簪缨，光灿灿胸悬金印，威赫赫爵禄高登，昏惨惨黄泉路近。问古来将相可还存？也只是虚名儿与后人钦敬。（第五回）

此足以知其非诗歌的正义，而既有世界人生以上，无非永远的正义之所统辖也。故曰《红楼梦》一书，彻头彻尾的悲剧也。

由叔本华之说，悲剧之中又有三种之别。第一种之悲剧，由极恶之人，极其所有之能力以交构之者。第二种，由于盲目的运命者。第三种之悲剧，由于剧中之人物之位置及关系而不得不然者；非必有蛇蝎之性质与意外之变故也，但由普通之人物、普通之境遇，逼之不得不如是。彼等明知其害，交施之而交受之，各加以力而各不任其咎。此种悲剧，其感人贤於前二者远甚。何则？彼示人生最大之不幸，非例外之事，而人生之所固有故也。若前二种之悲剧，吾人对蛇蝎之人物与盲目之命运，未尝不悚然战栗；然以其罕见之故，犹幸吾生之可以免，而不必求息肩之地也。但在第三种，则见此非常之势力，足以破坏人生之福祉者，无时而不可坠于吾前；且此等残酷之行，不但时时可受诸己，而或可以加诸人；躬丁其酷，而无不平之可鸣：此可谓天下之至惨也。若《红楼梦》，则正第三种之悲剧也。兹就宝玉、黛玉之事言之：贾母爱宝钗之婉嫕，而惩黛玉之孤僻,又信金玉之邪说,而思压宝玉之病;王夫人固亲于薛氏;凤姐以持家之故,忌黛玉之才而虞其不便于己也;袭人惩尤二姐、香菱之事,闻黛玉"不是东风压倒西风,就是西风压倒东风"(第八十一回)之语①,惧祸之及,而自同于凤姐,亦自然之势也。宝玉之于黛玉,信誓旦旦,而不能言之于最爱之之祖母,则普通之道德使然,况黛玉一女子哉!由此种种原因,而金玉以之合,木石以之离,又岂有蛇蝎之人物、非常之变故,行于其间哉?不过通常之道德,通常之人情,通常之境遇为之而已。由此观之,《红楼梦》者,可谓悲剧中之悲剧也。

由此之故,此书中壮美之部分,较多于优美之部分,而眩惑之原质殆绝焉。作者于开卷即申明之曰:

> 更有一种风月笔墨,其淫秽污臭,最易坏人子弟。至于才子佳人等书,则又开口文君,满篇子建,千部一腔,千人一面,且终不能不涉淫滥。在作者不过欲写出自己两首情诗艳赋来,故假捏男女二人名姓,又必旁添一小人拨乱其间,如戏中小丑一般。(此又上节所言之一证。)

兹举其最壮美者之一例,即宝玉与黛玉最后之相见一节曰:

> 那黛玉听着傻大姐说宝玉娶宝钗的话,此时心里竟是油儿酱儿糖儿醋儿倒在一处的一般,甜苦酸咸,竟说不上什么味儿来了……自己转身,要回潇湘馆去,那身子竟有千百斤重的,两只脚却像踏着棉花一般,早已软了。只得一步一步慢慢的走将下来。走了半天,还没到沁芳桥畔,脚下愈加软了。走的慢,且又迷迷痴痴,信着脚从那边绕过来,更添了两箭地路。

---

① "不是东风压倒西风,就是西风压倒东风"句,当在《红楼梦》第八十二回。

这时刚到沁芳桥畔,却又不知不觉的顺着堤往回里走起来。紫鹃取了绢子来,却不见黛玉。正在那里看时,只见黛玉颜色雪白,身子恍恍荡荡的,眼睛也直直的,在那里东转西转……只得赶过来轻轻的问道:"姑娘怎么又回去?是要往那里去?"黛玉也只模糊听见,随口答道:"我问问宝玉去。"紫鹃只得搀他进去。那黛玉却又奇怪了,这时不似先前那样软了,也不用紫鹃打帘子,自己掀起帘子进来……见宝玉在那里坐着,也不起来让坐,只瞧著嘻嘻的呆笑。黛玉自己坐下,却也瞧着宝玉笑。两个也不问好,也不说话,也无推让,只管对着脸呆笑起来,忽然听着黛玉说道:"宝玉!你为什么病了?"宝玉笑道:"我为林姑娘病了。"袭人、紫鹃两个,吓得面目改色,连忙用言语来岔。两个却又不答言,仍旧呆笑起来……紫鹃搀起黛玉,那黛玉也就站起来,瞧着宝玉,只管笑,只管点头儿。紫鹃又催道:"姑娘回家去歇歇罢!"黛玉:"可不是,我这就是回去的时候儿了!"说着,便回身笑着出来了。仍旧不用丫头们搀扶,自己却走得比往常飞快。(第九十六回)

如此之文,此书中随处有之,其动吾人之感情何如?凡稍有审美的嗜好者,无人不经验之也。

《红楼梦》之为悲剧也如此。昔雅里大德勒于《诗论》中,谓悲剧者,所以感发人之情绪而高上之,殊如恐惧与悲悯之二者,为悲剧中固有之物,由此感发,而人之精神于焉洗涤。故其目的,伦理学上之目的也。叔本华置诗歌於美术之顶点,又置悲剧于诗歌之顶点;而于悲剧之中,又特重第三种,以其示人生之真相,又示解脱之不可已故。故美学上最终之目的,与伦理学上最终之目的合。由是,《红楼梦》之美学上之价值,亦与其伦理学上之价值相联络也。

第四章 《红楼梦》之伦理学上之价值

自上章观之,《红楼梦》者,悲剧中之悲剧也。其美学上之价值,即存乎此。然使无伦理学上之价值以继之,则其于美术上之价值,尚未可知也。今使为宝玉者,于黛玉既死之后,或感愤而自杀,或放废以终其身,则虽谓此书一无价值可也。何则?欲达解脱之域者,固不可不尝人世之忧患;然所贵乎忧患者,以其为解脱之手段故,非重忧患自身之价值也。今使人日日居忧患,言忧患,而无希求解脱之勇气,则天国与地狱,彼两失之;其所领之境界,除阴云蔽天,沮洳弥望外,固无所获焉。黄仲则《绮怀》诗曰:

> 如此星辰非昨夜,为谁风露立中宵。

又其卒章曰:

> 结束铅华归少作,屏除丝竹入中年。茫茫来日愁如海,寄语羲和快着鞭。

其一例也。《红楼梦》则不然,其精神之存于解脱,如前二章所说,兹固不俟喋喋也。

然则解脱者,果足为伦理学上最高之理想否乎?自通常之道德观之,夫人知其不可也。夫宝玉者,固世俗所谓绝父子、弃人伦、不忠不孝之罪人也。然自太虚中有今日之世界,自世界中有今日之人类,乃不得不有普通之道德,以为人类之法则。顺之者安,逆之者危;顺之者存,逆之者亡。于今日之人类中,吾固不能不认普通之道德之价值也。然所以有世界人生者,果有合理的根据欤?抑出于盲目的动作,而别无意义存乎其间欤?使世界人生之存在,而有合理的根据,则人生中所有普通之道德,谓之绝对的道德可也。然吾人从各方面观之,则世界人生之所以存在,实由吾人类之祖先一时之误谬。诗人之所悲歌,哲学者之所冥想,与夫古代诸国民之传说,若出一揆。若第二章所引《红楼梦》第一回之神话的解释,亦于无意识中暗示此理,较之《创世纪》所述人类犯罪之历史,尤为有味者也。夫人之有生,既为鼻祖之误谬矣,则夫吾人之同胞,凡为此鼻祖之子孙者,苟有一人焉,未入解脱之域,则鼻祖之罪终无时而赎,而一时之误谬,反复至数千万年而未有已也。则夫绝弃人伦如宝玉其人者,自普通之道德言之,固无所辞其不忠不孝之罪;若开天眼而观之,则彼固可谓干父之蛊者也。知祖父之误谬,而不忍反覆之以重其罪,顾得谓之不孝哉?然则宝玉"一子出家,七祖升天"之说,诚有见乎所谓孝者在此不在彼,非徒自辩护而已。

然则举世界之人类,而尽入于解脱之域,则所谓宇宙者,不诚无物也欤?然有无之说,盖难言之矣。夫以人生之无常,而知识之不可恃,安知吾人之所谓有,非所谓真有者乎?则自其反面言之,又安知吾人之所谓无,非所谓真无者乎?即真无矣,而使吾人自空乏与满足、希望与恐怖之中出,而获永远息肩之所,不犹愈于世之所谓有者乎!然则吾人之畏无也,与小儿之畏暗黑何以异?自己解脱者观之,安知解脱之后,山川之美,日月之华,不有过于今日之世界者乎?读《飞鸟各投林》之曲,所谓"一片白茫茫大地真干净"者,有欤无欤,吾人且勿问,但立乎今日之人生而观之,彼诚有味乎其言之也。

难者又曰:人苟无生,则宇宙间最可宝贵之美术,不亦废欤?曰:美术之价值,对现在之世界人生而起者,非有绝对的价值也。其材料取诸人生,其理想亦视人生之缺陷逼仄,而趋于其反对之方面。如此之美术,唯于如此之世界、如此之人生中,始有价值耳。

今设有人焉，自无始以来，无生死，无苦乐，无人世之罣碍，而唯有永远之知识，则吾人所宝为无上之美术，自彼视之，不过蛙鸣蝉噪而已。何则？美术上之理想，固彼之所固有，而其材料，又彼之所未尝经验故也。又设有人焉，备尝人世之苦痛，而已入于解脱之域，则美术之于彼也，亦无价值。何则？美术之价值，存于使人离生活之欲，而入于纯粹之知识。彼既无生活之欲矣，而复进之以美术，是犹馈壮夫以药石，多见其不知量而已矣。然则超今日之世界人生以外者，于美术之存亡，固自可不必问也。

夫然，故世界之大宗教，如印度之婆罗门教及佛教、希伯来之基督教，皆以解脱为唯一之宗旨。哲学家说，如古代希腊之柏拉图，近世德意志之叔本华，其最高之理想，亦存于解脱。殊如叔本华之说，由其深邃之知识论、伟大之形而上学出，一扫宗教之神话的面具，而易以名学之论法，其真挚之感情与巧妙之文字，又足以济之。故其说精密确实，非如古代之宗教及哲学说，徒属想象而已。然事不厌其求详，姑以生平可疑者商榷焉。夫由叔氏之哲学说，则一切人类及万物之根本，一也。故充叔氏拒绝意志之说，非一切人类及万物，各拒绝其生活之意志，则一人之意志，亦不得而拒绝。何则？生活之意志之存于我者，不过其一最小部分，而其大部分之存于一切人类及万物者，皆与我之意志同。而此物我之差别，仅由于吾人知力之形式。故离此知力之形式，而反其根本而观之，则一切人类及万物之意志，皆我之意志也。然则拒绝吾一人之意志，而姝姝自悦曰解脱，是何异蹄踎之水，而注之沟壑，而曰天下皆得平土而居之者哉！佛之言曰："若不尽度众生，誓不成佛。"其言犹若有能之而不欲之意。然自吾人观之，此岂徒能之而不欲哉！将毋欲之而不能也。故如叔本华之言一人之解脱，而未言世界之解脱，实与其意志同一之说，不能两立者也。叔氏于无意识中亦触

此疑问,故于其《意志及观念之世界》之第四编之末,力护其说,曰:

  人之意志,于男女之欲,其发现也为最著。故完全之贞操,乃拒绝意志即解脱之第一步也。夫自然中之法则,固自最确实者。使人人而行此格言,则人类之灭绝,自可立而待。至人类以降之动物,其解脱与堕落,亦当视人类以为准。《吠陀》之经典曰:"一切众生之待圣人,如饥儿之待慈父母也。"基督教中亦有此思想。珊列休斯于其《人持一切物归于上帝》之小诗中曰:"嗟汝万物灵,有生皆爱汝。总总环汝旁,如儿索母乳。携之适天国,惟汝力是怙!"德意志之神秘学者马斯太哀赫德亦云:"《约翰福音》云,予之离世界也,将引万物而与我俱。基督岂欺我哉!夫善人,固将持万物而归之于上帝,即其所从出之本者也。今夫一切生物,皆为人而造,又自相为用;牛羊之于水草,鱼之于水,鸟之于空气,野兽之于林莽皆是也。一切生物皆上帝所造,以供善人之用,而善人携之以归上帝。"彼意盖谓人之所以有用动物之权利者,实以能救济之故也。

  于佛教之经典中,亦说明此真理。方佛之尚为菩提萨埵也,自王宫逸出而入深林时,彼策其马而歌曰:"汝久疲于生死兮,今将息此任载。负予躬以遐举兮,继今日而无再。苟彼岸其予达矣,予将徘徊以汝待!"(《佛国记》)此之谓也。(英译《意志及观念之世界》第一册第492页)

然叔氏之说,徒引据经典,非有理论的根据也。试问释迦示寂以后,基督尸十字架以来,人类及万物之欲生奚若?其痛苦又奚若?吾知其不异于昔也。然则所谓持万物而归之上帝者,其尚有所待欤?抑徒沾沾自喜之说,而不能见诸实事者欤?果如后说,则释迦、基督自身之解脱与否,亦尚在不可知之数也。往者作一律曰:

生平颇忆挈卢敖,东过蓬莱浴海涛。
何处云中闻犬吠,至今湖畔尚乌号。
人间地狱真无间,死后泥洹枉自豪。
终古众生无度日,世尊只合老尘嚣。

何则？小宇宙之解脱,视大宇宙之解脱以为准故也。赫尔德曼人类涅槃之说,所以起而补叔氏之缺点者以此。要之,解脱之足以为伦理学上最高之理想与否,实存于解脱之可能与否。若夫普通之论难,则固如楚楚蜉蝣,不足以撼十围之大树也。

今使解脱之事终不可能,然一切伦理学上之理想,果皆可能也欤？今夫与此无生主义相反者,生生主义也。夫世界有限,而生人无穷。以无穷之人,生有限之世界,必有不得遂其生者矣。世界之内,有一人不得遂其生者,固生生主义之理想之所不许也。故由生生主义之理想,则欲使世界生活之量,达于极大限,则人人生活之度,不得不达于极小限。盖度与量二者,实为一精密之反比例。所谓最大多数之最大福祉者,亦仅归于伦理学者之梦想而已。夫以极大之生活量,而居于极小之生活度,则生活之意志之拒绝也奚若？此生生主义与无生主义相同之点也。苟无此理想,则世界之内,弱之肉,强之食,一任诸天然之法则耳,奚以伦理为哉？然世人日言生生主义,而此理想之达于何时,则尚在不可知之数。要之,理想者可近而不可即,亦终古不过一理想而已矣。人知无生主义之理想之不可能,而自忘其主义之理想之何若,此则大不可解者也。

夫如是,则《红楼梦》之以解脱为理想者,果可菲薄也欤？夫以人生忧患之如彼,而劳苦之如此,苟有血气者,未有不渴慕救济者也。不求之于实行,犹将求之于美术。独《红楼梦》者,同时与吾人以二者之救济。人而自绝于救济则已耳；不然，则对此宇宙之大著述，宜如何企踵而欢迎之也！

第五章　馀　　论

自我朝考证之学盛行，而读小说者，亦以考证之眼读之。于是评《红楼梦》者，纷然索此书中之主人公之为谁，此又甚不可解者也。夫美术之所写者，非个人之性质，而人类全体之性质也。惟美术之特质，贵具体而不贵抽象。于是举人类全体之性质，置诸个人之名字之下。譬诸"副墨之子""洛诵之孙"，亦随吾人之所好名之而已。善于观物者，能就个人之事实，而发见人类全体之性质；今对人类之全体，而必规规焉求个人以实之，人之知力相越，岂不远哉！故《红楼梦》之主人公，谓之贾宝玉可，谓之"子虚""乌有"先生可，即谓之纳兰容若可，谓之曹雪芹亦无不可也。

综观评此书者之说，约有二种：一谓述他人之事，一谓作者自写其生平也。第一说中，大抵以贾宝玉为即纳兰性德。其说要非无所本。案性德《饮水诗集·别意》六首之三曰：

> 独拥馀香冷不胜，残更数尽思腾腾。今宵便有随风梦，知在红楼第几层？

又《饮水词》中《于中好》一阕云：

> 别绪如丝睡不成，那堪孤枕梦边城。因听紫塞三更雨，却忆红楼半夜灯。

又《减字木兰花》一阕咏新月云：

> 莫教星替，守取团圆终必遂。此夜红楼，天上人间一样愁。

"红楼"之字凡三见,而云"梦红楼"者一。又其亡妇忌日作《金缕曲》一阕,其首三句云:

> 此恨何时已,滴空阶寒更雨歇,葬花天气。

"葬花"二字,始出于此。然则《饮水集》与《红楼梦》之间,稍有文字之关系,世人以宝玉为即纳兰侍卫者,殆由于此。然诗人与小说家之用语,其偶合者固不少。苟执此例以求《红楼梦》之主人公,吾恐其可以傅合者,断不止容若一人而已。若夫作者之姓名(遍考各书,未见曹雪芹何名)与作书之年月,其为读此书者所当知,似更比主人公之姓名为尤要。顾无一人为之考证者,此则大不可解者也。

至谓《红楼梦》一书,为作者自道其生平者。其说本于此书第一回"竟不如我亲见亲闻的几个女子"一语。信如此说,则唐旦之《天国戏剧》,可谓无独有偶者矣。然所谓亲见亲闻者,亦可自旁观者之口言之,未必躬为剧中之人物。如谓书中种种境界、种种人物,非局中人不能道,则是《水浒传》之作者必为大盗,《三国演义》之作者必为兵家,此又大不然之说也。且此问题,实与美术之渊源之问题相关系。如谓美术上之事,非局中人不能道,则其渊源必全存于经验而后可。夫美术之源,出于先天,抑由于经验,此西洋美学上至大之问题也。叔本华之论此问题也,最为透辟。兹援其说,以结此论。其言曰(此论本为绘画及雕刻发,然可通之于诗歌、小说):

> 人类之美之产于自然中者,必由下文解释之:即意志于其客观化之最高级(人类)中,由自己之力与种种之情况,而打胜下级(自然力)之抵抗,以占领其物力。且意志之发现于高等之阶级也,其形式必复杂:即以一树言之,乃无数之细胞,合而成一系统者也。其阶级愈高,其结合愈复。人类之身体,

乃最复杂之系统也：各部分各有一特别之生活；其对全体也，则为隶属；其互相对也，则为同僚；互相调和，以为其全体之说明；不能增也，不能减也。能如此者，则谓之美。此自然中不得多见者也。顾美之于自然中如此，于美术中则何如？或有以美术家为模仿自然者。然彼苟无美之预想存于经验之前，则安从取自然中完全之物而模仿之，又以之与不完全者相区别哉？且自然亦安得时时生一人焉，于其各部分皆完全无缺哉？或又谓美术家必先于人之肢体中，观美丽之各部分，而由之以构成美丽之全体。此又大愚不灵之说也。即令如此，彼又何自知美丽之在此部分而非彼部分哉？故美之知识，断非自经验的得之，即非后天的而常为先天的；即不然，亦必其一部分常为先天的也。吾人于观人类之美后，始认其美；但在真正之美术家，其认识之也，极其明速之度，而其表出之也，胜乎自然之为。此由吾人之自身即意志，而于此所判断及发见者，乃意志于最高级之完全之客观化也。唯如是，吾人斯得有美之预想。而在真正之天才，于美之预想外，更伴以非常之巧力。彼于特别之物中，认全体之理想，遂解自然之嗫嚅之言语而代言之；即以自然所百计而不能产出之美，现之于绘画及雕刻中，而若语自然曰："此即汝之所欲言而不得者也。"苟有判断之能力者，必将应之曰："是。"唯如是，故希腊之天才，能发见人类之美之形式，而永为万世雕刻家之模范。唯如是，故吾人对自然于特别之境遇中所偶然成功者，而得认其美。此美之预想，乃自先天中所知者，即理想的也，比其现于美术也，则为实际的。何则？此与后天中所与之自然物相合故也。如此，美术家先天中有美之预想，而批评家于后天中认识之，此由美术家及批评家，乃自然之自身之一部，而意志于此客观化者也。哀姆攀独克尔曰:"同者唯同者知之。"故唯自然能知自然,唯自然能言自然,则美术家有自然之美之预想,固自不足怪也。

芝诺芬述苏格拉底之言曰:"希腊人之发见人类之美之理想也,由于经验。即集合种种美丽之部分,而于此发见一膝,于彼发见一臂。"此大谬之说也。不幸而此说蔓延于诗歌中。即以狭斯丕尔言之,谓其戏曲中所描写之种种人物,乃其一生之经验中所观察者,而极其全力以撰写之者也。然诗人由人性之预想而作戏曲小说,与美术家之由美之预想而作绘画及雕刻无以异。唯两者于其创造之途中,必须有经验以为之补助。夫然,故其先天中所已知者,得唤起而入于明晰之意识,而后表出之事,乃可得而能也。(叔氏《意志及观念之世界》第一册第285页至289页)

由此观之,则谓《红楼梦》中所有种种之人物、种种之境遇,必本于作者之经验,则雕刻与绘画家之写人之美也,必此取一膝,彼取一臂而后可。其是与非,不待知者能决矣。读者苟玩前数章之说,而知《红楼梦》之精神,与其美学、伦理学上之价值,则此种议论,自可不生。苟如美术之大有造于人生,而《红楼梦》自足为我国美术上之唯一大著述,则其作者之姓名与其著书之年月,固当为唯一考证之题目。而我国人之所聚讼者,乃不在此而在彼;此足以见吾国人之对此书之兴味之所在,自在彼而不在此也。故为破其惑如此。

屈子文学之精神①

我国春秋以前,道德政治上之思想,可分之为二派:一帝王派,一非帝王派。前者称道尧、舜、禹、汤、文、武,后者则称其学出于上古之隐君子,如庄周所称广成子之类。或托之于上古之帝王。前者近古学派,后者远古学派也。前者贵族派,后者平民派也。前者入世派,后者遁世派(非真遁世派,知其主义之终不能行于世,而遁焉者也)也。前者热情派,后者冷性派也。前者国家派,后者个人派也。前者大成于孔子、墨子,而后者大成于老子(老子楚人,在孔子后,与孔子问礼之老聃,系二人,说见汪容甫《述学·老子考异》)。故前者北方派,后者南方派也。此二派者,其主义常相反对,而不能相调和。观孔子与接舆、长沮、桀溺、荷蓧丈人之关系,可知之矣。战国后之诸学派,无不直接出于此二派,或出于混合此二派。故虽谓吾国固有之思想,不外此二者,可也。

夫然,故吾国之文学,亦不外发表二种之思想。然南方学派则仅有散文的文学,如老子、庄、列是已。至诗歌的文学,则为北方学派之所专有。《诗》三百篇,大抵表北方学派之思想者也。虽其中如《考槃》《衡门》等篇,略近南方之思想。然北方学者所谓"用之则

---

① 此文发表于1906年《教育世界》总第140号,收入《静庵文集续编》。

行,舍之则藏""有道则见,无道则隐"者,亦岂有异于是哉?故此等谓之南北公共之思想则可,不必为南方思想之特质也。然则诗歌的文学,所以独出于北方之学派者,又何故乎?

诗歌者,描写人生者也(用德国大诗人希尔列尔之定义)。此定义未免太狭。今更广之曰"描写自然及人生",可乎?然人类之兴味,实先人生,而后自然。故纯粹之模山范水,留连光景之作,自建安以前,殆未之见。而诗歌之题目,皆以描写自己深邃之感情为主。其写景物也,亦必以自己深邃之感情为之素地,而始得于特别之境遇中,用特别之眼观之。故古代之诗,所描写者,特人生之主观的方面;而对于人生之客观的方面,及纯处于客观界之自然,断不能以全力注之也。故对古代之诗,前之定义,苦其广,而不苦其隘也。

诗之为道,既以描写人生为事,而人生者,非孤立之生活,而在家族、国家及社会中之生活也。北方派之理想,置于当日之社会中;南方派之理想,则树于当日之社会外。易言以明之,北方派之理想,在改作旧社会;南方派之理想,在创造新社会。然改作与创作,皆当日之社会之所不许也。南方之人,以长于思辩,而短于实行,故知实践之不可能,而即于其理想中,求其安慰之地,故有遁世无闷,嚣然自得以没齿者矣。若北方之人,则往往以坚忍之志,强毅之气,恃其改作之理想,以与当日之社会争;而社会之仇视之也,亦与其仇视南方学者无异,或有甚焉。故彼之视社会也,一时以为寇,一时以为亲,如此循环,而遂生欧穆亚(Hamour)之人生观。《小雅》之杰作,皆此种竞争之产物也。且北方之人,不为离世绝俗之举,而日周旋于君臣父子夫妇之间,此等在在畀以诗歌之题目,与以作诗之动机。此诗歌的文学,所以独产于北方学派中,而无与于南方学派者也。

然南方文学中,又非无诗歌的原质也。南人想象力之伟大丰富,胜于北人远甚。彼等巧于比类,而善于滑稽:故言大则有若北溟之鱼,语小则有若蜗角之国;语久则大椿冥灵,语短则蟪蛄朝菌;至于襄城之野,七圣皆迷;汾水之阳,四子独往;此种想象,决不能于北方文学中发见之。故庄、列书中之某分,即谓之散文诗,无不可也。夫儿童想象力之活泼,此人人公认之事实也。国民文化发达之初期亦然,古代印度及希腊之壮丽之神话,皆此等想象之产物也。以我中国论,则南方之文化发达较后于北方,则南人之富于想象,亦自然之势也。此南方文学中之诗歌的特质所以优于北方文学者也。

由此观之,北方人之感情,诗歌的也,以不得想象之助,故其所作遂止于小篇。南方人之想象,亦诗歌的也,以无深邃之感情之后援,故其想象亦散漫而无所丽,是以无纯粹之诗歌。而大诗歌之出,必须俟北方人之感情,与南方之想象合而为一,即必通南北之骑驿而后可,斯即屈子其人也。

屈子南人而学北方之学者也。南方学派之思想,本与当时封建贵族之制度,不能相容。故虽南方之贵族,亦当奉北方之思想焉。观屈子之文,可以征之。其所称之圣王,则有若高辛、尧、舜、禹、汤、少康、武丁、文、武,贤人则有若皋陶、挚说、彭、咸(谓彭祖、巫咸,商之贤臣也,与"巫咸时夕降兮"之巫咸,自是二人,列子所谓郑有神巫,名季咸者也)、比干、伯夷、吕望、宁戚、百里、介推,暴君则有若夏□、羿、浞、桀、纣,皆北方学者之所常称道,而于南方学者所称黄帝、广成等不一及焉。虽《远游》一篇,似专述南方之思想,然此实屈子愤激之词,如孔子之居夷浮海,非其志也。《离骚》之卒章,其旨亦与《远游》同。然卒曰:"陟升皇之赫戏兮,忽临睨夫旧乡。仆人悲余马怀兮,蜷局顾而不行。"《九章》中之《怀沙》,乃其绝笔,然犹称重华、汤、禹,足知屈子固彻头彻尾抱北方之思想,虽欲与南方之学者,而终有所不慊者也。

屈子之自赞曰"廉贞"。余谓屈子之性格,此二字尽之矣。其廉固南方学者之所优为,其贞则其所不屑为,亦不能为者也。女嬃之詈,巫咸之占,渔父之歌,皆代表南方学者之思想,然皆不足以动屈子。而知屈子者,唯詹尹一人。盖屈子之于楚,亲则肺腑,尊则大夫,又尝管内政外交上之大事矣,其于国家既同累世之休戚,其于怀王又有一日之知遇,被疏者一,被放者再,而终不能易其志,于是其性格与境遇相得,而使之成一种欧穆亚。《离骚》以下诸作,实此欧穆亚所发表者也。使南方之学者处此,则贾谊(《吊屈原文》)、扬雄(《反离骚》)是,而屈子非矣。此屈子之文学,所负於北方学派者。然就屈子文学之形式言之,则所负於南方学派者,抑又不少。彼之丰富之想象力,实与庄、列为近。《天问》《远游》凿空之谈,求女谬悠之语,庄语之不足,而继之以谐,于是思想之游戏,更为自由矣。变《三百篇》之体,而为长句,变短什而为长篇,于是感情之发表,更为婉转矣。此皆古代北方文学之所未有,而其端自屈子开之。然所以驱此想象而成此大文学者,实由其北方之肫挚的性格。此庄周等之所以仅为哲学家,而周、秦间之大诗人,不能不独数屈子也。

要之,诗歌者,感情的产物也。虽其中之想象的原质(即知力的原质)亦须有肫挚之感情,为之素地,而后此原质乃显。故诗歌者,实北方文学之产物,而非儇薄冷淡之夫所能讬。观后世之诗人,若渊明,若子美,无非受北方学派之影响者。岂独一屈子然哉!岂独一屈子然哉!

韦庄的《秦妇吟》[1]

秦 妇 吟

右补阙韦庄 撰

中和癸卯春三月,洛阳城外花如雪。东西南北路人绝,绿杨悄悄香尘灭。路傍忽见如花人,独向绿杨阴下歇。凤侧鸾欹鬓脚斜,红攒黛敛眉心折。借问"女郎何处来?"含嚬欲语声先咽。回头敛袂谢行人,丧乱漂沦何堪说!三年陷贼留秦地,依稀记得秦中事。君能为妾解金鞍,妾亦与君停玉趾。

"前年庚子腊月五,正闲金笼教鹦鹉,斜开鸾镜懒梳头,闲凭雕阑慵不语,忽看门外起红尘,已见街中擂金鼓,居人走出半仓惶,朝士归来尚疑误。是时西面官军入,拟向潼关为警急,皆言博野自相持,尽道贼军来未及。须臾主父乘奔至,下马入门痴似醉,适逢紫盖去蒙尘,已见白衣来迎救。扶羸携幼竞相呼,上屋缘墙不知次;南邻走入北邻藏,东邻走向西邻避。北邻诸妇咸相凑,户外崩腾如走兽。轰轰崐崐(一作嵼嵼)乾坤动,万马雷声从地涌,火迸金星上九天,十二天街烟烘焖。日轮西下寒光白,上帝无言空脉脉。阴云晕气(一作起)若重围,官(一作宦)者流星(一作星流)如血色。紫气潜随帝

---

[1] 1924年正月,王国维重录伯希和所寄《秦妇吟》影本,并题记。

座移,妖光暗射台星拆。家家流血如泉沸,处处冤声声动地。舞伎歌姬尽暗损(一作捐),婴儿稚女皆生弃。东邻有女眉新画,倾国倾城不知价,长戈拥得上戎车,回首香闺泪盈把。旋抽金线学缝旗,扶上雕鞍教走马。有时马上见良人,不敢回眸空泪下。西邻有女真仙子,一寸横波剪秋水,妆成只对镜中春,年幼不知门外事。一夫跳跃上金阶,斜袒半肩欲相耻。牵衣不肯出朱门,红粉香脂刀下死。南邻有女不记姓,昨日良媒新纳聘,琉璃帘外不闻声,翡翠楼间空见影。(维案,"外不闻声,翡翠楼"七字,原钞脱去,据伦敦一残本补。)忽看庭际刀刃鸣,身首支(维案,支当作分)离在俄顷(一作倾)。仰天掩面哭一声,女弟女兄同入井。北邻少妇行相促,旋抴(一作衍)云鬟拭眉绿,已闻击托坏高门,不觉攀缘上重屋。须臾四面火光来,欲下危梯梯又摧,烟中大叫犹求救,梁上悬尸已作灰。妾身幸得全刀锯,不敢踟蹰久回顾。旋梳蝉鬓逐军行,强展娥眉出门去。旧里从兹不得归,六亲自此无寻处!

"一从陷贼经三载,终日惊忧心胆碎。夜卧千重剑戟围,朝飧一味人肝脍(一作鲙)。鸳帏纵入讵成欢,宝货虽多非所爱。蓬头面垢猲眉赤,几转横波看不得。衣裳颠倒语言异,面上夸功雕作字。柏台多士尽狐精,兰省诸郎皆鼠魅。还将短发戴华簪,不脱朝衣缠绣被。翻持象笏作三公,倒佩金鱼为两史。朝闻奏对入朝堂,暮见喧呼来酒市。

"一朝五鼓人惊起,叫啸喧争如窃议。'夜来探马入皇(一作黄)城;昨日官军收赤水'。赤水去城一百里,朝若来(一作发)兮暮应至。凶徒马上暗吞声,女伴闺中潜失喜,皆言冤愤此是(维案,是当作时)销,必谓妖徒今日死。逡巡走马传声急,又道军前全阵入,大彭小彭(维案,彭,伦敦残本作台)相顾忧,二郎四郎抱鞍泣。泛泛数日无消息,必谓军前已衔璧。簸旗掉剑却来归,又道官军悉败绩!

"四面从兹多厄束,一斗黄金一升粟。尚让营中食木皮,黄巢机上刲人肉。东南断绝无粮道,沟壑渐平人渐少。六军门外倚僵尸,七架营中填饿殍。长安寂寂金(一作今)何有,废市荒街麦苗秀。采樵斫尽杏园花,修寨㧞(一作诛)残御沟柳。华轩绣縠(一作縠;维按,当作毂)皆销散,甲第朱门无一半。含元殿上狐兔行,花萼楼前荆棘满。昔时繁盛皆埋没,举目凄凉无故物。内库烧为锦绣灰,天街踏尽公卿骨!

"来时晓出城东陌,城外风烟如塞色。路傍时见游弈军,坡下寂无迎送客。霸陵东望人烟绝,树锁骊山金翠灭。大道俱城(一作但成)棘子林,行人夜宿长(一作墙)匡月。明朝晓至三峰路,百万人家无一户。破落田园但有蒿,摧残竹树皆无主。路傍试问金天神,金天无语愁於人。庙中古柏有残柯,殿上金炉生暗尘。'一从狂寇陷中围(维案,围,当作国),天地晦冥风雨黑。桉前神水呪不成,壁上阴兵驱不得。闲日徒歆奠飨恩,危时不助神通力。我今愧恶拙为神,且向山中深避匿。寰中箫管不曾闻,筵上牺牲无处觅。旋教魔鬼傍乡村,诛剥生灵过朝夕。'妾闻此语愁更愁,天遣时灾非自由。神在山中犹避难,何须责望东诸侯!

"前年又出杨震关,举头云际见荆山,如从地府到人间,顿觉时清天地闲。陕州主帅忠且贞,不动干戈惟守城。蒲州主帅能戢兵,千里晏然无戈(维案,戈,当作鼓)声。朝携宝货无人问,夜插金钗惟独行。

"明朝又过新安东,路上乞浆逢一翁,苍苍面带苔藓色,隐隐身藏蓬荻(维案,荻,当作荻)中。问翁'本是何乡曲?底事寒天霜露宿?'老翁踉起欲陈词,却坐支颐仰天哭,'乡园本贯东畿县(贯,一作管),岁岁耕桑临近甸。岁种桑(一作良)田二百墱(一作廛),年输户税三千万。小姑惯织褐绨袍,中妇能炊红黍饭。千间仓兮万丝箱,黄巢过后犹残半。自从洛下屯师旅,日夜巡兵入村坞。迺(一作匝)中秋水拔青蛇,旗上高风吹白虎。入门下马若旋风,馨室倾囊如卷土。家财既尽骨肉离,今日垂(维案,垂,当作残)年一身苦。一身苦兮何足嗟,山中更有千万家,朝饥山草寻蓬子,夜宿霜中卧萩(一作荻)花!'

妾闻此父伤心语,竟日阑干泪如雨。出门惟见乱枭鸣,更欲东奔何处所。仍闻汴路(一作洛下)舟车绝,又道彭门自相煞。野色徒销战士魂,河津半是冤人血。适闻有客金陵至,见说江南风景异(风景,一作凤影),自从大寇犯中原,戎马不曾生死(一作四)鄙,诛锄(一作除)窃盗若神功,惠爱生灵如赤子。城壕固护教金汤,赋税如云送军垒。如何四海尽滔滔,堪然一境平如砥,(维案,甄,当是砥字之讹,古砥字每书作砥)。避难徒为阙下人,怀安却羡江南鬼。愿君举棹东复东,咏此长歌献相公。"

《秦妇吟》一卷。

天复伍年乙丑岁十二月十五日,敦煌郡金光明寺学仕张龟写。(右巴黎国民图书馆藏本。)

贞明五年己卯岁四月十一日,敦煌郡金光明寺学仕郎安友盛写讫。(伦敦博物馆藏本。诗中注一作某者,当据此本。)

甲子正月,法国伯希和教授录寄。观翁重录。

前年见日本狩野博士所录伦敦博物馆所藏残本,自"南邻走入北邻藏"至"诛剥生灵过朝夕"句止,余以篇中有"内库烧为锦绣灰"二句,据《北梦琐言》知为韦庄《秦妇吟》。后见巴黎图书馆《敦煌书目》有《秦妇吟》一卷,因逢书伯希和教授属为写寄。越四年,教授乃以此本见寄,并以伦敦另一足本校之,遂为完璧。观翁并记。

敦煌发见唐朝之通俗诗及通俗小说[1]

敦煌唐写本书籍,为英国斯坦因博士携归伦敦者,有韦庄《秦妇吟》一卷,前后残阙,尚近千字。此诗,韦庄《浣花集》十卷中不载,唐写本亦无书题及撰人姓名。然孙光宪《北梦琐言》,谓蜀相韦庄应举时,遇黄寇犯阙,著《秦妇吟》一篇,云"内库烧为锦绣灰,天街踏尽公卿骨",今敦煌残卷中有此二句,其为韦诗审矣。诗为长庆体,叙述黄巢焚掠,借陷贼妇人口中述之,语极沈痛详尽,其词复明浅易解,故当时人人喜诵之,至制为障子。《北梦琐言》谓庄贵后讳此诗为己作,至撰家戒,不许垂《秦妇吟》障子,则其风行一时可知矣。其诗曰:

(上阙)南邻走入北邻藏,东邻走向西邻避。北邻诸妇咸相凑,户外奔腾如走兽。轰轰焜焜乾坤动,万马雷声从地涌;火迸金星上九天,十二官街烟烘焖。日轮西下寒光白,上帝无言空脉脉。阴云晕气若重围,□者流星如血色。紫气潜随帝座移,妖光暗射□星析。家家流血如泉沸,处处冤声声动地。舞伎歌姬尽黯然,婴儿稚女皆生弃。东邻有女眉新画,倾国倾城不知价;长戈拥得上戎车,回首香闺泪盈把。旋抽金线学缝

---

[1] 此文发表于1920年《东方杂志》第17卷第8号。

旗,才上雕鞍教走马;有时马上见良人,不敢回眸空泪下。西邻有女真仙子,一寸横波翦秋水,妆成只对镜中春,年幼不知门外事;一夫跳跃上金阶,斜袒半臂欲相耻;牵衣不肯出朱门,红粉香脂刀下死。南邻有女不记姓,昨日良媒新纳聘,琉璃阶上不闻声,翡翠帘前空见影;忽惊庭际刀刃鸣,身首分离在俄顷;仰天掩面哭一声,女弟女兄同入井。北邻少妇行相促,旋拆云鬟拭眉绿,已闻击托坏高门,不觉攀缘上重屋,须臾四门火光来,欲下危梯梯又摧,烟中大声犹求救,梁上悬尸已作灰。妾身幸得全刀锯,不敢踟蹰久回顾,旋梳云鬟逐军行,强展蛾眉出门去。旧里从兹不得归,六亲自此无寻处。一从陷贼经三岁,终日忧惊心肝碎;夜卧千重剑戟围,朝餐一味人肝脍。鸳帏纵入岂成欢,宝货虽多非所爱。蓬头面垢眉犹赤,几转横波看不得。衣裳颠倒语言异,面上夸功雕作字。柏台多士尽狐精,兰省诸郎皆鬼魅。还将短发戴华簪,不脱朝衣缠绣被。翻持象笏作三公,倒佩金鱼为两制。朝闻奏对入朝堂,暮见喧呼来酒市。一声五鼓人惊起,声啸喧争如窃议。夜来探马入黄城,昨日官军收赤水。赤水去城一百里,朝若发兮暮应至。凶徒马上暗吞声,女伴闺中潜生喜;皆言冤情此日销,必谓妖徒今日死。逡巡走马传声急,又道军前全阵入;大台小台相顾忧,三郎四郎抱鞍泣。汛汛数日无消息,必谓军前已衔璧,簸旗掉剑却来归,又道官军屡败绩。四面从兹多厄束,一斗黄金一斗粟;尚让厨中食木皮,黄巢机上刲人肉。东南断绝无粮道,沟壑渐平人渐少;六军门外倚僵尸,七架营中填饿莩。长安寂寂今何有,废市荒街麦苗秀;采樵斫尽杏园花,修寨诛残御沟柳,华轩绣毂皆消散,甲第朱门无一半;含元殿上狐兔行,花萼楼前荆棘满。昔时繁盛皆埋没,举目凄凉无故物;内库烧为锦绣灰,天街踏尽公卿骨。来时晓出城东陌,城上风烟如塞色。路旁时见游奕军,坡下绝无迎送客。霸陵东望人烟绝,树锁鸸山金翠灭。大道俱成棘子林,行人夜宿长□月。明朝晓至三峰路,百万人家无一户;破落田园但有蒿,摧残竹树皆无主。路旁试问金天神,金天无语愁於人;庙前古柏有残折,殿上金炉生暗尘。一从狂寇陷中国,天地晦盲风雨黑;案前神水呪不成,壁上阴兵驱不得。闲日徒歆□乡思,危时不助神通力;我今愧恧拙为神,且向山中深壁匿。寰中箫管不曾闻,筵上牺牲无处觅。旋教魇(下阙)

此诗前后皆阙,尚存九百六十余字,当为晚唐诗中最长者。又才气俊发,自非才人不能作,惟语取易解,有类俳优,故其弟蔼编《浣花集》时,不以入集。不谓千百年后,乃于荒徼中发见之。当时敦煌写有数本,此藏于英伦者如此。巴黎国民图书馆书目有"《秦妇吟》一卷,右补阙韦庄撰",既有书名及撰人姓名,当较此为完好,他日当访求之也。

伦敦博物馆有《季布歌》,前后皆阙,尚存三千余字,纪汉季布亡命事,以七言韵语述之,语更浅俗,似后世七字唱本。又有孝子《董永传》,亦系七言,其词略曰:

人生在世审思量,暂□□□有何妨。大众志心须静听,先须孝顺阿爷娘。好事恶事皆钞录,善恶童子每钞将。孝感先贤说董永,年登十五二亲亡;自叹福薄无兄弟,夜中流泪每千行。为缘多生□姊妹,亦无知识及亲房。家里贫穷无钱物,所买当身殡爷娘。

云云:实当时所作劝善诗之一种,江右某氏所藏敦煌书中,有目连救母、李陵降虏二种,则纯粹七字唱本云。

伦敦博物馆又藏唐人小说一种,全用俗语,为宋以后通俗小说之祖。其书亦前后皆阙,仅存中间一段云:

> 判官慄恶,不敢道名字。帝曰:"卿近前来,轻道,姓崔名子玉,朕当识。"言讫,使人引皇帝至院门。使人奏曰:"伏维陛下,且立在此,容臣入报判官速来。"言讫,使者到厅前拜了,启判官:"奉大王处太宗是生魂到领,判官推勘,见在门外,未敢引。"判官闻言,惊忙起立。(下阙)

此小说记唐太宗入冥事,今传世《西游演义》中有之。《太平广记》引唐张鷟《朝野佥载》,已有此事,但未著判官姓名云:

> 唐太宗极康豫,太史令李淳风见上,流泪无言。上问之。对曰:"陛下夕当晏驾。"太宗曰:"人生有命,亦何忧也。"留淳风宿,太宗至夜半奄然入定,见一人云:"陛下暂合来还,即去也。"帝问:"君是何人?"对曰:"臣是生人判冥事。"太宗入见判官,问六月四日事,(即太宗杀太子建成齐王元吉之日。)即令还。向见者又迎送引导出。淳风即观乾象,不许哭泣。须臾乃瘥,至曙,求昨所见者,令所司与一官,遂注蜀道一丞。

近代郑煨撰《崔府君祠录》,引《滏阳神异录》一事,与《佥载》同,且以冥判为崔府君。曰:

> 一日,府君忽奉东岳圣帝旨,敕断隐巢等狱。府君令二青衣引太宗至。时魏征已卒,迎太宗属曰:"隐巢等冤诉,不可与辨,帝功大,但称述,神必祐也。"帝领之,及对质,帝惟以功上陈,不与辨。府君判曰:"帝治世安民之功甚伟。"(中略)敕二青衣送帝回,隐巢等惶恐去。帝行,复与府君别。府君曰:"毋泄也。"后帝令传府君像,与判狱神无异云云。

今观唐人所撰小说,已云冥判姓崔名子玉。故宋仁宗景祐二年,加崔府君封号诏,有"惠存滏邑,恩结蒲人,生著令猷,没司幽府"等语。可见传世杂说,其所由来远矣。又伦敦所藏尚有伍员入吴小说,亦用俗语,与太宗入冥小说同。

唐代不独有俗体诗文,即所著书籍,亦有平浅易解者,如《太公家教》是也。《太公家教》一书,见于李习之文集,至与文中子《中说》并称。宋王明清《玉照新志》亦称其书。顾世久无传本,近世敦煌所出凡数本,英法图书馆皆有之。上虞罗氏亦藏一本。观其书多用俗语,而文极芜杂无次序,盖唐时乡学究之所作也。其首数行,自叙作书缘起云:"□□□□代长值危时,望(亡之讹)乡失土,波迸流离。只欲隐山居住,不能忍冻受饥;只欲扬名后代,复无晏婴之机。才轻德薄,不堪人师,徒消人食,浪费人衣。随缘信业,且逐时之随。辄以讨其坟典,简择诗书,依经傍史,约礼时宜,为书一卷,助幼童儿"云云。则其作书之人与作书之旨,均可知矣。书全用韵语,多集当时俗谚格言,有至今尚在人口者。辄举其要者如左:

得人一牛,还人一马,往而不来,非成礼也。知恩报恩,风流儒雅。

一日为师,终身为父;一日为君,终身为主。

他篱莫越,他事莫知,他贫莫笑,他病莫欺,他财莫取,他色莫侵,他疆莫触,他弱莫欺,他弓莫挽,他马莫骑;弓折马死,偿他无疑。

罹网之鸟,悔不高飞;吞钩之鱼,悔不忍饥。

男年长大,莫听好酒;女年长大,莫听游走。

含血噀人,先污其口;十言九中,不语者胜。

  款客不贫,古今实语。

  近朱者赤,近墨者黑;蓬生麻中,不扶自直。

  凡人不可貌相,海水不可斗量。

  勤是无价之宝,学是明月之珠。积财千万,不如明解一经;良田千顷,不如薄艺随躯。

  香饵之下,必有悬钩之鱼;重赏之家,必有勇夫。

以上诸条,或见古书,或尚存于今日俗语中。张淏《云谷杂记》谓杜荀鹤《唐风集》中诗极低下,如"要知前路事,不及在家时""不觉裹头成大汉,初看骑马作儿童",前辈方之《太公家教》。是唐人用此种文体,惟有《太公家教》一书,故独举此以比杜荀鹤诗,当时亦甚轻视之,观其所就,决不能与唐人他种文学比矣。

敦煌所出《春秋后语》,卷纸背有唐人词三首,其二为《西江月》。其词云:

  天上月,遥望似一团银;夜久更阑风渐紧;为(原作以)奴吹却月边云,照见负(原作附)心人。

  五梁台上月,一片玉无瑕(原作暇);迤逦(原作以里)看归西海去,横云出来不敢遮,暧靆绕天涯。

又有《菩萨蛮》一首云:

  自从宇内光戈戟,狼烟处处熏天黑;早晚竖金鸡,休磨战马蹄。淼淼三江水,半是离人泪;老尚逐今财,问龙门何日开。

又伦敦博物馆藏唐人书写云谣集杂曲子共三十首,中有《凤归云》二首。

其一云:

  征夫数岁,萍寄他邦。去便无消息,累换星霜。愁听砧杵,疑塞雁行。孤眠鸾帐里,枉劳魂梦,夜夜飞扬。想君薄行,更不思量。谁为传书与妾表衷肠?倚槛无言垂血泪,暗祝三光。万般无那处,一炉香尽,又更添香。

其二云:

怨绿窗独坐,修得为君书。征衣裁缝了,远寄边塞;想得为君贪苦战,不惮崎岖。终朝沙里口,冯三尺勇战奸愚。岂知红粉泪如珠?枉把金钗卜,卦口皆虚。魂梦天涯无暂歇,枕上虚待公卿,回日容颜憔悴,彼此何如。

又有《天仙子》一首云:

燕语莺啼三月半,烟蘸柳条金线乱。五陵原上有仙娥,携歌扇,香烂漫,留住九华云一片。犀玉满头花满面,负妾一双偷泪眼。泪珠若得似真珠,拈不散,知何限,串向红丝应百万。

此一首,情词宛转深刻,不让温飞卿韦端己,当是文人之笔。其余诸章,语颇质俚,殆皆当时歌唱脚本也。

殷周制度论[①]

　　中国政治与文化之变革,莫剧于殷周之际。都邑者,政治与文化之标征也。自上古以来,帝王之都皆在东方。太皞之虚在陈,大庭氏之库在鲁,黄帝邑于涿鹿之阿,少皞与颛顼之虚皆在鲁卫,帝喾居亳。惟史言:尧都平阳、舜都蒲坂、禹都安邑,俱僻在西北,与古帝宅京之处不同。然尧号陶唐氏,而冢在定陶之成阳;舜号有虞氏,而子孙封于梁中之虞县;孟子称舜生卒之地皆在东夷。盖洪水之灾,兖州当其下游,一时或有迁都之事,非定居于西土也。禹时都邑虽无可考,然夏自太康以后迄后桀,其都邑及他地名之见于经典者,率在东土,与商人错处河济间,盖数百岁。商有天下,不常厥邑,而前后五迁,不出邦畿千里之内。故自五帝以来,政治文物所自出之都邑,皆在东方,惟周独崛起西土。武王克纣之后,立武庚、置三监而去,未能抚有东土也。逮武庚之乱,始以兵力平定东方,克商践奄,灭国五十。乃建康叔于卫、伯禽于鲁、太公望于齐、召公之子于燕。其余蔡、郕、郜、雍、曹、滕、凡、蒋、邢、茅诸国,棋置于殷之畿内及其侯甸。而齐、鲁、卫三国,以王室懿亲,并有勋伐,居蒲姑商奄故地,为诸侯长。又作洛邑为东都,以临东诸侯。而天子仍

[①] 此论著作于1917年,收入《观堂集林》卷十。

居丰镐者凡十一世。自五帝以来,都邑之自东方而移于西方,盖自周始。故以族类言之,则虞夏皆颛顼后,殷周皆帝喾后,宜殷、周为亲。以地理言之,则虞夏商皆居东土,周独起于西方。故夏商二代文化略同。洪范九畴,帝之所以锡禹者,而箕子传之矣。夏之季世,或胤甲、若孔甲、若履癸,始以日为名,而殷人承之矣。文化既尔,政治亦然。周之克殷,灭国五十,又其遗民或迁之洛邑,或分之鲁、卫诸国。而殷人所伐,不过韦、顾、昆吾。且豕韦之后,仍为商伯;昆吾虽亡,而己姓之国仍存于商周之世。《书·多士》曰:"夏迪简在王庭,有服在百僚",当属事实。故夏、殷间政治与文物之变革,不似殷、周间之剧烈矣。殷、周间之大变革,自其表言之,不过一姓一家之兴亡与都邑之移转;自其里言之,则旧制度废而新制度兴,旧文化废而新文化兴。又自其表言之,则古圣人之所以取天下及所以守之者,若无以异于后世之帝王;而自其里言之,则其制度文物与其立制之本意,乃出于万世治安之大计,其心术与规摹,迥非后世帝王所能梦见也。

欲观周之所以定天下,必自其制度始矣。周人制度之大异于商者。一曰立子立嫡之制。由是而生宗法及丧服之制,并由是而有封建子弟之制、君天子臣诸侯之制。二曰庙数之制。三曰同姓不婚之制。此数者皆周之所以纲纪天下,其旨则在纳上下于道德,而合天子、诸侯、卿、大夫、士、庶民以成一道德之团体。周公制作之本意,实在于此。此非穿凿附会之言也,兹篇所论,皆有事实为之根据。试略述之。

殷以前无嫡庶之制。黄帝之崩,其二子昌意、玄嚣之后,代有天下。颛顼者,昌意之子。帝喾者,玄嚣之子也。厥后虞夏皆颛顼后,殷周皆帝喾后。有天下者,但为黄帝之子孙,不必为黄帝之嫡。世动言尧舜禅让,汤武征诛,若其传天下与受天下,有大不同者。

殷周制度论

然以帝系言之,尧舜之禅天下,以舜禹之功,然舜禹皆颛顼后,本可以有天下者也。汤武之代夏商,固以其功与德,然汤武皆帝喾后,亦本可以在天下者也。以颛顼以来诸朝相继之次言之,固已无嫡庶之别矣。一朝之中,其嗣位者亦然。特如商之继统法,以弟及为主而以子继辅之,无弟然后传子。自成汤至于帝辛三十帝中,以弟继兄者凡十四帝(外丙、中壬、大庚、雍己、大戊、外壬、河亶甲、沃甲、南庚、盘庚、大辛、小乙、祖甲、庚丁)。其以子继父者,亦非兄之子而多为弟之子(小甲、中丁、祖辛、武丁、祖庚、廪辛、武乙)。惟沃甲崩,祖辛之子祖丁立;祖丁崩,沃甲之子南庚立;南庚崩,祖丁之子阳甲立:此三事独与商人继统法不合。此盖《史记·殷本纪》所谓"中丁以后九世之乱",其间当有争立之事,而不可考矣。故商人祀其先王,兄弟同礼,即先王兄弟之未立者,其礼亦同,是未尝有嫡庶之别也。此不独王朝之制,诸侯以下亦然。近保定南乡出句兵三,皆有铭。其一曰:大祖日己、祖日丁、祖日乙、祖日庚、祖日丁、祖日己、祖日己。其二曰:祖日乙、大父日癸、大父日癸、中父日癸、父日癸、父日辛、父日己。其三曰:大兄日乙、兄日戊、兄日壬、兄日癸、兄日癸、兄日丙。此当是殷时北方侯国勒祖父兄之名于兵器以纪功者。而三世兄弟之名先后骈列,无上下贵贱之别。是故大王之立王季也,文王之舍伯邑考而立武王也,周公之继武王而摄政称王也,自殷制言之,皆正也。(殷自武乙以后,四世传子。又《孟子》谓:"以纣为兄之子且以为君,而有微子启、王子比干。"《吕氏春秋·当务》篇云纣之同母三人:其长子曰微子启,其次曰仲衍,其次曰受德。受德乃纣也,甚少矣。纣母之生微子启与仲衍也,尚为妾,已而为妻而生纣。纣之父、纣之母欲置微子启以为太子,太史据法而争之曰:"有妻之子,而不可置妾之子。纣故为后。"《史记·殷本纪》则云:"帝乙长子为微子启,启母贱,不得嗣。少子辛,辛母正后,故立辛为嗣。"此三说虽不同,似商末已有立嫡之制,然三说已自互异,恐即以周代之制拟之,未敢信为事实也。)舍弟传子之法,实自周始。当武王之崩,天下未定,国赖长君。周公既相武王克殷胜纣,勋劳最高,以德以长,以历代之制,则继武王而自立,固其所矣。而周公乃立成王而己摄之,后又反政焉。摄政者,所以济变也;立成王者,所以居正也。自是以后,子继之法,遂为百王不易之制矣。

由传子之制而嫡庶之制生焉。夫舍弟而传子者,所以息争也。兄弟之亲本不如父子,而兄之尊又不如父,故兄弟间常不免有争位之事。特如传弟既尽之后,则嗣立者当为兄之子欤?弟之子欤?以理论言之,自当立兄之子;以事实言之,则所立者,往往为弟之子。此商人所以有中丁以后九世之乱,而周人传子之制,正为救此弊而设也。然使于诸子之中,可以任择一人而立之,而此子又可任立其欲立者,则其争益甚,反不如商之兄弟,以长幼相及者犹有次第矣。故有传子之法,而嫡庶之法亦与之俱生。其条例,则《春秋左氏传》之说曰:"太子死,有母弟则立之,无则立长。年钧择贤,义钧则卜。"公羊家之说曰:"礼,嫡夫人无子,立右媵;右媵无子,立左媵;左媵无子,立嫡侄娣;嫡侄娣无子,立右媵侄娣;右媵侄娣无子,立左媵侄娣。质家亲亲,先立娣,文家尊尊,先立侄。嫡子有孙而死,质家亲亲,先立弟,文家尊尊,先立孙。其双生也,质家据现在,立先生,文家据本意,立后生。"此二说中,后说尤为详密,顾皆后儒充类之说;当立法之初,未必穷其变至此。然所谓"立子以贵不以长,立嫡以长不以贤"者,乃传子法之精髓。当时虽未必有此语,固已用此意矣。盖天下之大利,莫如定;其大害,莫如争。任天者定,任人者争;定之以天,争乃不生。故天子诸侯之传世也,继统法之立子与立嫡也,后世用人之以资格也,皆任天而不参以人,所以求定而息争也。古人非不知官天下之名美于家天下，立贤之利过于立嫡，人才之用优于资格，而终不以此易彼者，盖惧夫名之可藉而争之易生，其敝将不可胜穷，而民将无时或息也。故衡利而取重，絜害而取轻，而定为立子立嫡之法，以利天下后世。而此制实自周公定之，是周人改制之最大者，可由殷制比较得之。有周一代礼制，大抵由是出也。

是故，由嫡庶之制而宗法与服术二者生焉。商人无嫡庶之制，故不能有宗法。藉曰有之，不过合一族之人奉其族之贵且贤者而宗之。其所宗之人，固非一定而不可易，如周之大宗、小宗也。周人嫡庶之制，本为天子诸侯继统法而设，复以此制通之大夫以下，则不为君统而为宗统，于是宗法生焉。周初宗法虽不可考，其见于七十子后学所述者，则《丧服小记》曰："别子为祖，继别为宗，继祢者为小宗。有五世而迁之宗，其继高祖者也。是故祖迁于上，宗易于下，敬宗所以尊祖祢也。"《大传》曰："别子为祖，继别为宗，继祢者为小宗，有百世不迁之宗，有五世则迁之宗。百世不迁者，别子之后也。宗其继别子者，百世不迁者也。宗其继高祖者，五世则迁者也。尊祖故敬宗；敬宗，尊祖之义也。是故有继别之大宗，有继高祖之宗，有继曾祖之宗，有继祖之宗，有继祢之宗，是为五宗。其所宗者皆嫡也，宗之者皆庶也。此制为大夫以下设，而不上及天子诸侯。"郑康成于《丧服小记》注曰："别子，诸侯之庶子，别为后世为始祖者也。谓之别子者，公子不得祢先君也。"又于《大传》注曰："公子不得宗君。"是天子诸侯虽本世嫡，于事实当统无数之大宗，然以尊故，无宗名。其庶子不得祢先君，又不得宗今君，故自为别子，而其子乃为继别之大宗。言礼者嫌别子之世近于无宗也，故《大传》说之曰："有大宗而无小宗者，有小宗而无大宗者，有无宗亦莫之宗者，公子是也。公子有宗道，公子之公为其士大夫之庶者，宗其士大夫之嫡者。"注曰："公子不得宗君,君命嫡昆弟为之宗,使之宗之,此《传》所谓'有大宗而无小宗'也。又若无嫡昆弟,则使庶昆弟一人为之宗,而诸庶兄弟事之如小宗,此《传》所谓'有小宗而无大宗'也。"《大传》此说颇与《小记》及其自说违异。盖宗必有所继,我之所以宗之者,以其继别若继高祖以下故也。君之嫡昆弟、庶昆弟,皆不得继先君,又何所据以为众兄弟之宗乎？或云：立此宗子者,所以合族也。若然,则所合者一公之子耳,至此公之子与先公之子若孙间,仍无合之之道。是大夫、士以下皆有族,而天子、诸侯之子,于其族曾祖父母、从祖祖父母、世父母、叔父母以下,服之所及者,乃无缀属之法,是非先王教人亲亲之意也。故由尊之统言,则天子、诸侯绝宗,王子、公子无宗,可也。由亲之统言,则天子、诸侯之子,身为别子而其后世为大宗者,无不奉天子、诸侯以为最大之大宗。特以尊卑既殊,不敢加以宗名,而其实则仍在也。故《大传》曰：君有合族之道。其在《诗·小雅》之《常棣·序》曰："燕兄弟也。"其诗曰："傧尔笾豆,饮酒之饫。兄弟既具,和乐且孺。"《大雅》之《行苇·序》曰："周家能内睦九族也。"其诗曰："戚戚兄弟,莫远具迩。或肆之筵,或授之几。"是即《周礼·大宗伯》所谓"以饮食之礼亲宗族兄弟"者,是天子之收族也。《文王世子》曰："公与族人燕,则以齿。"又曰："公与族人燕,则异姓为宾。"是诸侯之收族也。夫收族者,大宗之事也。又在《小雅》之《楚茨》曰："诸父兄弟,备言燕私。"此言天子、诸侯祭毕而与族人燕也。《尚书大传》曰："宗室有事,族人皆侍终日。大宗已侍于宾奠,然后燕私。燕私者,何也？祭已而与族人饮也。"是祭毕而燕族人者,亦大宗之事也。是故天子、诸侯虽无大宗之名,而有大宗之实。《笃公刘》之诗曰："食之饮之,君之宗之。"《传》曰："为之君,为之大宗也。"《板》之诗曰："大宗维翰。"《传》曰："王者,天下之大宗。"又曰："宗子维城。"《笺》曰:"王者之嫡子,谓之宗子。"是礼家之大宗,限于大夫以下者,诗人直以称天子诸侯。惟在天子诸侯,则宗统与君统合,故不必以宗名。大夫、士以下,皆以贤才进,不必身是嫡子,故宗法乃成一独立之统系。是以丧服有为宗子及其母、妻之服,皆齐衰三月,与庶人为国君、曾孙为曾祖父母之服同。嫡子、庶子祇事宗子、宗妇,虽贵富,不敢以贵富入于宗子之家。子弟犹归器,祭则具二牲,献其贤者于宗子夫妇,皆齐而宗敬焉,终事而敢私祭。是故大夫以下,君统之外,复戴宗统,此由嫡庶之制自然而生者也。

其次则为丧服之制。丧服之大纲四:曰亲亲,曰尊尊,曰长长,曰男女有别。无嫡庶,则有亲而无尊,有恩而无义,而丧服之统紊矣。故殷以前之服制,就令成一统系,其不能如周礼服之完密,则可断也。丧服中之自嫡庶之制出者,如父为长子三年,为众子期;庶子不得为长子三年;母为长子三年,为众子期;公为嫡子之长殇中殇大功,为庶子之长殇中殇无服;大夫为嫡子之长殇中殇大功,为庶子之长殇小功。嫡妇大功,庶妇小功,嫡孙期,庶孙小功;大夫为嫡孙为士者期,庶孙小功;出妻之子为母期。为父后者则为出母无服。为父后者为其母缌。大夫之嫡子为妻期,庶子为妻小功。大夫之庶子为嫡昆弟期,为庶昆弟大功,为嫡昆弟之长殇中殇大功,为庶昆弟之长殇小功,为嫡昆弟之下殇小功,为庶昆弟之下殇无服。女子子适人者,为其昆弟之为父后者期,为众昆弟大功。凡此皆出于嫡庶之制,无嫡庶之世,其不适用此制明矣。又无嫡庶,则无宗法,故为宗子与宗子之母妻之服,无所施。无嫡庶,无宗法,则无为人后者,故为人后者,为其所后,及为其父母昆弟之服,亦无所用。故《丧服》一篇,其条理至精密纤悉者,乃出于嫡庶之制既行以后,自殷以前,决不能有此制度也。

为人后者为之子,此亦由嫡庶之制生者也。商之诸帝,以弟继兄者,但后其父而不后其兄,故称其所继者,仍曰兄甲、兄乙,既不为之子,斯亦不得云为之后矣。又商之诸帝,有专祭其所自出之帝,而不及非所自出者。卜辞有一条曰:"大丁、大甲、大庚、大戊、中丁、祖乙、祖辛、祖丁,牛一羊一。"(《殷虚书契后编》卷上第五叶,及拙撰《殷卜辞中所见先公先王续考》)其于大甲、大庚之间不数沃丁,是大庚但后其父大甲,而不为其兄沃丁后也。中丁、祖乙之间不数外壬、河亶甲,是祖乙但后其父中丁,而不为其兄外壬、河亶甲后也。又一条曰:"□祖乙(小乙)、祖丁(武丁)、祖甲、康祖丁(庚丁)、武乙衣。"(《书契后编》卷上第二十叶,并拙撰《殷卜辞中所见先公先王考》)于祖甲前不数祖庚,康祖丁前不数廪辛,是亦祖甲本不后其兄祖庚,庚丁不后其兄廪辛,故后世之帝于合祭之一种中,乃废其祀(其特祭仍不废)。是商无"为人后者为之子"之制也。周则兄弟之相继者,非为其父后,而实为所继之兄弟后。以春秋时之制言之,《春秋经·文二年》书:"八月丁卯大事于大庙跻僖公。"《公羊传》曰:"讥。何讥尔?逆祀也。其逆祀奈何?先祢而后祖也。"夫僖本闵兄,而《传》乃以闵为祖,僖为祢,是僖公以兄为弟闵公后,即为闵公子也。又《经》于成十五年书:"三月乙巳仲婴齐卒。"《传》曰:"仲婴齐者,公孙婴齐也。公孙婴齐,则曷为谓之仲婴齐?为兄后也。为兄后,则曷为谓之仲婴齐?为人后者为之子也。为人后者为之子,则其称'仲'何?孙以王父字为氏也。然则婴齐孰后?后归父也。"夫婴齐为归父弟,以为归父后,故祖其父仲遂而以其字为氏,是春秋时为人后者,无不即为其子。此事于周初虽无可考,然由嫡庶之制推之,固当如是也。

又与嫡庶之制相辅者,分封子弟之制是也。商人兄弟相及,凡一帝之子,无嫡庶长幼,皆为未来之储贰,故自开国之初,已无封建之事,列在后世?惟商末之微子、箕子。先儒以微、箕为二国名,然比干亦王子而无封，则微、箕之为国名，亦未可遽定也。是以殷之亡，仅有一微子以存商祀；而中原除宋以外，更无一子姓之国，以商人兄弟相及之制推之，其效固应如是也。周人既立嫡长，则天位素定，其余嫡子庶子，皆视其贵贱贤否，畴以国邑。开国之初，建兄弟之国十五，姬姓之国四十，大抵在邦畿之外。后王之子弟亦皆使食畿内之邑。故殷之诸侯皆异姓，而周则同姓异姓各半。此与政治文物之施行甚有关系，而天子诸侯君臣之分，亦由是而确定者也。

自殷以前，天子诸侯君臣之分未定也。故当夏后之世，而殷之王亥、王恒，累世称王。汤未放桀之时，亦已称王。当商之末，而周之文武亦称王。盖诸侯之于天子，犹后世诸侯之于盟主，未有君臣之分也。周初亦然，于《牧誓》《大诰》，皆称诸侯曰"友邦君"，是君臣之分亦未全定也。逮克殷践奄，灭国数十，而新建之国，皆其功臣昆弟甥舅，本周之臣子；而鲁、卫、晋、齐四国，又以王室至亲为东方大藩，夏殷以来古国，方之蔑矣。由是天子之尊，非复诸侯之长，而为诸侯之君。其在丧服，则诸侯为天子斩衰三年，与子为父、臣为君同。盖天子诸侯君臣之分，始定于此。此周初大一统之规模，实与其大居正之制度相待而成者也。

嫡庶者，尊尊之统也，由是而有宗法，有服术。其效及于政治者，则为天位之前定，同姓诸侯之封建，天子之尊严。然周之制度亦有用亲亲之统者，则祭法是已。商人祭法见于卜辞所纪者，至为繁复。自帝喾以下至于先公先王先妣，皆有专祭，祭各以其名之日，无亲疏远迩之殊也。先公先王之昆弟，在位者与不在位者，祀典略同，无尊卑之差也。其合祭也，则或自上甲至于大甲九世，或自上甲至于武乙二十世，或自大丁至于祖丁八世，或自大庚至于中丁三世，或自帝甲至于祖丁二世，或自小乙至于武乙五世，或自武丁至于武乙四世。又数言：自上甲至于多后，衣。此于卜辞屡见，必非周人三年一祫、五年一禘之大祭，是无毁庙之制也。虽《吕览》引《商书》言"五世之庙可以观怪"，而卜辞所纪事实，乃全不与之合，是殷人祭其先，无定制也。周人祭法，《诗》《书》《礼》经皆无明文。据礼家言，乃有七庙四庙之说。此虽不可视为宗周旧制，然礼家所言庙制，必已萌芽于周初，固无可疑也。古人言周制尚文者，盖兼综数义而不专主一义之谓。商人继统之法，不合尊尊之义。其祭法又无远迩尊卑之分，则于亲亲尊尊二义，皆无当也。周人以尊尊之义经亲亲之义，而立嫡庶之制；又以亲亲之义经尊尊之义，而立庙制：此所以为"文"也。说庙制者，有七庙四庙之殊，然其实不异。《王制》《礼器》《祭法》《春秋梁传》皆言天子七庙，诸侯五。《曾子问》言："当七庙五庙无虚主。"《荀子·礼论》篇亦言："有天下者事七世，有一国者事五世。"惟《丧服小记》独言："王者禘其祖之所自出，以其祖配之而立四庙。"郑注："高祖以下也，与始祖而五也。"如郑说，是四庙实五庙也。《汉书·韦玄成传》：玄成等奏，《祭义》曰，王者禘其祖之所自出，以其祖配之而立四庙。言始受命而王，祭天以其祖配，而不为立庙，亲尽也。立亲庙四，亲亲也。亲尽而迭毁，亲疏之杀示有终。周之所以七庙者，以后稷始封，文王武王受命而王，是以三庙不毁，与亲庙四而七。《公羊》宣六年《传》，何注云：礼，天子诸侯立五庙。周家祖有功，宗有德，立后稷、文、武庙，至于子孙，自高祖以下而七庙。《王制》郑注亦云：七者，太祖及文武之祧，与亲庙四。则周之七庙，仍不外四庙之制。刘歆独引《王制》说之曰：天子三昭三穆，与太祖之庙而七。七者其正法，不可常数者也。宗不在此数中，宗变也。是谓七庙之中不数文武，则有亲庙六。以礼意言之，刘说非也。盖礼有尊之统，有亲之统。以尊之统言之，祖愈远则愈尊，则如殷人之制，遍祀先公先王可也。庙之有制也，出于亲之统。由亲之统言之，则亲亲以三为五,以五为九,上杀下杀旁杀而亲毕矣。亲,上不过高祖,下不过玄孙。故宗法服术,皆以五为节。丧服有曾祖父母服,而无高祖父母服,曾祖父母之服,不过齐衰三月。若夫玄孙之生,殆未有及见高祖父母之死者,就令有之,其服亦不过袒免而止。此亲亲之界也,过是则亲属竭矣,故遂无服。服之所不及,祭亦不敢及。此礼服家所以有天子四庙之说也。刘歆又云:天子七日而殡,七月而葬;诸侯五日而殡,五月而葬。此丧事尊卑之序也,与庙数相应。《春秋左氏传》曰:名位不同,礼亦异数,自上以下,降杀以两,礼也。虽然,言岂一端而已。礼有以多为贵者,有以少为贵者,有无贵贱一者。车服之节,殡葬之期,此有等衰者也。至于亲亲之事,则贵贱无以异。以三为五,大夫以下用之;以五为九,虽天子不能过也。既有不毁之庙以存尊统,复有四亲庙以存亲统,此周礼之至文者也。宗周之初,虽无四庙明文,然祭之一种限于四世,则有据矣。《逸周书·世俘解》:"王克殷,格于庙,王烈祖自大王、大伯、王季、虞公、文王、邑考以列升。"此太伯、虞公、邑考与三王并升,犹用殷礼,然所祀者四世也。《中庸》言:"周公成文武之德,追王大王王季,上祀先公以天子之礼。"于先公之中追王二代,与文武而四。则成王周公时庙数,虽不必限于四王,然追王者与不追王者之祭,固当有别矣。《书·顾命》所设几筵,乃成王崩,召公摄成王册命康王时依神之席(见拙撰《周书顾命考》及《顾命后考》),而其席则牖间西序东序与西夹凡四,此亦为大王、王季、文王、武王设。是周初所立,即令不止四庙,其于高祖以下,固与他先公不同。其后遂为四亲庙之制,又加以后稷文武,遂为七庙。是故遍祀先公先王者,殷制也;七庙四庙者,七十子后学之说也。周初制度,自当在此二者间。虽不敢以七十子后学之说上拟宗周制度,然其不如殷人之遍祀其先,固可由其他制度知之矣。

以上诸制，皆由尊尊亲亲二义出。然尊尊亲亲贤贤，此三者治天下之通义也。周人以尊尊亲亲二义，上治祖祢，下治子孙，旁治昆弟，而以贤贤之义治官。故天子诸侯世，而天子诸侯之卿大夫士皆不世。盖天子诸侯者，有土之君也。有土之君，不传子不立嫡，则无以弭天下之争。卿大夫士者，图事之臣也，不任贤，无以治天下之事。以事实证之：周初三公，惟周公为武王母弟，召公则疏远之族兄弟，而太公又异姓也。成康之际，其六卿为召公、芮伯、彤伯、毕公、卫侯、毛公，而召、毕、毛三公，又以卿兼三公，周公太公之子不与焉。王朝如是，侯国亦然。故《春秋》讥世卿。世卿者，后世之乱制也。礼有大夫为宗子之服，若如春秋以后世卿之制，则宗子世为大夫，而支子不得与，又何大夫为宗子服之有矣！此卿大夫士不世之制，当自殷已然，非属周制。虑后人疑传子立嫡之制通乎大夫以下，故附著之。

男女之别，周亦较前代为严。男子称氏，女子称姓，此周之通制也。上古女无称姓者，有之惟一姜嫄。姜嫄者，周之妣，而其名出于周人之口者也。传言黄帝之子为十二姓，祝融之后为八姓，又言虞为姚姓，夏为姒姓，商为子姓。凡此纪录，皆出周世。据殷人文字，则帝王之妣与母，皆以日名，与先王同。诸侯以下之妣亦然（传世商人彝器，多有"妣甲""妣乙"诸文）。虽不敢谓殷以前无女姓之制，然女子不以姓称，固事实也（《晋语》："殷辛伐有苏氏，有苏氏以妲己女焉。"案，苏国己姓，其女称妲己，似已为女子称姓之始，然恐亦周人追名之）。而周则大姜、大任、大姒、邑姜，皆以姓著。自是迄于春秋之末，无不称姓之女子。《大传》曰："四世而缌，服之穷也；五世袒免，杀同姓也；六世亲属竭矣。其庶姓别于上而戚单于下，婚姻可以通乎？"又曰："系之以姓而弗别，缀之以食而弗殊，虽百世而婚姻不通者，周道然也。"然则商人六世以后，或可通婚;而同姓不婚之制,实自周始,女子称姓,亦自周人始矣。

是故有立子之制,而君位定;有封建子弟之制,而异姓之势弱,天子之位尊;有嫡庶之制,于是有宗法、有服术,而自国以至天下,合为一家;有卿大夫不世之制,而贤才得以进;有同姓不婚之制,而男女之别严。且异姓之国,非宗法之所能统者,以婚媾甥舅之谊通之。于是天下之国,大都王之兄弟甥舅,而诸国之间,亦皆有兄弟甥舅之亲。周人一统之策,实存于是。此种制度,固亦由时势之所趋,然手定此者,实惟周公。原周公所以能定此制者,以公于旧制本有可以为天子之道,其时又躬握天下之权,而顾不嗣位而居摄,又由居摄而致政,其无利天下之心,昭昭然为天下所共见。故其所设施,人人知为安国家、定民人之大计,一切制度遂推行而无所阻矣。

由是制度,乃生典礼,则经礼三百、曲礼三千是也。凡制度典礼所及者,除宗法、丧服数大端外,上自天子诸侯,下至大夫士止,民无与焉,所谓"礼不下庶人"是也。若然,则周之政治,但为天子诸侯卿大夫士设,而不为民设乎?曰:非也。凡有天子诸侯卿大夫士者,以为民也。有制度典礼以治天子诸侯卿大夫士,使有恩以相洽,有义以相分,而国家之基定,争夺之祸泯焉。民之所求者,莫先于此矣。且古之所谓国家者,非徒政治之枢机,亦道德之枢机也。使天子诸侯大夫士各奉其制度典礼,以亲亲、尊尊、贤贤明男女之别于上,而民风化于下,此之谓治,反是则谓之乱。是故天子诸侯卿大夫士者,民之表也;制度典礼者,道德之器也。周人为政之精髓,实存于此。此非无证之说也。以经证之:《礼》经言治之迹者,但言天子诸侯卿大夫士;而《尚书》言治之意者,则惟言庶民。《康诰》以下九篇,周之经纶天下之道胥在焉。其书皆以民为言。《召诰》一篇言之,尤为反复详尽,曰命,曰天,曰民,曰德,四者一以贯之。其言曰:"天亦哀于四方民,其眷命用懋,王其疾敬德。"又曰:"今天其命哲,命吉凶,命历年,知今我初服,宅新邑,肆惟王其疾敬德。王其德之用,祈天永命!"又曰:"欲王以小民受天永命。"且其所谓德者,又非徒仁民之谓,必天子自纳于德,而使民则之。故曰:"其惟王勿以小民淫用非彝。"又曰:"其惟王位在德元,小民乃惟刑用于天下,越王显。"充此言以治天下,可云至治之极轨,自来言政治者,未能有高焉者也。古之圣人,亦岂无一姓福祚之念存于其心,然深知,夫一姓之福祚与万姓之福祚是一非二,又知一姓万姓之福祚与其道德是一非二,故其所以"祈天永命"者,乃在"德"与"民"二字。此篇乃召公之言,而史佚书之以诰天下。(《洛诰》云:"作册逸诰",是史逸所作。《召诰》与《洛诰》日月相承,乃一篇分为二者,故亦史佚作也。)文武周公所以治天下之精义大法,胥在于此。故知周之制度典礼,实皆为道德而设,而制度典礼之专及大夫士以上者,亦未始不为民而设也。

周之制度典礼乃道德之器械,而尊尊、亲亲、贤贤、男女有别四者之结体也,此之谓"民彝"。其有不由此者,谓之"非彝"。《康诰》曰:"勿用非谋非彝。"《召诰》曰:"其惟王勿以小民淫用非彝。""非彝"者,礼之所去,刑之所加也。《康诰》曰:"凡民自得罪,寇攘奸宄,杀越人于货,暋不畏死,罔不憝。"又曰:"元恶大憝,矧惟不孝不友。子弗祇服厥父事,大伤厥考心,于父不能字厥子,乃疾厥子。于弟弗念天显,乃弗克恭厥兄,兄亦不念鞠子哀,大不友于弟。惟吊兹,不于我政人得罪,天惟与我民彝大泯乱,曰:乃其速由文王作罚,刑兹无赦!"此周公诰康叔治殷民之道。殷人之刑惟"寇攘奸宄",而周人之刑,则并及"不孝不友"。故曰:"惟吊兹,不于我政人得罪",又曰:"乃其速由文王作罚",其重"民彝"也如此。是周制刑之意,亦本于德治礼治之大经,其所以致太平与刑措者,盖可睹矣。

  夫商之季世,纪纲之废、道德之隳极矣。周人数商之罪,于《牧誓》曰:"今商王受,惟妇言是用,昏弃厥肆祀弗答,昏弃厥遗王父母弟弗迪,乃惟四方之多罪逋逃,是崇是长,是信是使是以为大夫卿士,以暴虐于百姓,以奸宄于商邑。"于《多士》曰:"在今后嗣王,诞淫厥泆,罔顾于天显民祇。"于《多方》曰:"乃惟尔辟,以尔多方,大淫图天之命,屑有辞。"于《酒诰》曰:"在今后嗣王酗身,厥命罔显于民,祇保越怨不易。诞惟厥纵淫泆于非彝,用燕丧威仪,民罔不盡伤心。惟荒腆于酒,不惟自息乃逸,厥心疾很,不克畏死。辜在商邑,越殷国灭无罹。弗惟德馨香,祀登闻于天,诞惟民怨。庶群自酒,腥闻在上,故天降丧于殷,罔爱于殷,惟逸。天非虐,惟民自速辜。"由前三者之说,则失德在一人;由后之说殷之臣民其渐于亡国之俗久矣。此非敌国诬谤之言也,殷人亦屡言之。《西伯戡黎》曰:"惟王淫戏用自绝。"《微子》曰:"我用沈酗于酒,用乱败厥德于下。殷罔不小大,好草窃奸宄,卿士师师非度,凡有辜罪,乃罔恒获。小民方兴,相为敌雠。"又曰:"天毒降灾荒殷邦,方兴沈酗于酒,乃罔畏畏,咈其耇长,旧有位人。今殷民,乃攘窃神祇之牺牷牲,用以容,将食无灾。"夫商道尚鬼,乃至窃神祇之牺牲。卿士浊乱于上,而法令隳废于下,举国上下惟奸宄敌雠之是务,固不待孟津之会、牧野之誓,而其亡已决矣。而周自大王以后,世载其德。自西土邦君,御事小子,皆克用文王教。至于庶民,亦聪听祖考之彝训。是殷周之兴亡,乃有德与无德之兴亡。故克殷之后,尤兢兢以德治为务。《召诰》曰:"我不可不监于有夏,亦不可不监于有殷。我不敢知,曰,有夏受天命,惟有历年。我不敢知,曰,不其延,惟不敬厥德,乃早坠厥命。我不敢知,曰,有殷受天命,惟有历年。我不敢知,曰,不其延,惟不敬厥德,乃早坠厥命。今王嗣受厥命,我亦惟兹二国命,嗣若功。王乃初服。"周之君臣,于其嗣服之初,反复教戒也如是,则知所以驱"草窃奸宄""相为敌雠"之民,而跻之仁寿之域者,其经纶固大有在。欲知周公之圣与周之所以王,必于是乎观之矣。

《周书·顾命》考①

《周书·顾命》一篇,记成王没、康王即位之事。其时当武王克殷,周公致太平之后,周室极盛之时。其事为天子登假、嗣王继体之大事。其君则以圣继圣,其公卿犹多文武之旧臣。其册命之礼,质而重,文而不失其情。史官纪之,为《顾命》一篇。古《礼经》既佚,后世得考周室一代之大典者,惟此篇而已。顾年代久远,其礼绝无他经可证,《书》今文家说是篇者,略见于《白虎通》及《吴志·虞翻传》注所引《翻别传》,而殊无理致。古文家如马融、郑玄,虽礼学大师,其注是篇,亦多违失。虞翻所奏郑注《尚书》违失三事,是篇居其二。翻所难固无当,然郑以册命之礼行于殡所,祭咤之事谓为对神。其失远在仲翔所举二事之上,作伪《孔传》者亦从其说。有周一代巨典,訾暗而弗章者,二千有余年矣。今以彝器册命之制与《礼经》之例诠释之,其中仪文节目,遂犁然可解。世之君子,弗以易古注为责,则幸矣。丙辰二月。

王麻冕黼裳,由宾阶隮。卿士邦君麻冕蚁裳,入即位。大保、大史、大宗皆麻冕彤裳。大保承介圭,上宗奉周瑁,由阼阶隮。大史秉书,由宾阶隮,御王册命。

---

① 此文作于1916年,收入《观堂集林》卷一。

案：上文"狄设黼扆、缀衣"以下，纪布几筵事，"越玉五重"以下，纪陈宗器，"二人雀弁"以下，纪设兵卫。此以下，则专纪册命事也。王，谓康王。上言"子钊"，此变言"王"者，上纪成王崩日事，系于成王，故曰子。此距成王崩已八日，称王无嫌也。郑云："黼裳，冕服有文者也。蚁，谓色玄也。"案：《考工记》："白与黑谓之黼"。王黼裳、卿士邦君蚁裳者，居丧释服，不纯吉也。大保、大史、大宗彤裳纯吉者，大保摄成王，为册命之王，大宗相之，大史命之，皆以神道自处，故纯吉。王由宾阶隮者，未受册，不敢当主位也。大保由阼阶者，摄主故由主阶。何以知大保摄主也？曰：大保受顾命于成王而传之于康王，有王道焉。成王不亲命康王而命大保者何也？曰：康王之为元子久矣。顾命也者，命之为王也。成王未崩，则天下不得有二王，既崩，则不得亲命，故大保摄王以命之。册命之有摄主，犹祭之有尸矣。大宗从大保者何也？曰：傧也。《周礼·大宗伯》职"王命诸侯则傧"，古彝器记王册命诸臣事，必有右之者，器所谓"右"，即《大宗伯》所谓"傧"也。周册命之制，王与受册者外，率右者一人、命者一人，故册嗣王亦用是礼也。介圭与瑁，皆天子之瑞信。奉先王之命，授天下之重，故以天子之瑞信将之。"同"者，郑云"酒杯"，江氏声以为"圭瓒"。奉圭瓒者，将祼王也。书，册书，古者命必有辞。辞书于册，谓之命书。《觐礼》"诸公奉箧服，加命书于其上"，《颂鼎》《寰盘》皆云："尹氏受王命书，宂敦。王受(假为"授")。作册尹书，俾命宂。"是命书本王或摄王者所持。此大史秉书者，大保承介圭，介圭重器，不能复持命书以授大史，故大史秉之。由宾阶隮者，大史居大保右也。《觐礼》"天子赐侯氏以车服"，大史是(郑注："古文'是'为'氏'。")右"。《少仪》"赞币自左，诏辞自右"。《祭统》"史由君右，执册命之"，是大史位在大保之右，时大保在阼阶上西面，大史后升，不可越大保而趋其右，故由宾阶也。

御王册命者，郑云："御犹向也。王此时正立宾阶上少东，大史东面，于殡西南而读册书。"今案：郑说非也。此册命之地，决非殡所，盖成王之殡，若尚用殷礼，当在两楹之间。若用周礼，当在西序。今据上文，则牖间南向，西序东向，皆布几筵，而赤刀、大训、宏璧、琬琰亦在西序，若成王之殡在，则几筵宗器何所容之？故知命之地非殡所也。郑不知大保摄主，嫌非殡所，则无所受命，故为此说。其言王与大史之位亦不确。以礼言之，则大保当在阼阶上西面，大宗居左，大史居右，王在宾阶上东面，大史迎而命之。御之言迓也，迎也。古彝器纪王命诸臣事，皆王即位，受命者立中廷北乡。《祭统》亦云"所命北面"。此册命王用宾主礼者，大保虽摄先王，身本是臣，故于堂上以宾主之礼行之。摄主者礼不全于君，受册者礼不全于臣，全于子。此实礼之至精极微而无可拟议者矣。

曰："皇后凭玉几，导扬末命。命女嗣训，临君周邦，率循大卞，燮和天下，用答扬文武之光训。"

此文史所读册书之辞。

王再拜，兴，答曰："眇眇余末小子，其能而乱四方，以敬忌天威。"

此王答命书之辞。

乃受同瑁。

案：此"瑁"字疑涉上文而衍。受同者，王授之者大宗也。大保之介圭与大史之册书，当于此时同授王，不书者略也。犹书受同瑁者，起下文也。授同者何？献王也。大宗奉同，大保拜送。王拜受，不书者亦略也。何以知大保献王也？曰：下云："大保受同，降，盥，以异同秉璋以酢。"又云："大保受同，祭哜宅。"古礼，有献始有酢，不献王则何酢之有矣。何以知大宗授同也？曰：《周礼·大宗伯职》"大宾客,则摄而载果",郑注:"载,为也。果读为祼。代王祼宾客以鬯。君无酌臣之礼,言为者,摄酌献耳,拜送则王也。"时大保摄主以命康王,故知授同者大宗也。册命嗣王,何以献也?曰:古者爵禄之爵,用爵觯字。知古之授爵禄者,必以爵将之,有命亦以爵将之。《祭统》"古者明君,爵有德而禄有功,必赐爵禄于大庙,示不敢专也。故祭之日,一献,君降立于阼阶之南,南乡,所命北面,史由君右执策命之。"一献,郑以为一酳尸。窃谓当献所命之人。以诸侯册命诸臣之用一献,知册嗣王之亦有献矣。彼先献后命,此先命后献者,彼因祭而命,此特行册命礼故也。冠礼,宾之醮冠者也。(诸侯以上,则用祼享之礼。)昏礼,父之醮子也,女父之醴女也,舅姑之飨妇以一献之礼,以著代也。皆古礼之尚存于周世者也。此述先王之命,付天下之重,故行以祼享之礼。郑不知此为大保献王,乃云:"王既对神,一手受同,一手受瑁。"伪《孔传》亦云"受同以祭",于是自此以下至篇终,全失其解。若释为大保献王,王受献,则怡然理顺,无字不可解矣。

王三宿,三祭,三咤。上宗曰飨。

案:宿,进也。咤,奠酒爵也。王受同者,重先王之命,祭之、奠之,而不啐酒、不卒爵者,居丧故也。士虞礼,尸酢主人,主人坐祭卒爵者,此初殡,彼既葬也。宿、祭、咤皆以三者,《周礼·大行人》职:上公,王礼再祼而酢。诸侯、诸伯,王礼壹祼而酢。诸子、诸男,王礼壹祼不酢。此所献为嗣王,尊于上公,当三祼而酢。此云"三宿、三祭、三咤",不云"三祼"或"三献"者,互文也。飨者,上宗侑王之辞。既酌献之,又从而侑之,所谓摄而载果也。

大保受同,降,盥,以异同秉璋以酢,授宗人同,拜,王答拜。大保受同,祭哜宅,授宗人同,拜,王答拜。

《周书·顾命》考 | 187

案：此大保既献，王乃自酢也。古敌者之礼，皆主人献宾，宾酢主人，惟献尊者，乃酌以自酢。《燕礼》主人献公毕，"更爵洗升，酌膳酒以降，酢，于阼阶下北面，坐奠爵，再拜稽首。公答再拜。主人坐祭，遂卒爵，再拜稽首。公答再拜。主人奠爵于篚"。(《大射仪》同。)此大保自酢，节目略同。所异者，惟酢于堂上，又不奠爵、不卒爵耳。大保自酢用臣礼者，册命时，摄主以行先王之命，故以鬼神之尊自处。既命之后，嗣王已即王位，故退而以臣自处也。以异同秉璋以酢，此异同谓璋瓒。(江氏声说。)以异同自酢者，不敢袭尊者之爵也。王祭而奠之、大保祭而哜之者，王兼居君父之丧，大保但居君丧，哀有间也。

大保降，收。诸侯出庙门俟。

案：此云"大保降"，知大保自酢在堂上也。不言王与大宗、大史降者，略也。《士昏礼》："舅姑共飨妇以一献之礼。奠酬，舅姑先降自西阶，妇降自阼阶。"今册命礼成，大保摄主事已毕，当先自西阶降，而王降自阼阶也。

《周书·顾命》后考①

丙辰春二月，余草《〈周书·顾命〉考》一篇，据《礼经》通例及彝器所载册命制度，以大保承介圭由阼阶阶为摄成王，乃受同瑁一节为康王受献事，以大保受同降盥一节为大保自酢事，以正《郑注》（《尚书正义》引。）及《孔传》之误。自谓得此解，则《顾命》一篇文字与其仪制，怡然理顺矣。若如《郑注》则受册之礼行于殡所，祭咤之事所以对神，君臣吉服，拜起尸柩之侧，献酢同事，分于二人之手。凡此数者，无一与礼意相合。郑君，礼学大师，岂宜不见及此。嗣读《通典》(卷七十二)②魏尚书所奏《王侯在丧袭爵议》(后附《夺情议》，实则一议，而杜氏分载之。)，引郑君又一说，则与《正义》所引《郑注》大异，而与余说正合。《通典》此《议》，当出《魏台访议》，或六朝人所集《礼论》《礼论钞》诸书，其后又载王肃《驳议》，足与郑说相发明。而自宋王深宁及近世江艮庭、王凤喈、孙伯渊诸家辑《尚书郑注》者，全不及此，故取而诠释之，不独为古人表微，亦深喜余前说之非无根据也。重阳前一日。

魏尚书奏，以故汉献帝嫡孙杜氏乡侯刘康袭爵，假授使者拜

---

① 此文作于1916年，收入《观堂集林》卷一。
② 原作"卷十七"，误。今据《通典》校改。

授，康素服夺情议。按成王崩，康王即位，上宗奉同瑁，王再拜，三祭。按郑玄曰："即位必醴之者，以神之。以神之者，以醴咋成之也。以醴咋成之者，醴浊，饮至齿不入口曰咋。既居重丧，但行其礼而不取其味。"(按：自"郑玄曰"至此，《通典》皆小注，今知为原《议》中语者，以王肃《驳议》引之，且《通典》引他书，往往以正文作注故也。)又礼，始冠加爵，亦皆醴之，所以加重以成其尊也。又《汉旧仪》，"诸王嫡子嗣位，受拜毕，使者既出，拜送还升，咋醴讫，又再拜"，正与康王即位事合。古今相参，礼无违者。(以上尚书《议》。)王肃又议：凡奉神祭祀，则有受祚(当为"酢")。之爵，嘉庆事，则有醮醴之仪。若君薨而太子即位，孤之位，无醮醴之仪。成王病困，乃召群臣，训以敬保元子。明日，成王崩。既大敛，群臣以策书宣成王命，以命康王，是为受顾命之戒。非即位之事，王从三宿、三祭，上宗曰飨，而不咋醴也。(案：郑云"咋醴"，据《今文尚书》；王云"不咋醴"，据《古文尚书》，故与《正义》所引郑注《古文尚书》同，而不与其又一说同。说见后。)此王者随时之礼，非常行之典，不可以为拜诸侯嫡子之仪。袭爵之日，乃孝子、孝孙所以增哀戚之怀，非礼(当作"醴"。)之所施，且谓之王命所加，而使者又既出，谓之受神之醴，复非馈奠之时。(案：此专驳《汉旧仪》拜诸王时，使者既出，拜送还升、咋醴之事也。)案：拜陈思王子志为济北王，又与今异，犹须王咋醴毕，然后使者乃出。今据郑玄说，即位醴之，以成其礼，犹愈于使者既出，不设馈奠而独咋醴，臣犹以为非礼之衷。(案：魏拜济北王志，咋醴在使者出之前，是用郑说以天子之命礼之，故肃以为愈于《汉旧仪》，然犹以为非礼之衷者，以肃据《古文尚书》无即位醴之之说故也。)今京师廷拜诸侯嗣子，无事有咋醴，天子赐诸侯大夫冕弁服于太庙，归设奠，服赐服，于斯乎有冠醮而无冠醴。(自"天子"以下至此，《礼记·曾子问》文。)此谓诸侯大夫以平吉受赐衣于天子太庙，归设祭于其庙，服赐服而受冠醮之事也。可依此，使者既出，公犹服命服，设奠而告。又礼小祥之祭，然后咋之。(此

《礼记·杂记》文。)此自告其庙,非王命之所加。如礼不哜,既告反服,即位而哭,既合于礼,又合人情,诏从之。

考曰:魏尚书及王肃二议,皆引郑君说,而尚书议于"王再拜三祭"下引郑说四十八字,必郑君说此经之语,然郑君说中有"哜"字,似经文"三咤"作"三哜",而今经文无之。《说文解字·宀部》:"𡪾,奠祭爵也。从宀,托声。《周书》曰:'王三宿、三祭、三𡪾'。"又《口部》:"哜,尝也。从口,齐声。《周书》:'大保受同祭哜'。"两引《周书》,知许君所见壁中古文,除咤作"𡪾"外,与今本无异也。《释文》:"咤,马本作诧。"《正义》引《郑注》"却行曰咤。"诧即"𡪾"之讹。咤又由诧而讹。是马、郑注皆与壁中本同,无哜字。王肃云:"王从三宿、三祭,上宗曰飨,而不哜醴。"是王肃本此节亦无哜字,此皆《古文尚书》也。然《今文尚书》正作:"王三宿、三祭、三哜。"今本《白虎通·爵篇》引《尚书》"再拜兴对""乃受同瑁",而《通典》(九十三)引《白虎通》则云:"《尚书》曰:'王再拜,兴,祭哜,乃授宗人同'。"《白虎通》用《今文尚书》,知《今文尚书》"咤"本作"哜",而今本《白虎通》作"王再拜兴对"者,乃后人以《古文尚书》改之也。郑注《古文尚书》不破咤字,故曰"却行曰咤"。此条自述《今文尚书》,亦不从古文破哜字,故曰"以醴哜成之也"。郑传《古文尚书》,而亦述今文说者,犹其笺《毛诗》亦用《三家诗》也。魏时,郑君弟子存者尚多,此条或郑君《尚书》初注如此,或其一时口说,均不可知。然《汉旧仪》已有诸王嗣位哜醴之事,恐为今文家旧说,非出于郑君矣。苟如此,则三宿、三祭、三咤为王受醴之事,受醴必有礼之者,则大保其人也。士之冠也,宾醴之,宾者,摄父者也。昏礼,妇之见舅姑也,赞醴之,赞者,摄舅姑者也。此篇,康王之受册也,大保醴之,大保者,摄先王者也。宾之摄父,赞之摄舅姑,以冠与见舅姑事轻,父与舅姑尊,不宜与子妇为礼也。大保摄成王者,以成王既崩,不能与嗣王为礼也。若成王倦勤，而生传位于康王，则王当亲献。何则？女之嫁，父亲醴之，士之亲迎，父亲醮之，舅姑之飨妇，以著代也，亦亲献之。此嗣位之事，其重相同故也。于礼，凡醴皆有献无酢，而此有酢者，曰：此余前说所谓祼享之礼，郑以此为醴，意虽是而名则非也。古献有三种，以鬯曰祼，以醴曰醴，以酒则曰醮。曰献，醴与醮有献无酢，祼与献则有献有酢。天子诸侯之祼，即大夫士之醴也。故士冠礼用醴或醮，而诸侯之冠则用祼享之礼。聘礼，诸侯于聘卿用醴，而天子之于诸侯灌用郁鬯，有再祼一祼、酢与不酢之差。是诸侯以下用醴者，天子以祼代之。故曰郑君云即位而醴之者，意是而名非也。虽然，由郑君此说以释经，则经无滞义矣。故君臣吉服者，为接神也。大保、大宗由阼阶陼者，大保摄先王，大宗相之也。乃受同瑁者，以祼成册命礼也。秉璋以酢者，大保既献王而自酢也。凡余前所订正者，皆得由此一语推之。而郑君注《尚书》，乃不用此说，惟魏时曾一引之，而王肃复驳其不然。非余由古代册命之制及《礼经》通例以发明此篇之真解，则郑君此说虽存于《通典》中，亦若存若亡，不能知其真意矣。（段氏玉裁《古文尚书撰异》，其书最为深博，然不引《通典》所引《白虎通》"王再拜祭哜乃授宗人同"之异文，以为今文如是，盖缘孤证无他据，疑《通典》所引或讹，是亦未尝注意郑君之说也。）

郑注"御王册命"曰："王此时正立宾阶上少东，大史东面，于殡西南而读册书。"是郑以行礼之地为殡所也。余前以为不然，以牖间西序皆布几筵，若成王之殡在，则几筵、宗器无所容之故也。难者将曰：《曾子问》"奠币于殡东几上"，是殡前有几筵矣。曰：否。《顾命》之几筵，乃嘉礼宾礼中泛设之几筵，《士昏礼》："纳采。主人筵于户西，西上，右几。"注："主人，女父也。筵，为神布席也。将以先祖之遗体许人，故受其礼于祢庙也。"纳吉、纳征、请期皆如初礼。又婿"至于门外，主人筵于户西，西上，右几"。《聘礼》：宾"及庙门。

几筵既设。"注:"有几筵者,以其庙受,宜依神也。宾至庙门,司宫乃于依前设之,神尊不与事也。"是古于嘉礼、宾礼皆设几筵,以明有所受命。此大保摄成王以行册命之礼,传天下之重,故亦设几筵以依神。其所依之神,乃兼周之先王,非为成王也。《昏礼》与《聘礼》之几筵一,而此独四者,曰牖间东序、西序三席,盖为大王、王季、文王,而西夹南向之席则为武王。然则何以不为成王设也?曰:成王方在殡,去升祔尚远,未可以入庙,且大保方摄成王以命康王,更无缘设成王席也。然则册命之地,自《礼经》通例言之,自当为庙而非寝。毕门、应门,盖庙与寝皆有之,藉云寝也,则必成王之殡不在于此也。古者赐爵禄于大庙,岂有传天子之位,付天下之重,而不于庙行之者。下经云"诸侯出庙门俟",是册命之地之非殡所明矣。然则郑说无征乎?曰:否。《曾子问》:"诸侯薨而世子生。三日,众主人、卿、大夫、士如初位,西阶南。北面。大宰、大宗、大祝皆裨冕。少师奉子以衰,祝先,子从,宰、宗人从,入门,哭者止。子升自西阶,殡前北面,祝立于殡东南隅。祝声三,曰:'某之子某,从执事敢见。'"郑注《顾命》,依《曾子问》为说,以此篇之大保、上宗、当彼之大宰、大宗,以此篇之大史,当彼之大祝。不知此二礼绝不相同。彼以子见于父,此以死者之命传于生者。彼非殡所无所见父,此则有摄先王者,固不必于殡所行之也。郑既以册命之地为殡所,故以三宿、三祭、三咤为对神。不悟康王献神而大保自酢,于礼之通例固不可通也。《通典》魏尚书奏所引《郑注》,盖其初说。从今文改古文后,盖因与《曾子问》不同,故《尚书》注仍用古文说,然二说孰为短长,深于礼意者必有以知之矣。

陈宝说①

《书·顾命》："越玉五重，陈宝、赤刀、大训、弘璧、琬琰在西序。大玉、夷玉、天球、河图，在东序。"《书》疏引《郑注》云："方有事，陈之以华国。"伪《孔传》略同。余谓如郑、孔说，则"陈宝"二字乃目下文，当在越玉五重之上，不当在其下。以文义言，则西序、东序所陈，即五重之玉也。重者，非一玉之谓。盖陈宝、赤刀为一重，大训、弘璧为一重，琬琰为一重，在西序者三重。大玉、夷玉为一重，天球、河图为一重，在东序者二重，合为五重。何以言之？《史记·秦本纪》文公"十九年，获陈宝"，而《封禅书》言："文公获若石云，于陈仓北坂城祠之。其神或岁不至，或岁数来，来也常以夜，光辉若流星，从东南来集于祠城，则若雄鸡，其声殷云，野鸡夜雊。以一牢祠，名曰陈宝。"是秦所得陈宝，其质在玉、石间，盖汉益州金马、碧鸡之比，秦人殆以为《周书·顾命》之陈宝，故以名之。是陈宝亦玉名也。赤刀亦然。内府藏古玉赤刀，屡见于《高宗纯皇帝御制诗集》，又浭阳端氏旧藏一玉刀，长三尺许，上涂以朱、赤色烂然。《书》之赤刀，殆亦此类。大训盖镌刻古之谟训于玉，河图则玉之自然成文者。数者虽无确证，然涵泳经文，盖无以易此解也。（《广雅释器》："陈宝，刀也。"是张稚让已不从郑注。）

---

① 此文作于 1916 年，收入《观堂集林》。

秦都邑考[1]

秦之祖先，起于戎狄。当殷之末，有中潏者，已居西垂，大骆、非子以后，始有世系可纪，事迹亦较有据。其历世所居之地，曰西垂，曰犬邱，曰秦，曰渭汭之会，曰平阳，曰雍，曰泾阳，曰栎阳，曰咸阳。此九地中，惟西垂一地，名义不定，犬邱、泾阳二地，有异实而同名者，后人误甲为乙，遂使一代崛起之地与其经略之迹，不能尽知，世亦无正其误者。案西垂之义，本谓西界。《史记·秦本纪》："中潏在西戎，保西垂。"又："申侯谓孝王曰：'昔我先郦山之女，为戎胥轩妻，生中潏，以亲故归周，保西垂，西垂以其故和睦。'"又云："庄公为西垂大夫。"以语意观之，西垂殆泛指西土，非一地之名。然《封禅书》言"秦襄公既侯，居西垂"，《本纪》亦云"文公元年居西垂宫"，则又似特有西垂一地。《水经·漾水注》以汉陇西郡之西县当之，其地距秦亭不远，使西垂而系地名，则郦说无以易矣。唯犬邱一地，徐广曰："今槐里也。"案：槐里之名犬邱，班固《汉书·地理志》、宋衷《世本注》均有此说。此乃周地之犬邱，非秦大骆、非子所居之犬邱也。《本纪》云："非子居犬邱。"又云："大骆地犬邱。"夫槐里之犬邱，为懿王所都，而大骆与孝王同时，仅更一传，不容为大

---

[1] 此文作于1915年，收入《观堂集林》。

骆所有，此可疑者一也。又云："宣公子庄公以其先大骆地犬邱为西垂大夫。"若西垂泛指西界，则槐里尚在雍岐之东，不得云西垂；若以西垂为汉之西县，则槐里与西县相距甚远，此可疑者二也。且秦自襄公后始有岐西之地，厥后文公居汧渭之会，宁公居平阳，德公居雍，皆在槐里以西，无缘大骆庄公之时已居槐里，此可疑者三也。案：《本纪》又云："庄公居其故西犬邱。"此西犬邱实对东犬邱之槐里言。《史记》之文，本自明白，但其余犬邱字上均略去"西"字，余疑犬邱、西垂本一地，自庄公居犬邱号西垂大夫，后人因名西犬邱为西垂耳。然则大骆之起，远在陇西，非子邑秦，已稍近中国。庄公复得大骆故地，则又西徙，逮襄公伐戎至岐，文公始逾陇而居汧渭之会，其未逾陇以前，殆与诸戎无异。自徐广以犬邱为槐里，《正义》仍之，遂若秦之初起已在周畿内者，殊失实也。(此稿既成，检杨氏守敬《春秋列国图》图西犬邱于汉陇西郡西县地，其意正与余合。)

《史记》于《始皇本纪》论赞后，复叙秦世系、都邑、陵墓所在，其言与《秦本纪》相出入。所纪秦先公谥号及在位年数，亦与《本纪》及《六国表》不同。盖太史公别记所闻见之异辞，未必后人羼入也。其中云"肃灵公(即《秦本纪》之灵公。)居泾阳"，为《秦本纪》及《六国表》所未及。泾阳一地，注家无说。余曩作《狝狁考》，曾据此及泾阳君、高陵君之封，以证《诗·六月》之泾阳，非汉安定郡之泾阳县，今更证之。考春秋之季，秦晋不交兵者垂百年，两国间地在北方者，颇为诸戎蚕食。至秦厉共公十六年，始堑河旁，以兵二万伐大荔，取其王城，则今之陕西同州府大荔县也。二十一年始县频阳，则今之蒲城、同官二县间地也。至灵公六年，晋城少梁，秦击之。(《六国表》作"七年，与魏战少梁。")十三年城藉姑，皆今之韩城县地。然则厉共公以后，秦方东略，灵公之时，又拓地于东北，与三晋争霸，故自雍东徙泾阳。泾阳者，当在泾水之委(今之泾阳县地。)，决非汉安定郡之泾阳也。且此时义渠方强，绵诸未灭，安定之泾阳与秦，中隔诸戎，势不得为秦有。即令秦于西北有斗入之地，而东略之世，决无反徙西北之理。厥后灵公子献公徙治栎阳。栎阳在今高陵县境，西距泾水入渭之处不远，则泾阳自当在高陵之西，今泾阳之境矣。余说详《獯狁考》中。然则有周一代，秦之都邑分三处，与宗周、春秋、战国三期相当，曰西垂，曰犬邱，曰秦，其地皆在陇坻以西，此宗周之世，秦之本国也；曰汧渭之会，曰平阳，曰雍，皆在汉右扶风境，此周室东迁、秦得岐西地后之都邑也；曰泾阳，曰栎阳，曰咸阳，皆在泾渭下游，此战国以后、秦东略时之都邑也。观其都邑，而其国势从可知矣。

又案，《秦本纪》于献公即位前说，"秦以往者数易君，君臣乖乱，故晋复强夺河西地"。孝公元年，下令国中，亦曰："会往者厉、躁、简公、出子之不宁，国家内忧，未遑外事。三晋攻夺我先君河西地，诸国卑秦，丑莫大焉。献公即位，镇抚边疆，徙治栎阳，且欲东伐云云。"似灵公之世，国势颇蹙，又未尝东徙。《秦始皇本纪》后虽云"灵公居泾阳"，然于其陵墓，则云"葬悼公西"。悼公葬雍，则灵公亦葬雍，厥后简公、出子亦葬于雍。是灵公虽居泾阳，未尝定都也。然以其经营东北观之，则其居泾阳之事，殆无可疑，河西之失，亦非尽事实。《本纪》书简公六年"堑洛城重泉"，而灵公之子献公未立时亦居河西，则河西仍为秦有，不过疆场之事，一彼一此，时有之耳。孝公下令，欲激发国人，故张大其辞，观《本纪》《六国表》所纪灵公时事可知矣。

秦郡考[①]

　　自《史记·秦始皇本纪》载始皇二十六年从廷尉李斯议，分天下以为三十六郡，于是言秦郡者分为二说：一以为三十六郡乃秦一代之郡数，而史家追纪之；一以为始皇二十六年之郡数，而后此所置者不与焉。前说始于班固《汉书·地理志》，后说始于裴骃《史记集解》，而成于《晋书·地理志》。《汉志》所纪郡国沿革，其称秦置者二十七（河东、太原、上党、东郡、颍川、南阳、南郡、九江、巨鹿、齐郡、琅邪、会稽、汉中、蜀郡、巴郡、陇西、北地、上郡、云中、雁门、代郡、上谷、渔阳、右北平、辽西、辽东、南海），称秦郡者一（长沙），称故秦某郡者八（三川、泗水、九原、桂林、象郡、邯郸、砀郡、薛郡），中有始皇三十三年所置之南海、桂林、象郡三郡（由余所考定，则九原郡亦三十三年置），裴骃不之数，而易以郯郡、黔中，并数内史为三十六。《晋志》从之，益以后置之闽中、南海、桂林、象郡（由余考定，则闽中郡实始皇二十五年所置），为四十郡。近者钱氏大昕用班说，姚氏鼐用裴说，二者争而不决久矣。原钱氏之意，以《汉志》秦郡之数适得三十六，与《史记》冥合，又以班氏为后汉人，其言较可依据。余谓充钱氏之说，则以《汉书》证《史记》，不若以《史记》证《史记》。夫以班氏较裴氏，则班氏古矣，以司马氏较班氏，则司马氏又古矣。

---

① 此文作于1915年，收入《观堂集林》。

细绎《史记》之文，无一与《汉志》相合，始知持班、裴二说者，皆未尝深探其本也。今尽置诸家之说，而于《史记》中求始皇二十六年所置三十六郡之数。则《秦本纪》：惠文君十年，魏始纳上郡十五县，秦于是始有上郡；后九年，司马错代蜀灭之，秦于是有蜀郡；后十三年，攻楚汉中，取地六百里，置汉中郡；昭襄王二十九年，大良造白起攻楚，取郢为南郡；三十年，蜀守若伐取巫郡及江南为黔中郡；三十五年，初置南阳郡；庄襄王元年，初置三川郡；四年，初置太原郡。《始皇本纪》又谓：始皇即位时，秦地已并巴蜀、汉中；越宛有郢，置南郡；北收上郡以东，有河东、太原、上党；则巴郡、河东、上党三郡，亦始皇以前所置也。嗣后始皇五年，初置东郡；十七年，内史腾攻韩，以其地为郡，名曰颍川；二十五年，王翦定荆江南地，降越君，置会稽郡。此十四郡皆见于《本纪》者也。其散见于《列传》者，则《穰侯列传》云："穰侯卒于陶，而因葬焉。秦复收陶为郡。"案：昭王十六年，封魏冉陶为诸侯，陶在齐魏之间，蕞尔一县，难以立国。二十二年，蒙武伐齐河东为九县，齐之九县，秦不能越韩、魏而有之，其地当入于陶；三十六年，客卿灶攻齐，取刚寿予穰侯，则陶固有一郡之地矣。《赵策》："秦下甲攻赵，赵赂以河间十二县。"又云："甘罗说赵，令割五城以广河间。"《史记·甘茂传》实用此文。河间共十七城，则亦有一郡之地。《樊哙传》："河间守军于杠里破之。"是秦有河间守矣。汉初疆域，当因其故。故彭越王梁，实都定陶；辟疆分赵，乃王河间。由前后证之，则始皇时实有此二郡也。《东越列传》云："闽越王无诸及越东海王摇者，皆越王勾践之后也，秦已并天下，皆废为君长，以其地为闽中郡。"而《始皇本纪》系降越君于二十五年，则闽中郡之置亦当在是年。《本纪》但书降越君，置会稽郡，文有所略也。《匈奴列传》言秦昭襄王时有陇西、北地、上郡，筑长城以拒胡，赵武灵王置云中、雁门、代郡；燕亦置上谷、渔阳、右北平、辽西、辽东郡以拒胡。是秦之北鄙,于上郡外固有陇西、北地二郡,及灭燕赵,又得其缘边八郡。故始皇二十六年前之郡,明见于《史记》者共二十有七。至项羽、高祖二《纪》中之砀郡,《高祖纪》之泗川郡(《纪》有泗川监平,泗川守壮,守、监皆郡官),《陈涉世家》中之陈郡、东海郡,皆见于始皇二十六年之后,然不得谓二十六年未有此郡。故秦郡之见于《史记》者共三十有一。今姑不论。而于《汉书·地理志》求之,则邯郸、巨鹿二郡当为十九年灭赵后所置,砀郡当为二十二年灭魏后所置;长沙、九江、泗水、薛郡当为二十三年灭楚后所置;齐郡、琅邪当为二十六年春灭齐后所置。《汉志》之秦郡中,除与《史记》复出外,求其真为二十六年前所有之郡,又得九郡,以益《史记》之二十七郡,共为三十六郡(比之《汉志》之三十六郡,则有陶郡、河间、关中、黔中,而无九原、南海、桂林、象郡)。《史记》于始皇二十六年大书分天下为三十六郡,即谓是也。自是以后则三十三年略取陆梁地为桂林、象郡、南海,又前年使蒙恬发兵三十万人北击胡,略取河南地,是年又西北斥逐匈奴,自榆中并河以东属之阴山,以为三十四县(《匈奴列传》作四十四县)。此三十四县者,优足以置一大郡,以地理准之,实即九原郡之地。三十五年除道,道九原抵云阳,自是九原之名始见于史。故三十二年始皇之碣石,归巡北边,自上郡入,至三十七年始皇崩于沙邱,其丧乃从井陉抵九原,从直道至咸阳,明始皇三十二年以前,未有九原郡也。至二世时,则有陈守、东海守见于《陈涉世家》,则秦之末年又置陈与东海二郡。故二十六年以后,于《史记》中又得六郡,并前为四十二郡。此秦一代之郡数也。然则秦郡遂尽于此乎?曰,据史文言之,似不能有他说矣,然以当时之建置言之,则余未敢信也。今以秦四十二郡还之六国,则除六郡为秦故地(汉中、蜀郡、巴郡、陇西、北地、上郡),六郡取之胡越(会稽、闽中、南海、桂林、象郡、九原)外,楚得其八(南郡、九江、泗水、东海、长沙、薛郡、黔中、陈郡),赵亦如之(太原、上党、巨鹿、云中、雁门、代郡、邯郸、河间),燕得其五(上谷、渔阳、右北平、辽西、辽东),韩魏共得其七(河东、三川、东郡、颍川、南阳、定陶、砀郡),齐得其二(齐郡、琅邪)。夫齐地之大,虽不若楚赵,以视韩魏,固将倍之,且负海饶富,非楚赵边地之比也。今举全齐之地,仅置二郡,其不可解一也;燕之五郡,皆缘边郡而无腹郡,自蓟以南,古称天府之地,今虚不置郡,其不可解二也。余以为三十六郡之分,在始皇二十六年,齐国之灭,近在是年之春,距燕之亡亦不过一岁,二国新定,未遑建置,故于燕仅因其旧置之缘边五郡,于齐略分为齐与琅邪二郡,其于区画固未暇也。讫于疆理既定,则齐尚得五郡,燕尚得一郡。何以证之?《汉书·高帝纪》曰:"以胶东、胶西、临淄、济北、博阳、城阳郡七十三城,立子肥为齐王。"博阳者,济南也(《史记·项羽本纪》:"以田安为济北王,都博阳。"《田儋列传》亦云:"田横走博阳。"《汉书》作"田横走博。"苏林以为即泰山博县。案:《汉书·王子侯表》,齐孝王子,"博阳顷侯就"下曰在"济南",则汉初博阳当在济南,而田安之王济北实兼济南北之地也)。此汉初之郡,当因秦故,而临淄一郡,实齐郡之本名,加以琅邪,共得七郡,为田齐故地。如此,则秦之疆理列国,庶得其平。故《史记·项羽本纪》云:"徙齐王田市为胶东王,立田安为济北王。"《曹相国世家》云:"还定济北郡。"《田儋列传》云:"田荣反击项羽于城阳。"此胶东、济北、城阳者,皆非县名(胶东治即墨,城阳治莒),则非郡奚属矣?故曰,齐于临淄、琅邪外,尚有五郡也。秦于六国故都,多为郡治。临淄、邯郸,即以齐、赵之都名其郡者也。余如韩都阳翟,则秦颍川郡所治,楚都寿春,则秦九江郡所治,唯三川郡则不治魏都之大梁,而治周都之洛阳。燕则据《汉志》所载,仅得缘边五郡,而自蓟以南膏腴之地,以《汉志》郡国当之,当得广阳国之四县,涿郡之八县与渤海郡若干县。此燕宗庙社稷所在,八百余年藉以立国者也。其在秦时,不宜虚不置郡。《水经·灅水注》言:"始皇二十一年灭燕，以为广阳郡，高帝以封卢绾为燕王，更曰燕国。"全氏祖望《地理志稽疑》力主是说，由今日观之，此郡之果名广阳与否，虽不可知，然其置郡之说，殊不可易。故曰燕尚有一郡也。此六郡者，于史虽无明证，然以建置言之，乃所当有，且其分置，或前乎南海六郡矣。由此言之，则秦郡当得四十有八。秦以水德王，故数以六为纪。二十六年，始分天下为三十六郡。三十六者，六之自乘数也，次当增置燕齐六郡为四十二郡，四十二者，六之七倍也。至三十三年南置南海、桂林、象郡，北置九原，其于六数不足者二，则又于内地分置陈、东海二郡，共为四十八郡。四十八者，六之八倍也。秦制然也。如谓不然，则请引贾生之言以证之。曰："秦兼并天下，山东三十余郡"。秦汉之间，自关以东谓之山东。今四十八郡。除六郡为关中地，六郡得之胡越外，其余六国故地，适得三十六郡，故云"山东三十余郡"。若秦郡之数不至四十八，则山东安得有三十余郡乎？故三十六郡者，始皇二十六年之郡数。又六国故地之郡数，此语习于人口久矣，而班固遽以是为秦一代之郡，不已疏乎？后人眩于《汉志》之说，而于贾傅之所论，史迁之所纪，瞢若无睹，或反据《汉志》以订正《史记》及《汉书》纪传，此余所以不能无辨也。

汉郡考(上)①

班孟坚志汉地理毕而总结之曰:"本秦京师为内史,分天下作三十六郡。汉兴,以其郡太大,稍复开置,又立诸侯王国。武帝开广三边。故自高祖增二十六,文、景各六,武帝二十八,昭帝一,讫于孝平,凡郡国一百三。"《志》中各郡下,又分注其沿革。其称高帝置者二十:曰河内,曰汝南,曰江夏,曰魏郡,曰常山,曰清河,曰涿郡,曰渤海,曰平原,曰千乘,曰泰山,曰东莱,曰东海,曰豫章,曰桂阳,曰武陵,曰广汉,曰定襄,曰楚国,曰淮阳国。其称高帝时为某郡者三:京兆尹曰高帝二年为渭南郡,左冯翊曰高帝二年为河上郡,右扶风曰高帝二年为中地郡。称高帝郡国者二:中山国曰高帝郡,广阳国曰高帝燕国。称故郡者一:丹阳郡曰故鄣郡。计为郡二十三,为国三,合于后序"增二十六"之数。而后之祖述其说者,亦小有异同。《继汉书·郡国志》举信都而无武陵,《晋书·地理志》举梁国而无鄣郡,钱氏大昕举内史、胶东、衡山而无渭南、河上、中地三郡,皆求以足《汉志》二十六之数。其是非暂置勿论,要皆以班氏之说为信而不可易也。岂独此数家而已,自来读《汉书》者,殆无不以班氏之说为信而不可易也。自余考之,则上所举二十六郡国,

---

① 此文作于1913年,收入《观堂集林》。

其真为高帝置者,曾不及三分之一,而世人莫之察焉,是可异已!诸郡中可确证为高帝置者,唯河内郡见于《史记·汉兴以来诸侯王年表序》,清河、常山二郡见于《樊哙传》,豫章郡见于《黥布传》。余如汝南、魏郡、中山已不足征。至江夏、涿郡、渤海、平原、千乘、泰山、东莱、桂阳、武陵、定襄十郡,尤可证其非高帝所置。江夏属县,半为衡山故郡,吴芮之王衡山,实都邾县,及芮徙长沙,而衡山为淮南别郡。英布、刘长迭有其地。至文帝分王淮南三子,而衡山复为一国。武帝初,伍被为淮南王画策云:"南收衡山以击庐江,有寻阳之船,守下雉之城,结九江之浦,绝豫章之口。"寻阳为庐江属县,则下雉此时亦当属衡山。此四语者,实分指庐江、衡山、九江、豫章四郡,皆厉王时故地也。又云:"强弩临江而守,以禁南郡之下。"则淮南所虑,仅汉南郡之兵,不言江夏,武帝之初,似尚无江夏郡。逮元狩元年,衡山国除,次年于其地置六安国,仅得衡山五县、江夏十四县,当以衡山余县及南郡东边数县置之,则高帝时不得有江夏郡也。前《秦郡考》言秦于燕之故都当置一郡,其地有《汉志》之广阳国四县及涿郡、渤海二郡之半。汉初置燕国,当仍其旧。而涿郡之地,介居《汉志》之广阳、河间二国间。中叶以后,广阳、河间各得四县,故中间得有涿郡之二十九县。若高帝时燕之内史与赵之河间郡,决非迫隘如此,则已无置郡之余地。故《史记·郦商传》:商破燕王臧荼军,"食邑涿五千户,号曰涿侯"。至高帝十二年,以破英布功改封曲周。若当时已置涿郡,决无以郡治为侯国之理。是岁卢绾称乱,子建受封,燕地未平而高皇晏驾,其于疆域,当无变革。是高帝时不得有涿郡、渤海二郡也。平原、千乘二郡,汉初为齐悼惠王封域,而平原实齐济北郡之地。景、武以后,济北国境反居济水之南,其在汉初,实跨济水南北。《史记·曹相国世家》云:"还定济北郡,攻著、漯阴、平原、鬲、卢。"著于《汉志》为济南县,卢为泰山县（文帝后,济北王所都）,漯阴、平原、鬲皆平原属县。故徐广云:"济北分平原、太山二郡。"高帝时,齐既有济北郡,则不得有平原郡也。《史记·诸侯王表》:"文帝十五年分齐为胶西国,都苑。"徐广曰:"乐安有苑县。"按《汉志》,齐地无苑县。据《水经·瓠子河注》所引,则作高苑。高苑,千乘县也。案,《史记·功臣侯表》有高苑侯丙倩,高祖六年封,武帝建元三年国除。胶西之都似不应与侯国同处,然《水经注》实有东西二高苑。其所谓东高苑城者,胶西之都也;所谓西高苑城者,丙倩之邑也。东高苑城以今地望准之,当在乐安、高苑之间。是汉初千乘之地属于胶西,不得有千乘郡也。《封禅书》云:"济北王以为天子且封禅,乃上书献泰山及其旁邑,天子以他县偿之。"则泰山郡之置在武帝时,非高帝所置也。东莱一郡,处胶东、胶西之北,《汉志》之胶东国仅得八县,高密国本胶西国。仅得五县,故其北得置十七县之东莱郡。汉初胶西,实有千乘之地。《史记·吴王濞传》言"胶西王卬以卖爵事有奸,削其六县",《汉书·胶西于王端传》亦言"有司比再请削,其国去太半",则高密国五县,当因胶西既削之余。胶东八县,恐亦非汉初旧域。东莱一郡,当置于二国削地后,非高帝所置也。故《汉书·高帝纪》云:"以胶东、胶西、临淄、济北、博阳、城阳郡立子肥为齐王。"《史记·齐悼惠王世家》数文帝时齐国别郡,亦但举济北、济南、菑川、胶西、胶东、城阳,而无平原、千乘、泰山、东莱四郡,则高帝时无此四郡也。武陵、桂阳二郡之地,高帝时为长沙国南境,故文帝赐赵佗书曰:"前日闻王发兵于边,为寇灾不止。当其时,长沙苦之,南郡尤甚。"又曰:"朕欲定地犬牙相入者,以问吏。吏曰'此高皇帝所以介长沙土也',朕不得擅变焉。"则长沙与南越之间,汉不得置郡;且长沙在文帝时不过二万五千户,势不能分置三郡,则武陵、桂阳二郡非高帝所置也。定襄一郡若为高帝所置,则其时当属代国。案高帝封兄仲于代，王云中、代、雁门三郡，后封子恒，王太原、代、雁门三郡，皆无定襄。《史记》举汉郡，亦但计云中以西，而定襄则在其东，则定襄非高帝郡也。此外如东海，本秦郯郡，淮阳本秦陈郡，燕之国都亦秦之一郡，而史失其名，则高帝所置之郡，其余几何？又《汉志》所举秦郡，当高帝时，南海、桂林、象郡入于南越，闽中入于闽越，九原入于匈奴。（《汉志》五原郡注："秦九原郡。武帝元朔二年更名。"若汉初尚有此郡者。然《武帝纪》云："元朔二年收河南地，置朔方、五原郡。"则此郡实武帝所开。又《史记·匈奴传》："匈奴收蒙恬所夺地与汉关，故河南塞至朝那、肤施。"事在楚汉之际，则九原之没久矣。）黔中一郡亦废于楚汉之际，则高帝时之郡数，又得几何？即令《汉志》二十余郡悉为高帝所置，则汝南当属淮阳，常山、清河、中山属赵，涿郡、渤海属燕，平原、千乘、泰山、东莱属齐，东海属楚，豫章属淮南，鄣郡属吴，桂阳、武陵属长沙，定襄属代，其得为汉郡者，不过江夏、魏郡、广汉三郡。而此三郡亦无所征，故谓此二十余郡为高帝所置，其误犹小，若直以孝平时之疆域为汉初之疆域，而谓此二十余郡者悉为天子所有，则全不合当时事实也。然但据《汉志》以为说，则此误必不能免（钱氏大昕谓高帝置郡二十六，其十之八皆属于王国，此说极是。他人未有明言之者），此则不可以不辨也。善夫太史公之言曰：汉初内地自山以东尽诸侯地，"汉独有三河、东郡、颍川、南阳，自江陵以西至蜀，北自云中至陇西，与内史凡十五郡。"此十五郡者，河东一、河内二、河南三，所谓三河也，东郡四、颍川五、南阳六，自江陵以西至蜀，则南郡七、巴郡八、蜀郡九，北自云中至陇西，则云中十、上郡十一、北地十二、陇西十三，而自山以西，尚有上党，巴蜀之北，尚有汉中，共十五郡加内史为十六，此高帝五年初定天下时之郡数也。六年，以云中属代，则并内史得十五郡。至十一年，复置云中，而罢东郡以益梁，罢颍川郡以益淮阳，则并内史为十四郡。史公习闻十五郡之名，又习闻东郡、颍川之为汉郡，故既称与内史为十五,又并数东郡、颍川,虽云疏漏,然视班氏之误,则有间矣。由是言之,则高帝末年之郡,除王国支郡外,并内史唯得十四而已。至于文、景之间,亦仅有二十四郡,故枚乘说吴王曰:"大汉并二十四郡十七诸侯,其珍怪不如山东之府。"乘之说吴,在景帝三年吴王举兵之后,而十七诸侯则为文、景间之事(《史记·诸侯王表》,唯文帝后七年及景帝九年共十七国)。夫十七诸侯,既数文、景间之诸侯,知二十四郡,亦数文、景间之郡也。乘于景帝三年说吴,何以不数三年之郡,而犹数元年以前之郡?曰,犹吾辈今日之言十八行省,二十二行省也。枚乘此书,刘奉世以其言齐赵事与史不合,疑为传者增之。然虽有增饰,而十七诸侯、二十四郡之数,不能凿空为之也。此二十四郡者,除高帝时十四郡外,则左内史一、右内史二(《汉志》以分左右内史为武帝建元六年事,然《百官公卿表》纪景帝元年以晁错为左内史。则景帝初已分内史为三。又《景帝纪》中六年诏曰:"三辅举不如法令者。"诏文称三辅,不容有误,必《汉志》之误也)、东郡三(《汉书·贾谊传》"请割淮阳北边二三列城与东郡以益梁。"则孝文之时梁不得东郡)、颍川四、淮阳五(淮阳王武于文帝十一年徙梁为郡)、琅邪六(琅邪本齐别郡,文帝九年废琅邪国以与齐,十五年,齐文王薨,分其地为齐、济南、济北、菑川、胶西、胶东六国并城阳为七国,而琅邪不以封,其为汉郡当在此时矣)、河间七(河间哀王以文帝十五年薨,国除为郡),益上十四郡,为二十一郡。其余三郡,则当为汝南、魏郡、广汉。此文帝末年郡数也。而汉郡之增,实在孝景之世:元年削赵之常山郡;二年削楚之东海郡;三年削吴之会稽、鄣郡。是岁七国反,既平其地,又以其余威削诸侯。于是始得平原、千乘、济南、北海、东莱之地于齐,得涿郡、渤海、上谷、渔阳、右北平、辽西、辽东之地于燕,得巨鹿、清河于赵,得太原、雁门于代,得沛郡于楚(沛郡本秦泗水郡。至项羽都彭城,后徙治彭城,遂名彭城郡。汉初为元王交所郡。景帝四年封刘礼为楚王,续元王后,殆不尽与以彭城故地。沛郡之置,当在此时。观高帝十二年春,吴濞尚为沛侯,可知此时尚无沛郡。是岁后,丰、沛二县为天子汤沐邑,其他县城属楚国。《水经·获水注》谓楚元王冢在萧县之同孝山,足证沛郡诸县多属楚国或分属梁之砀郡。《史记》谓内地自山以东尽诸侯地,则汉初固不得有沛郡也),得庐江、豫章于淮南;得武陵、桂阳于长沙,而诸侯地之以新封皇子者尚不与焉。故《史记·诸侯王年表序》言之曰:"吴楚时,前后诸侯或以谪削地,是以燕、代无北边郡,吴、淮南、长沙无南边郡,齐、赵、梁、楚支郡名山陂海,咸纳于汉,诸侯稍微。"此实善道当时之大势者也。至《汉志》所谓高帝增二十六郡国,文、景各六者,参以《史》《汉》纪传,无一相合,而自来未有理而董之者,此则余所大惑不解也。

汉郡考(下)[1]

汉兴,矫秦郡县之失,大启诸国。时去六国之亡未远,大抵因其故壤,专制千里,建国之大,古今所未有也。当汉初定天下,异姓诸王,各据其手定之地。韩信王楚,彭越王梁,张敖王赵,韩王信王韩,卢绾王燕,英布王淮南,吴芮王长沙。此诸王者,皆与高祖素等夷,又无骨肉之亲,外托君臣之名,而内有敌国之实。是时高帝之策,在建同姓以制异姓。故六年废楚王信,则分其地以王刘贾于荆,弟刘交于楚。又,时齐、代无王,则王子肥于齐,王兄仲于代,而徙韩王信于太原,收颍川郡以通东方之道。明年,韩王信叛,而代王亦弃其国,则以代王爱子如意。九年,废赵王张敖,则徙代王于赵而益以代地,使陈豨以赵相国守之。明年,陈豨反,则王子恒于代。彭越反,则王子恢于梁,子友于淮阳。英布反,则王子长于淮南,兄子濞于吴。又明年,卢绾反,则王子建于燕。当始封子弟时,惟恐其地之不广,力不能有所禁御也。及异姓渐尽,又虑诸子分地之不均也。故新置之国,率因其故。洎吴濞受封,始虑东南之乱,未及半载,而高祖遽崩。吕后以嫡母之尊,废梁、赵,割齐、楚,以王张、吕,宫车朝驾,而临淄之兵夕起矣。文帝之世,亦第稍分齐、赵

---

[1] 此文作于1913年,收入《观堂集林》。

以众建其子弟,惟梁、代无王,则王子参于代,子武于梁,以控制东诸侯,其所用亦高帝遗策。所异者,高以同姓制异姓,文以亲制疏而已。孝景嗣位,始大削吴、楚、赵,而七国之乱随之。即平七国,因以余威宰制诸侯,其分王诸子,亦不过一郡之地。昭宣以降,王国益微。及孝平元始中,诸侯大者十余城,小者三四县,比汉初王国,或不能得其十分之一。变置既亟,作史者但据后世版籍,略纪沿革而已。故但据《汉志》之文以求汉初诸侯之疆域,则其大小广狭,不能与实际同日而语。今考汉初诸国之地,则大者七八郡,小者二三郡,而后世所置之郡,尚不计焉。举其目,则属齐者八:曰临淄,曰菑川,曰济南,曰济北,曰胶西,曰胶东,曰琅邪,曰城阳(《汉书·高帝纪》:"以胶东、胶西、临淄、济北、博阳、城阳郡七十三城立子肥为齐王。"《史记·齐悼惠王世家》:"文帝十六年,齐孝王将闾以悼惠王子杨虚侯为齐王。故齐别郡尽以王悼惠王子:子志为济北王,子辟光为济南王,子贤为菑川王,子卬为胶西王,子雄渠为胶东王,与城阳、齐凡七王。"皆不数琅邪。然《悼惠王世家》云:"哀王八年,高后割齐琅邪郡立营陵侯刘泽为琅邪王。"又云:"孝文帝元年,尽以高后时所割齐之城阳、琅邪、济南郡复与齐。"则汉初齐固得琅邪郡。至文帝十五年,齐文王薨,无后。其明年,文帝分齐为六,尽王悼惠王诸子,独琅邪不以封。殆于此时入汉也)。**属燕者六**:曰□□,曰上谷,曰渔阳,曰右北平,曰辽西,曰辽东(案:燕国都所治之郡,史失其名,武帝元朔元年,燕王定国自杀,国除为郡,则名燕郡。《汉书·徐乐传》称:"乐,燕郡无终人是也。"无终,《汉志》属右北平,此时当属燕郡,若以右北平为燕别都,故曰燕郡,则景帝时右北平已属汉矣。至上谷五郡属燕,史虽无明文,然司马迁称"诸侯地皆外接于胡越,景帝后,燕代无北边郡,吴、淮南、长沙无南边郡",则景帝以前燕代诸国各有边郡矣。下代吴诸国仿此);**属赵者六**:曰邯郸,曰巨鹿,曰常山,曰清河,曰河间,曰中山,中间益郡三:曰代,曰雁门,曰云中(赵国诸郡,史无明文。以史迁云,内地自"山以东悉诸侯地",知之);**属代者三**:曰太原,曰代,曰雁门(《汉书·高帝纪》:"六年,以云中、雁门、代郡五十三县立兄宜信侯喜为代王。""十一年,诏曰,代地居常山之北,与夷狄邻,赵乃从山南有之,远,数有胡寇,难以为国。颇取山南太原之地益属代，代之云中以西为云中郡，则代受边寇益少矣。"是文帝王代时已以太原易云中也）；属梁者二：曰砀郡，曰定陶，中间益郡一，曰东郡；属淮阳者：曰陈郡，曰汝南，中间益郡一，曰颍川（《高帝纪》："十一年立子恢为梁王，子友为淮南王，罢东郡，颇益梁，罢颍川郡，颇益淮阳。"）；属楚者三：曰彭城，曰东海，曰薛郡（《汉书·高帝纪》以砀郡、薛郡、郯郡三十六县立弟文信君交为楚王。"郯郡即东海，砀郡乃彭城之误。《楚元王传》云"王薛郡、东海、彭城三十六县"是也）；属吴者三：曰广陵，曰会稽，曰鄣郡（《高帝纪》："以东阳、鄣郡、吴郡三十三县立刘贾为荆王。"及英布反，并荆地，吴王濞之封，实因故荆国境东阳与广陵实为一郡。初治东阳，故名东阳，及吴濞，乃都广陵。本传云"吴王起兵于广陵"是也。后广陵国转小，汉乃于其北置临淮郡耳）；属淮南者四：曰九江，曰庐江，曰衡山，曰豫章（《史记·黥布传》："布遂剖符为淮南王，都六，九江、庐江、衡山、豫章郡缘属布。"后属王，王淮南，亦仍其封域）；属长沙者一：曰长沙。故高帝时诸侯之郡凡三十有九，而诸郡之广狭，又当与《汉志》绝异。《汉志》："齐郡（即临淄）十二县，菑川三县，高密（即胶西）五县，胶东八县，城阳、广阳（即燕□□郡）、赵国（即邯郸）、河间各四县，梁国（即砀郡）八县，淮阳（即陈郡）九县，楚国（即彭城）七县，鲁国（即薛郡）六县，广陵四县，六安（即衡山）五县，皆非汉初郡域。以理度之，则《汉志》北海之二十六县，实得临淄、菑川之县；平原县十九，千乘县十五，济南县十四，泰山县二十四，实分齐之济南、济北；楚之薛郡之县，东莱县十七，实得胶西、胶东之县；琅邪县五十一，实得城阳之县；涿郡县二十九，渤海县二十六，实得广阳、河间之县；广平县十六，实得邯郸之县；沛郡、汝南县各三十七，一得砀郡、彭城之县，一得陈郡之县；临淮县二十九，实得彭城、广陵之县；江夏县十二，实得衡山之县。故汉初齐地，当得《汉志》之平原、千乘、济南、泰山、齐郡、北海、东莱、琅邪八郡及菑川、胶东、高密、城阳四国。燕地当得涿郡、渤海、上谷、渔阳、右北平、辽西、辽东七郡及广阳一国。赵地当得巨鹿、常山、

巨鹿、常山、清河三郡与魏郡之半及赵广平、真定、中山、信都、河间六国。梁地当得山阳、济阴二郡与沛郡之半及梁、东平二国。淮阳当得汝南一郡与淮阳国。楚当得东海一郡与沛郡、临淮之半及鲁、楚二国。吴当得会稽、丹阳二郡与临淮之半及广陵国。淮南当得庐江、九江、豫章三郡与江夏之半及六安国。长沙当得桂阳、武陵、零陵三郡及长沙国。此三十二郡与一十七国者，以元始中之郡国言之也。而班《志》于诸郡国下，其言"故厶国"，或"厶年为厶国"者，仅十三郡国。而不言"故厶国"者三十有六，使后之读史者，疑若自高帝时即为汉郡者。此所以不能不表而出之也。

西胡考（上）[1]

汉人谓西域诸国为西胡，本对匈奴与东胡言之。《海外东经》云："西胡白玉山在大夏东。"又云："昆仑山在西胡西。"白玉山及昆仑山，即今之喀喇昆仑，是前汉人谓葱岭以东之国曰西胡也（《山海经》此篇中多汉郡县名，是汉人所附益。然在建平元年，刘歆所进十三篇中，是犹出前汉人手也）。《说文解字·玉部》："玶，石之有光者，璧玶也，出西胡中。"又邑部："鄯善，西胡国也。"又《糸部》："纞西胡毳布也。"鄯善在葱岭东。毳布，葱岭东西皆产之。璧玶则专出葱岭以西月氏、罽宾、大秦诸国。是后汉人于葱岭东西诸国，皆谓之西胡也。魏晋六朝犹袭此名。《后汉书·西域传赞》云："逖矣西胡，天之奥区。"宋云《行记》云："鄯善城主，是吐谷浑第二息，宁西将军，统部落三千以御西胡。"又云："惠生在乌场国二年。西胡风俗，大同小异，不能具录。"是南北朝人亦并谓葱岭东西诸国为西胡也。西胡亦单呼为胡。《汉书·西域传》："西夜与胡，异其种类，氐羌行国，逐水草往来。"是其所谓胡，乃指西域城郭诸国，非谓游牧之匈奴。后汉以降，匈奴浸微，西域诸国，遂专是号。罗布泊畔所出之魏晋间木简，所云胡浮窟、胡犁支者，皆西域人名。而鄯善、龟兹所产铁，谓之胡

---

[1] 此文作于1919年，收入《观堂集林》。

铁,所作舂头金,谓之胡舂金。又魏晋以来,凡草木之名冠以胡字者,其实皆西域物也。六朝以后,史传释典所用"胡"字,皆不以之斥北狄而以之斥西戎。释道宣《释迦方志》所谓"此土",又指西蕃,例为胡国者也。隋僧彦琮始分别胡梵(《续高僧传》一),唐人皆祖其说(道宣《释迦方志》、智广《悉昙字记》、慧琳《一切经音义》皆然)。然除印度外,凡西域诸国皆谓之胡。玄奘《大唐西域记》,又由其文字分胡为三种,其于葱岭以东诸国,但云文字语言取则印度而已,不别为之立名。至葱岭以西,分为二种,一曰窣利,"自素叶水城以西至羯霜那(火国),地名窣利,人亦谓焉。文字语言,即随称矣。字源简略,本二十余言,转而相生,其流浸广。粗有书记,竖读其文,递相传授,师资无替"。二曰睹货逻,此铁门以南雪山以北之地,分为二十七国,"语言去就,稍异诸国,字源二十五言,转而相生,用之备物。书以横读,自左而右,文记浸多。逾广窣利"。此外如梵衍那、迦毕试、尸弃尼、商弥等国,皆云文字同睹货逻国,语言稍异,则亦睹货逻之一支。案奘师此言,盖本印度旧说。《大智度论》(二十五)谓:"敝生处者,安陀罗、舍婆罗(原注裸国也)、兜佉罗(原注小月氏)、修利、安息、大秦等。"考安陀罗即《西域记》之案达罗国,与裸国俱在印度之南。安息、大秦在印度之西,则兜佉罗、修利当在印度之北。兜佉罗即睹货罗,修利即窣利,审矣。唐僧利言"梵语杂名"。胡之梵言,形为 Suli,声曰苏哩,苏哩亦即窣利。但利言专以苏哩为胡,玄奘则但以窣利为胡之一种,故又云"自黑岭以来并为胡俗"。则葱岭东西与妫水南北,虽非窣利,仍是胡国。慧超《行记》与慧琳《西域记音义》所说略同。道宣《释迦方志》并谓:"雪山以西至于西海,名宝主也。偏饶异珍而轻礼重货,是为胡国。"则波斯、大秦亦入其中。故西域诸国,自六朝人言之,则梵亦为胡;自唐人言之,则除梵皆胡。断可识矣。是故以形貌言,则《汉书》言"自宛以西至安息国,其人皆深目多须髯",《北史》言"自高昌以西,诸国人等皆深目高鼻",又言"康国人深目高鼻多须髯",颜师古《汉书注》言"乌孙人青眼赤须"。《西域记》及《唐书》皆言疏勒护蜜人并碧瞳,均与波斯、大秦人相似。以言语言,则《汉书》言"自宛以西至安息国。虽颇异言,然大同,自相晓知也"。又近日西人于新疆南北路发见三种古文字,一粟特语,二睹货逻语,三东伊兰语。睹货逻语与玄奘所称名同,粟特当玄奘之所谓窣利,东伊兰语则当其所谓葱岭以东诸国语也。三者皆属阿利安语系,与印度、波斯、大秦语族类相同,而粟特语与东伊兰语,尤与波斯语近。以风俗言,则《汉书》言"自宛以西至安息国,其人善贾市,争分铢,贵女子";《西域记》言"宝主之乡,无礼义,重财贿,短制左衽,断发长髭,有城郭之居,务货殖之利";又言"黑岭以来莫非胡俗,大率土著,建城郭,务田畜,性重财贿,俗轻仁义,嫁娶无礼,尊卑无次,妇言是用,男位居下,吉乃素服,凶则皂衣"。亦与大秦、波斯俗尚略同。是故言乎称号,则同被胡名,言乎形貌、言语风俗,则虽有小异,无害大同。于是此种胡人种族之疑问起,即此种胡人果从东方往,抑从西方来之疑问是也。

西胡考(下)①

自来西域之地,凡征伐者自东往,贸易者自西来,此事实也。太古之事不可知,若有史以来,侵入西域者,惟古之希腊、大食,近世之俄罗斯,来自西土。其余若乌孙之徙,塞种之徙,大夏之徙,大月氏之徙,匈奴之徙,𤞤哒之徙,九姓昭武之徙,突厥之徙,回鹘之徙,蒙古之徙,莫不自东而西。即如玄奘所称窣利、睹货逻二种,亦有西徙之迹。玄奘谓:"自素叶水城以西至羯霜那,地名窣利。"是窣利之地,东尽康居故境,西尽九姓昭武之地。诸国之中。康为宗国。《北史》谓:"康本康居之后。"又谓:"其王本月氏人,旧居祁连山北昭武城。因被匈奴所破,西逾葱岭,遂有国。支庶各分王,故康国左右诸国,并以昭武为姓。"其称九姓昭武,亦如三姓葛禄、九姓回鹘、十姓突厥、卅姓突厥、卌姓拔悉蜜,为北方游牧人种之名称。是窣利之人,本出东方,文字竖读,尤近汉法。至睹货逻,则西徙之迹尤历历可指。考睹货逻之名,源出大夏(嘉兴沈乙庵先生并西人马祐德等并创是说)。大夏本东方古国,《逸周书·王会解》云:"禺氏騊駼,大夏兹白牛,犬戎、文马。"又《伊尹朝献》,令云:"正北空桐、大夏。"空桐与禺氏(即月氏)、大戎,皆在近塞,则大夏一国,明非远夷。

---

① 此文作于1919年,收入《观堂集林》。

《史记·封禅书》云："齐桓公西伐大夏,涉流沙。"此本《管子》佚文。《吕氏春秋·古乐篇》："伶伦自大夏之西,乃至阮隃之阴。"《汉书·律历志》、《说苑·修文篇》、《风俗通·音声篇》同纪此事,阮隃皆作昆仑。昆之为阮,声之近（《说文·自部》："阮读若昆"）；仑之为隃,字之误也。综此二说,则大夏当在流沙之内,昆仑之东,较周初王会时已稍西徙。《穆天子传》云："自宗周瀍水以西,至于河宗之邦,阳纡之山,三千又四百里。自阳纡西至于西夏氏,二千又五百里。自西夏至于珠余氏及河首,千又五百里。自河首襄山以西,南至于春山珠泽昆仑之邱,七百里。"是西夏氏西距昆仑二千又二百里,与《管子》《吕览》所记大夏地望正合。惟《海外东经》云："国在流沙外者,大夏、竖沙、居繇、月支之国。"又云："西胡白玉山在大夏东。"与周秦间故书不合。此出汉通西域后所附益,非其本文矣。《大唐西域记》(十二)云：于阗国尼壤城东"四百余里,至睹货逻故国。国久空旷,城皆荒芜"。案：于阗国姓,实为尉迟,而画家之尉迟乙僧,张彦远《历代名画记》云于阗人,朱景元《唐朝名画录》云吐火罗人,二者皆唐人所记。是于阗与吐火罗本同族,亦吐火罗人曾居于阗之证。又今和阗以东大沙碛,《唐书》谓之图伦碛（《唐书·西域吐谷浑传》"李靖等军且末之西,伏允走图伦碛,将托于阗。"是图伦碛在且末于阗间）,今谓之塔哈尔马干碛,皆睹货逻碛之讹变。是睹货逻故国在且末于阗间,与周秦间书所记大夏地位,若合符节。《唐书·西域传》云："大夏即吐火罗。"其言信矣。大夏之国,自西逾葱岭后,即以音行,除《史记》《汉书》尚仍其故号外。《后汉书》谓之兜勒（《和帝纪》及《西域传》序）,六朝译经者谓之兜佉勒（《婆沙论》卷九,世尊极知兜佉勒语胜生兜佉勒中者）。兜佉罗（《大智度论》卷二十五,见上。）《魏书》谓之"吐呼罗",《隋书》以下谓之"吐火罗",《西域记》谓之"睹货逻",皆大夏之对音。其徙葱岭以西,盖秦汉间之事。希腊地理学家斯德拉仆所著书,记西历

西胡考(下) | 217

纪元前百五十年时,睹货逻等四蛮族,侵入希腊人所建之拔底延王国。是大夏之入妫水流域,前乎大月氏者仅二十年。故大夏居妫水南,而大月氏居其北,此其侵略先后之次序也。此事,中国、印度、希腊古籍全相符合,则睹货逻一族,与月氏同出东方,可断言矣。窣利、睹货逻既同出东方,则其同语系之种族,若印度,若波斯,若大秦,当无一不出自东方。特其迁徙,当远在有史以前。此前说之结论必归于是,又与民族西徙之事实相符合也。虽然,侵略者自东往,贸易者自西来,二者皆史实也。凡西徙之种族,于其所征服之国,不过得其政权及兵权,而自成统治者之一级,其时人民之生活仍如故也。慧超《行传》于西域诸国,屡言"土人是胡,王是突厥",或言"土人是胡,王及兵马并是突厥"。凡东方民族侵入西域者,殆无不然;且西域人民,以国居东西之冲,数被侵略,亦遂专心职业,不复措意政治之事。是故希腊来则臣希腊,大夏、月氏来则臣大夏、月氏,哌哒来则臣哌哒,九姓昭武来则臣九姓昭武,突厥来则臣突厥,大食来则臣大食。虽屡易其主,而人民之营其生活也如故。当时统治者与被治者间,言语风俗,固自不同,而统治一级,人数较少,或武力虽优而文化较劣,狎居既久,往往与被治者相融合。故此土之言语风俗,非统治者之言语风俗,实被治者之言语风俗也。世或以统治者之名呼其种族及言语,如大月氏人、睹货逻语之类,盖非尽当。考古书所载,此土人民,本与波斯、大秦同是一族。《汉书》言:"自宛以西至安息国,虽颇异言,然大同,自相晓知也。其人皆深目多须髯,善贾市,争分铢,贵女子,女子所言,丈夫乃决正。"是其形貌、言语、风俗本同西方。自汉讫唐,蝉嫣未变。《北史》言:"康国人善商贾","粟特人多诣凉土贩货","大月氏人商贩京师"。《唐书》言:"康国人好利,丈夫年二十去旁国,利所在,无不至。"玄奘、慧超所记胡俗,无不同贯。又《西域》记于素叶水城及怛罗斯城,皆云"各国商胡杂居",于飒秣建及迦毕试国,云"异方奇货皆聚此国"。是大食未兴以前,东西贸易,悉在此种胡人之手。故自汉以来,人民颇复东向。《北史言》:"高昌以西诸国人等,皆深目高鼻。"是汉时此族,以大宛为东界者,至南北朝已越葱岭,而以高昌为其东界。虽此种人民,或于有史以前本居东土,然于有史以后,自西徂东,亦为事实。故高昌以西,语言文字与波斯、大秦同属一系,汉魏以来,总呼为胡,深合事理。然则论西胡之事,当分别统治者与被治者二级观之,否则鲜不窒阂矣。

西胡续考[①]

自《汉书·西域传》言:"自宛以西至安息,其人皆深目多须髯。"后世所记胡人容貌,如《世说新语》(六)记康僧渊,《太平广记》(二百四十八)引《启颜录》,记隋三藏法师,又(四百三十五)引《朝野佥载》记宋蔡事,无不如是。《北史·于阗传》言:"自高昌以西诸国人等,皆深目高鼻,惟此一国(于阗)貌不甚胡。"《唐书·突厥传》言:"颉利族人思摩,以貌似胡,疑非阿史那种,故但为夹毕特勒而不得为设。"是胡之容貌,显与他种不同。而其不同之处,则"深目多须"四字尽之。隋唐以来,凡非胡人而貌类是者,亦谓之胡。《刘宾客嘉话录》言:"杨国忠知吏部铨,呼选人名,引入于中庭,不问资序,短小者通道参军,胡者云湖州文学。"李匡乂《资暇录》(下)云:"俗怖小儿曰'麻胡来',不知其源者,以为多髯之神。"李商隐《骄儿诗》:"或谑张飞胡,或嘲邓艾吃。"《东观奏记》上:"宣宗问宰臣白敏中曰:'有一山陵使,胡而长,其人姓氏为谁?'敏中奏:'景陵山陵使令狐楚。'"《侯鲭录》(四):"王晋卿尝过巩洛间,道旁有后唐庄宗庙,默念始治终乱,意斯人必胡。及观神像,两眼外皆髭也。"是中国人貌类胡人者,皆呼之曰胡,亦曰胡子。

[①] 此文作于1919年,收入《观堂集林》。

此名当六朝时本施之胡人。《艺文类聚》(三十五)载："梁简文帝谢安吉公主饷胡子一头，启云：'方言异俗，极有可观，山高水远，宛在其貌。'"即用《世说》所载康僧渊事，盖谓真胡人。至唐而中国人貌类是者，亦谓之胡子。《太平广记》(二百四之五)引《御史台记》云："邵景萧嵩俱授朝散大夫，二人状貌类胡。景鼻高而嵩须多，同时服朱绂，对立于庭。韦铿帘中独窥而咏曰：'一双胡子著绯袍，一个须多一鼻高'云云"。又《云谿友议》载唐陆岩梦《桂州筵上赠胡子女》诗云："自道风流不可攀，那堪蹙额更颓颜，眼睛深却湘江水，鼻孔高于华岳山。"是自唐以来皆呼多须或深目高鼻者为"胡"或"胡子"。此二语至今犹存，世人呼须及多须之人皆曰胡子，俗又制髯字以代之。《北梦琐言》(七)载《蔡押衙诗》云："可怜洞庭湖，却到三冬无髭须。"以其不成湖也。是唐人已谓须为胡。岂知此语之源，本出于西域胡人之状貌乎！且深目多须，不独西胡为然，古代专有胡名之匈奴，疑亦如是。两汉人书虽无记匈奴形貌者，然晋时胡羯，皆南匈奴之裔。《晋书·石季龙载记》云："太子詹事孙珍问侍中崔约曰：'吾患目疾，何方疗之？'约素狎珍，戏之曰：'溺中可愈。'珍曰：'目何可溺？'约曰：'卿目睕睕，正耐溺中。'珍恨之，以告石宣。宣，诸子中最胡状，目深，闻之大怒，诛约父子。"又云："冉闵躬率赵人诛诸胡羯，无贵贱男女少长皆斩之，死者二十余万，屯据四方者，所在承闵书诛之。于是高鼻多须至有滥死者。"《安禄山事迹》(下)云："高鞫仁令范阳城中，杀胡者重赏。于是羯胡尽死，小儿掷于空中，以戈承之，高鼻类胡而滥死者甚众。"事亦相类。夫安史之众，素号杂胡，自兼有突厥、奚、契丹诸部。晋之羯胡，则明明匈奴别部，而其状高鼻多须，与西胡无异，则古之匈奴，盖可识矣。自后汉以来，匈奴寖微，而东胡中之鲜卑，起而代之，尽有其故地。自是讫于蠕蠕之亡，主北垂者，皆鲜卑同族也。后魏之末，高车、突厥代兴，亦与匈奴异种，独西域人民与匈奴形貌相似，故匈奴失国之后，此种人遂专有胡名。顾当时所以独名为胡者，实因形貌相同之故。观《晋书·载记》之所记，殆非偶然矣。

最近二三十年中中国新发见之学问[①]

古来新学问起,大都由于新发见。有孔子壁中书出,而后有汉以来古文家之学;有赵宋古器出,而后有宋以来古器物、古文字之学。惟晋时汲冢竹简出土后,即继以永嘉之乱,故其结果不甚著。然同时杜元凯注《左传》,稍后郭璞注《山海经》,已用其说;而《纪年》所记禹、益、伊尹事,至今成为历史上之问题。然则中国纸上之学问赖于地下之学问者,固不自今日始矣。自汉以来,中国学问上之最大发现有三:一为孔子壁中书;二为汲冢书;三则今之殷虚甲骨文字,敦煌塞上及西域各处之汉晋木简,敦煌千佛洞之六朝及唐人写本书卷,内阁大库之元明以来书籍档册。此四者之一已足当孔壁、汲冢所出,而各地零星发见之金石书籍,于学术有大关系者,尚不与焉。故今日之时代可谓之"发见时代",自来未有能比者也。今将此二三十年发见之材料,并学者研究之结果,分五项说之。

一、殷虚甲骨文字

此殷代卜时命龟之辞,刊于龟甲及牛骨上。光绪戊戌己亥间,

[①] 本文作于1925年,收入《静庵文集续编》。1925年暑期,王国维受清华学生会邀请作公开讲演,此讲演稿发表于《清华周刊》350期上,后又重加改定。

始出于河南彰德府西北五里之小屯。其地在洹水之南,水三面环之。《史记·项羽本纪》所谓"洹水南,殷虚上"者也。初出土后,潍县估人得其数片,以售之福山王文敏(懿荣)。文敏命秘其事,一时所出,先后皆归之。庚子,文敏殉难,其所藏皆归丹徒刘铁云(鹗)。铁云复命估人搜之河南,所藏至三四千片。光绪壬寅,刘氏选千余片影印传世,所谓《铁云藏龟》是也。丙午,上虞罗叔言参事始官京师,复令估人大搜之,于是丙丁以后所出,多归罗氏。自丙午至辛亥,所得约二三万片。而彰德长老会牧师明义士(T.M.Menzies)所得亦五六千片。其余散在各家者尚近万片。近十年中乃不复出。

其著录此类文字之书,则《铁云藏龟》外,有罗氏之《殷虚书契前编》《殷虚书契后编》《殷虚书契菁华》《铁云藏龟之余》,日本林泰辅博士之《龟甲兽骨文字》,明义士之《殷虚卜辞》(The Oracle Records of the Waste of Yin),哈同氏之《戬寿堂所藏殷虚文字》,凡八种。而研究其文字者,则瑞安孙仲容比部始于光绪甲辰撰《契文举例》。罗氏于宣统庚戌撰《殷商贞卜文字考》,嗣撰《殷虚书契考释》《殷虚书契待问编》等。商承祚氏之《殷虚文字类编》,复取材于罗氏改定之稿。而《戬寿堂所藏殷虚文字》,余亦有考释。此外,孙氏之《名原》亦颇审释甲骨文字,然与其《契文举例》皆仅据《铁云藏龟》为之,故其说不无武断。审释文字自以罗氏为第一,其考定小屯之为故殷虚,及审释殷帝王名号,皆由罗氏发之。余复据此种材料作《殷卜辞中所见先公先王考》,以证《世本》《史记》之为实录;作《殷周制度论》以比较二代之文化。然此学中所可研究发明之处尚多,不能不有待于后此之努力也。

二、敦煌塞上及西域各地之简牍

汉人木简,宋徽宗时已于陕右发见之,靖康之祸,为金人索之而去。当光绪中叶,英印度政府所派遣之匈牙利人斯坦因博士(M.Aurel Stein),访古于我和阗(Khotan),于尼雅河下流废址,得魏晋间人所书木简数十枚。嗣于光绪季年,先后于罗布淖尔东北故城,得晋初人书木简百余枚,于敦煌汉长城故址得两汉人所书木简数百枚,皆经法人沙畹教授(Ed. Chavannes)考释。其第一次所得,印于斯氏《和阗故跡》(Sand-buried Ruins of Khotan)中。第二次所得,别为专书,于癸丑甲寅间出版。此项木简中有古书、历日、方书,而其大半皆屯戍簿录,于史地二学关系极大。癸丑冬日,沙畹教授寄其校订未印成之本于罗叔言参事,罗氏与余重加考订,并斯氏在和阗所得者景印行世,所谓《流沙坠简》是也。

三、敦煌千佛洞之六朝唐人所书卷轴

汉晋牍简,斯氏均由人工发掘得之,然同时又有无尽之宝藏于无意中出世,而为斯氏及法国之伯希和教授携去大半者,则千佛洞之六朝及唐五代宋初人所书之卷子本是也。千佛洞本为佛寺,今为道士所居。当光绪中叶,道观壁坏,始发见古代藏书之窟室。其中书籍居大半,而画幅及佛家所用幡幢等亦杂其中。余见浭阳端氏所藏敦煌出开宝八年灵修寺尼画观音像,乃光绪己亥所得。又,乌程蒋氏所藏沙州曹氏二画像,乃光绪甲辰以前叶鞠裳学使(昌炽)视学甘肃时所收。然中州人皆不知。至光绪丁未,斯坦因氏与伯希和氏(Paul Pelliot)先后至敦煌,各得六朝人及唐人所写卷子本书数千卷,及古梵文、古波斯文及突厥、回鹘诸国文字无算。我国人始稍稍知之,乃取其余约万卷,置诸学部所立之京师图书馆。前后复经盗窃,散归私家者亦当不下数千卷。其中佛典居百分之九五。其四部书为我国宋以后所久佚者:"经"部有未改字《古文尚书》孔氏《传》、未改字《尚书》释文、糜信《春秋谷梁传》解释、《论语》

郑氏《注》、陆法言《切韵》等；"史"部则有孔衍《春秋后语》、唐西州沙州诸图经、慧超《往五天竺国传》等（以上并在法国）；"子"部则有《老子化胡经》、摩尼教《经》、景教《经》；"集"部有唐人词曲及通俗诗、小说各若干种。

己酉冬日，上虞罗氏就伯氏所寄景本为《敦煌石室遗书》，排印行世。越一年，复印其景本为《石室秘宝》十五种。又五年癸丑，复刊行《鸣沙石室逸书》十八种。又五年戊午，刊行《鸣沙石室古籍丛残》三十种，皆巴黎国民图书馆之物。而英伦所藏，则武进董授经（康）、日本狩野博士（直喜）、羽田博士（亨）、内藤博士（虎次郎），虽各抄录景照若干种，然未有出版之日也。

四、内阁大库之书籍档案

内阁大库在旧内阁衙门之东，临东华门内通路，素为典籍厅所掌。其所藏，书籍居十之三，档案居十之七。其书籍多明文渊阁之遗，其档案则有历朝政府所奉之硃谕、臣工缴进之勅谕、批折、黄本、题本、奏本、外藩属国之表章、历科殿试之大卷。宣统元年，大库屋坏，有司缮完，乃暂移于文华殿之两庑，然露积库垣内尚半。时南皮张文襄（之洞）管学部事，乃奏请以阁中所藏四朝书籍设京师图书馆，其档案则置诸国子监之南学，试卷等置诸学部大堂之后楼。辛壬以后，学部及南学之藏复移于午门楼上之历史博物馆。越十年，馆中复以档案四之三售诸故纸商，其数凡九千麻袋，将以造还魂纸。为罗叔言所闻，三倍其价购之商人，移贮于彰义门之善果寺。而历史博物馆之剩余，亦为北京大学取去，渐行整理，其目在大学日刊中。罗氏所得，以分量太多，仅整理其十分之一，取其要者，汇刊为《史料丛刊》十册，其余今归德化李氏。

五、中国境内之古外族遗文

中国境内古今所居外族甚多。古代匈奴、鲜卑、突厥、回纥、契丹、西夏诸国,均立国于中国北陲,其遗物颇有存者,然世罕知之。惟元时耶律铸见突厥阙特勤碑及辽太祖碑。当光绪己丑,俄人拉特禄夫访古于蒙古,于元和林故城北,访得突厥阙特勤碑、苾伽可汗碑、回鹘九姓可汗三碑。突厥二碑皆有中国突厥二种文字,回鹘碑并有粟特文字。及光绪之季,英法德俄四国探险队入新疆,所得外族文字写本尤伙。其中除梵文、佉卢文、回鹘文外,更有三种不可识之文字,旋发见其一种为粟特语,而他二种则西人假名之曰"第一言语""第二言语",后亦渐知为吐火罗语及东伊兰语。此正与玄奘《西域记》所记三种语言相合:粟特语即玄奘之所谓"窣利",吐火罗即玄奘之"睹货逻",其东伊兰语则其所谓葱岭以东诸国语也。当时粟特、吐火罗人多出入于我新疆,故今日犹有其遗物。惜我国人尚未有研究此种古代语者,而欲研究之,势不可不求之英法德诸国。惟宣统庚戌,俄人柯智禄夫大佐于甘州古塔,得西夏文字书。而元时所刻河西文《大藏经》,后亦出于京师。上虞罗福苌乃始通西夏文之读。今苏俄使馆参赞伊凤阁博士(Ivanoff),更为西夏语音之研究,其结果尚未发表也。

此外,近三十年中,中国古金石、古器物之发见,殆无岁无之。其于学术上之关系亦未必让于上五项,然以零星分散故,不能一一缕举。惟此五者分量最多,又为近三十年中特有之发见,故比而述之。然此等发见物,合世界学者之全力研究之,其所阐发尚未及其半,况后此之发见亦正自无穷,此不能不有待少年之努力也。

论　性[①]

今吾人对一事物，虽互相反对之议论，皆得持之而有故，言之而成理，则其事物必非吾人所能知者也。"二加二为四""二点之间只可引一直线"，无论何人，未有能反对之者也。因果之相嬗，质力之不灭，无论何人，未有能反对之者也。数学及物理学之所以为最确实之知识者，岂不以此矣乎？今《孟子》之言曰："人之性善。"《荀子》之言曰："人之性恶。"二者皆互相反对之说也，然皆持之而有故，言之而成理，然则吾人之于人性固有不可知者在欤？孔子之所以罕言性与命者，固非无故欤？且于人性论中，不但得容反对之说而已，于一人之说中，亦不得不自相矛盾。《孟子》曰："人之性善，在求其放心而已。"然使之放其心者谁欤？《荀子》曰："人之性恶，其善者伪(人为)也。"然所以能伪者何故欤？汗德曰："道德之于人心，无上之命令也。"何以未几而又有根恶之说欤？叔本华曰："吾人之根本，生活之欲也。"然所谓拒绝生活之欲者，又何自来欤？古今东西之论性，未有不自相矛盾者。使性之为物，如数及空间之性质然，吾人之知之也既确，而其言之也无不同，则吾人虽昌言有论人性之权利可也。试问吾人果有此权利否乎？今论人性者之反对

[①] 此文作于1904年，收入《静庵文集》。

矛盾如此,则性之为物,固不能不视为超乎吾人之知识外也。

今夫吾人之所可得而知者,一先天的知识,一后天的知识也。先天的知识,如空间时间之形式,及悟性之范畴,此不待经验而生,而经验之所由以成立者,自汗德之知识论出后,今日始为定论矣。后天的知识乃经验上之所教我者,凡一切可以经验之物皆是也。二者之知识皆有确实性,但前者有普遍性及必然性,后者则不然?然其确实则无以异也。今试问性之为物,果得从先天中或后天中知之乎?先天中所能知者,知识之形式,而不及于知识之材质,而性固一知识之材质也,若谓于后天中知之,则所知者又非性。何则?吾人经验上所知之性,其受遗传与外部之影响者不少,则其非性之本来面目,固已久矣。故断言之曰:性之为物,超乎吾人之知识外也。

人性之超乎吾人之知识外,既如斯矣,于是欲论人性者,非驰于空想之域,势不得不从经验上推论之。夫经验上之所谓性,固非性之本,然苟执经验上之性以为性,则必先有善恶二元论起焉。何则?善恶之相对立,吾人经验上之事实也,反对之事实,而非相对之事实也。相对之事实,如寒热、厚薄等是。大热曰"热",小热曰"寒";大厚曰"厚",稍厚曰"薄"。善恶则不然。大善曰"善",小善非"恶";大恶曰"恶",小恶亦非"善"。又积极之事实,而非消极之事实也。有光曰"明",无光曰"暗"。有有曰"有",无有曰"无"。善恶则不然。有善曰"善",无善犹"非恶";有恶曰"恶",无恶犹"非善"。惟其为反对之事实,故善恶二者,不能由其一说明之,唯其为积极之事实,故不能举其一而遗其他。故从经验上立论,不得不盘旋于善恶二元论之胯下,然吾人之知识,必求其说明之统一,而决不以此善恶二元论为满足也。于是性善论性恶论,及超绝的一元论(即性无善无不善说,及可以为善可以为不善说),接武而起。

夫立于经验之上以言性，虽所论者非真性，然尚不至于矛盾也。至超乎经验之外而求其说明之统一，则虽反对之说，吾人得持其一，然不至自相矛盾不止。何则？超乎经验之外，吾人固有言论之自由，然至欲说明经验上之事实时，则又不得不自圆其说，而复反于二元论。故古今言性者之自相矛盾，必然之理也。今略述古人论性之说，而暴露其矛盾，世之学者可以观焉：

我国之言性者古矣。尧之命舜曰："人心唯危，道心唯微。"仲虺之诰汤曰："唯天生民，有欲无主乃乱，唯天生聪明时乂。"《汤诰》则云："惟皇上帝，降衷于下民。若有恒性，克绥厥犹。"唯后此二说。互相发明，而与霍布士之说若合符节，然人性苟恶而不可以为善，虽聪明之君主，亦无以乂之。而聪明之君主，亦天之所生也，又苟有善之恒性，则岂待君主之绥乂之乎？然则二者非互相豫想，皆不能持其说，且仲虺之于汤，固所谓见而知之者，不应其说之矛盾如此也。二诰之说，不遇举其一面而遗其他面耳。嗣是以后，人又有唱一元之论者。诗曰："天生蒸民，有物有则。民之秉彝，好是懿德。"刘康公所谓"民受天地之中以生"者，亦不外《汤诰》之意。至孔子而始唱超绝的一元论，曰："性相近也，习相远也。"又曰："唯上知与下愚不移。"此但从经验上推论之，故以之说明经验上之事实，自无所矛盾也。

告子本孔子之人性论，而曰："生之谓性，性无善无不善也。"又曰："性犹湍水也，决诸东方则东流，决诸西方则西流。"此说虽为孟子所驳，然实孔子之真意。所谓"湍水"者，性相近之说也。"决诸东方则东流，决诸西方则西流"者，习相远之说也。孟子虽攻击之而主性善论，然其说，则有未能贯通者。其山木之喻，曰："牛山之木尝美矣……是岂山之性也哉？虽存乎人者，岂无仁义之心哉！其所以放其良心者，亦犹斧斤之于木也，旦旦而伐之，可以为美乎？

其昼夜之所息,平旦之气,其好恶与人相近也者几希,则其旦昼之所为,有梏亡之矣。梏之反复,则其夜气不足以存……此岂人之情也哉!"然则所谓"旦旦伐之"者何欤?所谓"梏亡之"者何欤?无以名之,名之曰"欲",故曰:"养心莫善于寡欲。"然则所谓"欲"者,何自来欤?若自性出何为而与性相矛盾欤?孟子于是以小体大体说明之曰:"耳目之官不思而蔽于物,物交物则引之而已矣。心之官则思,思则得之,不思则不得也,此天之所以与我者。"顾以心为天之所与,则耳目二者,独非天之所与欤?孟子主性善,故不言耳目之欲之出于性,然其意则正如此,故孟子之性论之为二元论,昭然无疑矣。

至荀子反对孟子之说而唱性恶论,曰:"礼义法度,是生于圣人之伪,非故生于人之性也。若夫目好色、耳好声、口好味、心好利、骨体肤理好愉佚,是皆生于人之情性者也。感而自然,不待事而后生之者也。夫感而不能然,必且待事而后然者,谓之生于伪,是性伪之所生,其不同之征也。故圣人化性而起伪。"又曰:"古者圣人以人之性恶,以为偏险而不正,悖乱而不治,故为之立君上之势以临之,明礼义以化之,起法政以治之,重刑罚以禁之,使天下皆出于治,合于善。此圣王之治,而礼义之化也。今试去君上之势,无礼义之化;去法政之治,无刑罚之禁,倚而观天下人民之相与也。若是,则夫强者害弱而夺之,众者暴寡而哗之,天下之悖乱而相亡,不待顷矣。然则人之性恶明矣,其善者伪也。"(《性恶篇》)吾人且进而评其说之矛盾,其最显著者,区别人与圣人为二是也。且夫圣人独非人也欤哉!常人待圣人出礼义兴,而后出于治,合于善,则夫最初之圣人,即制作礼义者,又安所待欤?彼说礼之所由起,曰:"人生而有欲,欲而不得则不能无求,求而无度量分界则争,争则乱,乱则穷。先王恶其乱也,故制礼义以分之,以养人之欲,给人之求,此礼之所由起也。"《礼论篇》则所谓礼义者,亦可由欲推演之,然则胡不曰"人恶其乱也,故作礼义以分之",而必曰"先王"何哉？又其论礼之渊源时,亦含矛盾之说。曰："今人之性,饥而欲饱,寒而欲暖,劳而欲休,此人之情也。今人饥,见长而不敢先食者,将有所让也,劳而不敢求息者,将有所代也。夫子之让乎父,弟之让乎兄,子之代乎父,弟之代乎兄,此二行者,皆反于性而悖于情也。"《性恶篇》然又以三年之丧为称情而立文,曰："凡生乎天地之间者,有血气之属,必有知；有知之属,莫不爱其类。今夫大鸟兽,则失亡其群匹,越月逾时,则必反沿,遇故乡则必徘徊焉,鸣号焉,踯躅焉,踟蹰焉,然后能去之也。小者是燕爵,犹有啁噍之顷焉,然后能去之。故有血气之属,莫知于人,故人之于亲也,至死无穷。故曰：说豫娩泽,忧患萃恶,则吉凶忧愉之情之发于颜色者也……"《理论篇》此与《孟子》所谓"孩提之童,无不知爱其亲,及所以告夷之"者何异,非所谓感于自然,不待事而后然者欤？则其非反于性而悖于情明矣。于是荀子性恶之一元论,由自己破灭之。

人性之论,唯盛于儒教之哲学中,至同时之他学派则无之。约而言之,老、庄主性善,故崇自然,申、韩主性恶,故尚刑名。然在此诸派中,并无争论及之者。至汉而《淮南子》奉老子之说,而唱性善论,其言曰："清净恬愉,人之性也。"《人间训》故曰："乘舟而惑者,不知东西,见斗极则寤矣。夫性,亦人之斗极也。有以自见也,则不失物之情；无以自见也,则动而惑营。"又曰："人之性无邪,久湛于俗则易,易而忘本,合于若性。故日月欲明,浮云盖之；河水欲清,沙石灭之。人性欲平,嗜欲害之。"《齐俗训》于是《淮南子》之性善论与《孟子》同,终破裂而为性欲二元论。

同时董仲舒亦论人性曰："性之名非生欤？如其生之自然之资之谓性,性者质也。诘性之质于善之名,能中之与？既不能中矣,而尚谓之质善,何哉?故性比于禾,善比于米。米出禾中,而禾未可全为米也;善出性中,而性未可全为善也。善与米,人之所继天而成于外,非在天之所为之内也。"(《春秋繁露·深察名号篇》)其论法全似《荀子》,而其意则与告子同。然董子亦非能久持此超绝的一元论者。夫彼之形而上学,固阴阳二元论也。其言曰:"阳天之德,阴天之刑,阳常居实位,而行于盛;阴常居空虚,而行于末。"(同,《阳尊阴卑篇》)故曰:"天雨有阴阳之施,人雨亦有贪仁之性。"(《深察名号篇》)由此二元论,而一面主性恶之说曰:"民之为言瞑也,弗扶将颠陷猖狂,安能善?"(《深察名号篇》)刘向谓"仲舒作书美荀卿,非无据也。然一面又谓'天覆育万物,既化而生之,有养而成之'。察于天之意无穷极之仁也。人之受命于天也,取仁于天而仁也。"(《王道通三篇》)又曰:"阴之行不得于春夏,而月之魄常厌于日光,乍全乍伤,天之禁阴如此,安得不损其欲而辍其情以应天?"(《深察名号篇》)夫人受命于天,取仁于天,捐情辍欲,乃合天道,则又近于性善之说。要之,仲舒之说,欲调和孟荀二家,而不免以苟且灭裂终者也。至扬雄出,遂唱性善恶混之二元论。至唐之中叶,伦理学上后提起人性论之问题。韩愈之《原性》,李翱之《复性书》,皆有名于世。愈区别性与情为二,翱虽谓情由性出,而又以为性善而情恶。其根据薄弱实无足言者。至宋之王安石,复绍述告子之说。其《性情论》曰:"性情一也。七情之未发于外,而存于心者,性也。七情之发于外者,情也。性者,情之本;情者,性之用也。故性情一也。"又曰:"君子之所以为君子者,无非情;小人之所以为小人者,无非情;情而当于理,则圣贤也;不当于理,则小人也。"同时苏轼亦批评韩愈之说,而唱超绝的一元论,又下善之界说。其《扬雄论》曰:"性者,果泊然而无所为耶?则不当复有善恶之说。苟性之有善恶也,则夫所谓情者,乃吾所谓性也。人生而莫不有饥寒之患,牝牡之欲,今告于人曰：饥而食，渴而饮，男女之欲，不出于人之性也，可乎？是天下知其不可也。圣人无是，无由以为圣；而小人无是，无由以为恶。圣人以其喜、怒、哀、惧、爱、恶、欲七者御之，而之乎善，小人以是七者御之而之乎恶。由是观之，善恶者，性之所能之，而非性所能有也。且夫言性又安以其善恶为哉？虽然，扬雄之论，则固已近之，曰：'人之性，善恶混。修其善则为善人，修其恶则为恶人。'此其所以为异者。唯其不知性之不能以有善恶，而以为善恶之皆出于性而已。夫太古之初，本非有善恶之论，唯天下之所同安者，圣人指以为善，而一人之所独乐者，则名以为恶。天下之人，固将即其所乐而行之，孰知圣人唯以其一人之所独乐，不能胜天下之所同安，是以有善恶之辨也。"（《东坡全集》卷四十七）苏、王二子，盖知性之不能赋以善恶之名，故遁而为此超绝的一元论也。

综观以上之人性论，除董仲舒外，皆就性论性，而不涉于形而上学之问题。至宋代哲学兴（《苏、王二氏，虽宋人，然于周、张之思想全不相涉》）而各由其形而上学以建设人性论。周子之语，最为广漠。且《太极图说》曰："无极而太极。太极动而生阳，动极而静，静则生阴，静极复动。一动一静，互为其根，分阴分阳，两仪立焉。阳变阴合，而生水火木金土；五气顺布，四时行焉。无极之真，二五之精，妙合而凝，乾道成男，坤道成女。二气交感，化生万物，万物生生，而变化无穷焉。唯人也，得其秀而最灵。形既生矣，神发知矣。五性感动，而善恶分，万物出矣。"又曰："诚无为，几善恶。"（《通书诚几德》章）几者动之微，诚者即前所谓太极也。太极动而后有阴阳，人性动而后有善恶。当其未动时，初无善恶之可言。所谓秀而最灵者，以才言之，而非以善恶言之也。此实超绝的一元论，与苏氏所谓"善恶者，性之所能之，而非性所能有者"无异。然周子又谓："诚者圣人之本，纯粹至善者也。"（《通书诚》上）然人之本体既善，则其动也何以有善恶之区别乎？周子未尝说明之。故其性善之论，实由其乐天之性质与尊崇道德之念出，而非有名学上必然之根据也。

横渠张子亦由其形而上学而演绎人性论。其言曰："太虚无形，气之本体，其聚其散，变化之客形尔。至静无感，性之渊源，有识有知，物交之客感尔。"（《正蒙太和篇》）即谓人之性与太虚同体，善恶之名无自而加之。此张子之本意也。又曰："气本之虚，则湛而无形；感而生，则聚而有象。有象斯有对，对必反其为；有反斯有仇，仇必和而解。"（同，《太和篇》）此即海额尔之《辨证法》所谓"由正生反，由反生合"者也。"象"者，海氏之所谓"正"，"对"者"反"也，和解者正反之合也。故曰："太虚为清，清则无碍。无碍故神，反清为浊，浊则碍，碍则形。"（同，《和太篇》）"形而后有气质之性善，反之则天地之性存焉。故气质之性，君子有所不性焉。"（同，《诚明篇》）又曰："湛一气之本，攻取气之欲。"（同上）由是观之，彼于形而上学，立太虚之一元，而于其发现也，分为形神之二元。善出于神，恶出于形，而形又出于神、合于神，故二者之中，神其本体，而形其客形也。故曰："一物两体气也。一故神，两故化。"（同，《参两篇》）然形既从神出，则气质之性，何以与天地之性相反欤？又气质之性，何以不得谓之性欤？此又张子所不能说明也。

至明道《程子之说》曰："生生之谓易，此天之所以为道也。天只是以生为道，继此生理者，只是善，便有一个元的意思。元者善之长，万物皆有春意便是。继之者善也，成之者性也。却待他万物自成其性须得。"（《二程全书》卷二）又曰："论性不论气不备，论气不论性不明，二之则不是。"（《二程全书》卷二）由是观之，明道之所谓"性"，兼气而言之。其所谓"善"，乃生生之意，即广义之善，而非孟子所谓"性善"之"善"也。故曰："生之谓性，性即气，气即性，生之谓也。人生气禀，理有善恶，然不是性中元有此两物相对而生。有自幼而恶,有自幼而善,气禀有然也。善固性也,然恶亦不可不谓之性。盖生之谓性,人生而静,以上不容说。才说性时,便已不是性也。"(《二程全书》卷二)按明道于此语意未明,盖既以生为性,而性中非有善恶二者相对,则当云"善固出于性也,而恶亦不可不谓之出于性",又当云"人生而静,以上不容说善恶,才说善恶,便不是性"。然明道不敢反对孟子,故为此暧昧之语,然其真意,则正与告子同。然明道他日又混视广义之善与狭义之善,而反复性善之说。故明道之性论,于宋儒中最为薄弱者也。

至伊川纠正明道之说,分性与气为二,而唱性善论曰:"性出于天,才出于气。气清则才清,气浊则才浊。才则有善有不善,性则无不善。"(《近思录·道体类》)又曰:"性无不善,而有善有不善者,才也。性即是理,理则自尧、舜至于途人一也。才禀于气,气有清浊,禀其清者为贤,禀其浊者为愚。"(《二程全书》卷十九)盖欲主张性善之说,则气质之性之易趋于恶,此说之一大障碍也。于是非置气于性之外,则不能持其说。故伊川之说,离气而言性,则得持其性善之一元论。若置气于性中,则纯然空间的善恶二元论也。

朱子继伊川之说,而主张理气之二元论。其形而上学之见解曰:"天地之间有理有气。理者,形而上之道也,生物之本也。气者,形而下之器也,生物之具也。是以人物之生,必禀此理,然后有性,必禀此气然后有形。"(《学的》上)又曰:"天下未有无理之气,亦未有无气之理。"(《语类》一)而此理,伊川已言之曰:"离阴阳则无道。阴阳,气也,形而下也。道,太虚也,形而上也。"(《性理会通》卷二十六)但于人性上伊川所目为气者,朱子直谓之性。即性之纯乎理者,谓之天地之性。其杂乎气者,谓之气质之性。而二者又非可离而为二也,故曰:"性非气质,则无所寄。气非天性,则无所成。"(《语类》卷四)又曰:"论天地之性,则专主理,论气质之性,则以理与气杂而言之。"(《学的》上)而性如水然,气则盛水之器也。故曰:"水皆清也,以净器盛之则清,以不净器盛之则臭,以淤泥之器盛之则浊。"(《语类》卷四)故由朱子之说,理无不善,而气则有善有不善。故朱子之性论,与伊川同,不得不谓之二元论也。

朱子又自其理气二元论,而演绎其理欲二元论曰:"有个天理,便有个人欲。盖缘这个天理,须有个安顿处。才安顿得不恰好,便有人欲出来。"(《性理会通》卷五十)象山陆子起而驳之曰:"天理人欲之分,语极有病。自《礼记》有此言,而后人袭之。《记》曰:'人生而静,天之性也。感于物而动,性之欲也。'若是,则动亦是,静亦是,岂有天理物欲之分;动若不是,则静亦不是,岂有动静之间哉!"(《全集》三十五)又驳人心道心之说曰:"心,一也,安得有二心?"(《全集》三十四)此全立于告子之地位,而为超绝的一元论也。然此非象山之真意,象山固绝对的性善论者也。其告学者曰:"汝耳自聪,目自明,事父自能孝,事兄自能弟。"(《全集》三十四)故曰:"人生皆善,其不善者,迁于物也。"(《全集》三十二)然试问人之所以迁于物者如何,象山亦归之于气质。曰:"气质偏弱,则耳目之官不思而蔽于物。物交物,则引之而已。"(《全集》三十二)故陆子之意,与伊川同,别气于性,而以性为善。若合性与气而言之,则亦为二元论。阳明王子亦承象山之说而言性善,然以格去物欲为致良知之第一大事业。故古今之持性善论,而不蹈于孟子之矛盾者,殆未之有也。

呜呼!善恶之相对立,吾人经验上之事实也。自生民以来至于今,世界之事变,孰非此善恶二性之争斗乎?政治与道德,宗教与哲学,孰非由此而起乎?故世界之宗教,无不著二神教之色彩。野蛮之神,虽多至不可稽,然不外二种,即有爱而祀之者,有畏而祀之者,即善神与恶神是已。至文明国之宗教,于上帝之外,其不豫想恶魔者殆稀也。在印度之婆罗门教,则造世界之神谓之"梵

论 性

天(Brahma)",维持世界者谓之"吠舍那(Aishnu)",而破坏之者谓之"湿婆(Siva)"。以为今日乃湿婆之治世,梵天与吠舍那之治世已过去矣。其后乃有三位一体之说,此则犹伦理学之由二元论而变为超绝的一元论也。迤印度以西,则波斯之火教,立阿尔穆兹(Orrnuzd)与阿利曼(Ahriman)之二神。阿尔穆兹,善神也,光明之神也,平和之神也。阿利曼,则主恶与暗黑及争斗。犹太教之耶和华(Jehovah)与撒旦(Satan),实自此出者也。希腊神语中之亚波箩(Apolo)与地哇尼速斯(Dionysus)之关系,亦颇似之。嗣是以后,基督教之理知派,亦承此思想,谓世界万物之形式为神,而其物质则堕落之魔鬼也。暗黑且恶之魔鬼,与光明且善之神相对抗,而各欲加其势力于人,现在之世界,即神与魔鬼之战地也。夫所谓神者,非吾人善性之写象乎?所谓魔鬼者,非吾人恶性之小影乎?他如犹太基督二教之堕落之说,佛教及基督教之忏悔之说,皆示善恶二性之争斗。盖人性苟善,则堕落之说为妄,既恶矣,又安知堕落之为恶乎?善则无事于忏悔,恶而知所以忏悔,则其善端之存在,又不可诬也。夫岂独宗教而已,历史之所纪述,诗人之所悲歌,又孰非此善恶二性之争斗乎?但前者主纪外界之争,后者主述内界之争,遇此以往,则吾不知其区别也。吾人之经验上善恶二性之相对立如此,故由经验以推论人性者,虽不知与性果有当与否,然尚不与经验相矛盾,故得而持其说也。超绝的一元论,亦务与经验上之事实相调和,故亦不见有显著之矛盾。至执性善性恶之一元论者,当其就性言性时,以性为吾人不可经验之一物故,故皆得而持其说。然欲以之说明经验,或应用于修身之事业,则矛盾即随之而起。余故表而出之,使后之学者勿徒为此无益之议论也。

释 理[①]

昔阮文达公作《塔性说》,谓"翻译者但用典中'性'字以当佛经无得而称之物,而唐人更以经中'性'字当之"。力言翻译者遇一新义为古语中所无者,必新造一字,而不得袭用似是而非之古语。是固然矣,然文义之变迁,岂独在输入外国新义之后哉!吾人对种种之事物,而发见其公共之处,遂抽象之而为一概念,又从而命之以名。用之既久,遂视此概念为一特别之事物,而忘其所从出。如"理"之概念,即其一也。吾国语中"理"字之意义之变化,与西洋"理"字之意义之变化,若出一辙。今略述之如下:

(一)理字之语源 《说文解字》第一篇:"理,治玉也,从玉,里声。"段氏玉裁注:"《战国策》:郑人谓玉之未理者为璞,是理为剖析也。"由此类推,而种种分析作用,皆得谓之曰理。郑玄《乐记》注:"理者,分也。"《中庸》所谓"文理密察",即指此作用也。由此而分析作用之对象,即物之可分析而粲然有系统者,亦皆谓之理。《逸论语》曰:"孔子曰:美哉璠玙!远而望之,奂若也;近而视之,瑟若也。""一则理胜,一则孚胜",此从"理"之本义之动词,而变为名词者也。更推之而言他物,则曰"地理"(《易·系词传》),曰"腠

[①] 此文作于1904年,收入《静庵文集》。

理"（《韩非子》），曰"色理"，曰"蚕理"，曰"箧理"（《荀子》），就一切物而言之曰"条理"（《孟子》）。然则所谓"理"者，不过谓吾心分析之作用，及物之可分析者而已矣。

其在西洋各国语中，则英语之"Reason"，与我国今日"理"字之义大略相同，而与法国语之"Raison"，其语源同出于拉丁语之"Ratio"。此语又自动词"Retus"（思索之意）而变为名词者也。英语又谓推理之能力曰"Discourse"，同时又用为言语之义。此又与意大利语之"Discorso"同出于拉丁语之"Disctrsus"，与希腊语之"Logos"皆有言语及理性之两义者也。其在德意志语，则其表理性也曰"Vernunft"，此由"Vernehmen"之语出。此语非但听字之抽象名词，而实谓知言语所传之思想者也。由此观之，古代二大国语及近世三大国语，皆以思索（分合概念之力）之能力，及言语之能力，即他动物之所无而为人类之独有者，谓之曰：理性、Logos（希）、Ratio（拉）、Vernunft（德）、Raison（法）、Reason（英）。而从吾人理性之思索之径路，则下一判断，必不可无其理由。于是拉丁语之Ratio、法语之 Raison、英语 Reason 等，于理性外，又有理由之意义。至德语之 Vernunft，则但指理性，而理由则别以"Grunde"之语表之。吾国之"理"字，其义则与前者为近，兼有理性与理由之二义，于是"理"之解释，不得不分为广义的及狭义的二种。

（二）"理"之广义的解释 "理"之广义的解释，即所谓"理由"是也。天下之物，绝无无理由而存在者。其存在也，必有所以存在之故，此即物之充足理由也。在知识界，则既有所与之前提，必有所与之结论随之。在自然界，则既有所与之原因，必有所与之结果随之。然吾人若就外界之认识，而皆以判断表之，则一切自然界中之原因，即知识上之前提，一切结果，即其结论也。若视知识为自然之一部，则前提与结论之关系，亦得视为因果律之一种。故欧洲上古及中世之哲学，皆不区别此二者，而视为一物。至近世之拉衣白尼志始分晰之，而总名之曰充足理由之原则，于其《单子论》之小诗中，括之为公式曰："由此原则，则苟无必然，或不得不然之充足理由，则一切事实不能存在，而一切判断不能成立。"汗德亦从其说而立形式的原则与物质的原则之区别。前者之公式曰："一切命题，必有其论据。"后者之公式曰："一切事物，必有其原因。"其学派中之克珊范台尔更明言之曰："知识上之理由（论据）必不可与事实上之理由（原因）相混。前者属名学，后者属形而上学，前者思想之根本原则，后者经验之根本原则也。原因对实物而言，论据则专就吾人之表象言也。"至叔本华而复就充足理由之原则，为深邃之研究，曰："此原则就客观上言之，为世界普遍之法则；就主观上言之，乃吾人之知力普遍之形式也。"世界各事物，无不入此形式者，而此形式，可分为四种：一、名学上之形式。即从知识之根据之原则者，曰既有前提，必有结论。二、物理学上之形式。即从变化之根据之原则者，曰既有原因，必有结果。三、数学上之形式。此从实在之根据之原则者，曰一切关系，由几何学上之定理定之者，其计算之成绩不能有误。四、实践上之形式。曰动机既现，则人类及动物，不能不应其固有之气质，而为惟一之动作。此四者，总名之曰"充足理由之原则"。此四分法中，第四种得列诸第二种之形式之下，但前者就内界之经验言之，后者就外界之经验言之，此其所以异也。要知第一种之充足理由之原则，乃吾人理性之形式，第二种悟性之形式，第三种感性之形式也。此三种之公共之性质，在就一切事物而证明其所以然，及其不得不然。即吾人就所与之结局观之，必有其所以然之理由；就所与之理由观之，必有不得不然之结局。此世界中最普遍之法则也。而此原则所以为世界最普遍之法则者，则以其为吾人之知力之最普遍之形式。故陈北溪（淳）曰：

"理有确然不易的意。"临川吴氏(澄)曰："凡物必有所以然之故,亦必有所当然之则。所以然者理也,所当然者义也。"征之吾人日日之用语,所谓"万万无此理","理不应尔"者,皆指理由而言也。

（三）"理"之狭义的解释　"理"之广义的解释外,又有狭义的解释,即所谓"理性"是也。夫吾人之知识,分为二种：一、直观的知识；二、概念的知识也。直观的知识,自吾人之感性及悟性得之；而概念之知识,则理性之作用也。直观的知识,人与动物共之；概念之知识,则惟人类所独有。古人所以称人类为理性的动物,或合理的动物者,为此故也。人之所以异于动物,而其势力与忧患且百倍之者,全由于此。动物生活于现在,人则亦生活于过去及未来。动物但求偿其一时之欲,人则为十年百年之计。动物之动作,由一时之感觉决定之,人之动作,则决之于抽象的概念。夫然,故彼之动作,从预定之计画而不为外界所动,不为一时之利害所摇,彼张目敛手,而为死后之预备,彼藏其心于不可测度之地,而持之以归于邱墓。且对种种之动机而选择之者,亦惟人为能。何则？吾人惟有概念的知识,故将有为也,将有行也,必先使一切远近之动机,表之以概念,而悉现于意识,然后吾人得递验其力之强弱,而择其强者而从之,动物则不然,彼等所能觉者,现在之印象耳。惟现在之苦痛之恐怖心,足以束缚其情欲,逮此恐怖心久而成为习惯,遂永远决定其行为,谓之曰"驯扰"。故感与觉,人与物之所同；思与知,则人之所独由。动物以振动表其感情及性质,人则以言语传其思想,或以言语掩盖之,故言语者,乃理性第一之产物,亦其必要之器官也。此希腊及意大利语中所以以一语表理性及言语者也。此人类特别之知力,通古今东西皆谓之曰"理性",即指吾人自直观之观念中,造抽象之概念,及分合概念之作用。自希腊之柏拉图、雅里大德勒,至近世之洛克拉衣白尼志,皆同此意。其始混用之者,则汗德也。汗德以理性之批评,为其哲学上之最大事业,而其对理性之概念,则有甚暧昧者。彼首分理性为纯粹及实践二种,纯粹理性,指智力之全体,殆与知性之意义无异。彼于《纯粹理性批评》之《绪论》中曰:"理性者,吾人知先天的原理的能力是也。"实践理性,则谓合理的意志之自律,自是"理性"二字,始有特别之意义,而其所谓纯粹理性中,又有狭义之理性。其下狭义理性之定义也,亦互相矛盾。彼于理性与悟性之别,实不能深知,故于《先天辨证论》中曰:"理性者,吾人推理之能力。"(《纯理批评》第五版386页)又曰:"单纯判断,则悟性之所为也。"(《纯理批评》第五版94页)叔本华于《汗德哲学之批评》中曰:"由汗德之意,谓若有一判断,而有经验的、先天的、或超名学的根据,则其判断乃悟性之所为;如其根据而为名学的,如名学上之推理式等,则理性之所为也。"此外尚有种种之定义,其义各不同,其对悟性也,亦然。要之,汗德以通常所谓理性者谓之悟性,而与理性以特别之意义,谓吾人于空间及时间中,结合感觉以成直观者,感性之事;而结合直观而为自然界之经验者,悟性之事;至结合经验之判断,以为形而上学之知识者,理性之事也。自此特别之解释,而汗德以后之哲学家,遂以理性为吾人超感觉之能力,而能直知本体之世界及其关系者也。特如希哀林、海额尔之徒,乘云驭风而组织理性之系统。然于吾人之知力中果有此能力否? 本体之世界果能由此能力知之否? 均非所问也。至叔本华出,始严立悟性与理性之区别。彼于充足理由之论文中,证明直观中已有悟性之作用存。吾人有悟性之作用,斯有直观之世界,有理性之作用而始有概念之世界。故所谓理性者,不过制造概念及分合之之作用而已。由此作用,吾人之事业,已足以远胜于动物。至超感觉之能力,则吾人所未尝经验也。彼于其《意志及观念之世界》及《充足理由之论文》中辨之累千万言,然后"理性之概念"

灿然复明于世。《孟子》曰："心之所同然者何也？谓理也，义也。"程子曰："性即理也。"其对理之概念，虽于名学的价值外更赋以伦理学的价值，然就其视理为心之作用时观之，固指理性而言者也。

（四）"理"之客观的假定，由上文观之，"理"之解释，有广狭二义。广义之理是为理由，狭义之理则理性也。充足理由之原则，为吾人知力之普遍之形式，理性则知力作用之一种。故二者皆主观的而非客观的也。然古代心理上之分析未明，往往视理为客观上之物，即以为离吾人之知力而独立，而有绝对的实在性者也。如希腊古代之额拉吉来图，谓天下之物，无不生灭变化，独生灭循环之法则，乃永远不变者。额氏谓之曰"天运"，曰"天秩"，又曰"天理(Logos)"。至斯多噶派更绍述此思想，而以指宇宙之本体，谓生产宇宙及构造宇宙之神，即普遍之理也。一面生宇宙之实质，而一面赋以形式，故神者，自其有机的作用言之，则谓之创造及指导之理；自其对个物言之，则谓之统辖一切之命；自其以普遍决定特别言之，则谓之序；自其有必然性言之，则谓之运。近世希腊哲学史家灾尔列尔之言曰，由斯多噶派之意，则所谓天心、天理、天命、天运、天然、天则，皆一物也。故其所谓"理"，兼有理、法、命、运四义，与额拉吉来图同。但于开辟论之意义外，兼有实体论之意义，此其相异者也。希腊末期之斐洛，与近世之初之马尔白兰休亦皆有此"理即神也"之思想。此理之自主观的意义，而变为客观的意义者也。更返而观吾中国之哲学，则理之有客观的意义，实自宋人始。《易·说卦传》曰："将以顺性命之理。"固以"理"为性中之物。《孟子》亦既明言"理"为心之所同然矣。而程子则曰："在物为理。"又曰："万物各具一理，而万理同出一原。"此"原"之为心为物，程子不言，至朱子直言之曰："盖人心之灵，莫不有知，而天下之物，莫不有理。惟于理有未穷，故其知有不尽。"至万物之理，存于人心之有知,此种思想,固朱子所未尝梦见也。于是理之渊源,不得求诸外物,于是谓"天地之间,有理有气。理也者,形而上之道也,生物之本也。气也者,形而下之器也,生物之具也。是以人物之生,必禀此理,然后有性;必禀此气,然后有形。"又曰:"天以阴阳五行化生万物,气以成形,而理亦附焉。"于是对周子之"太极"而与以内容曰:"'太极'不过一个'理'字。"万物之理,皆自此客观的大理出,故曰:"物物各具此理,而物物各异其用,然莫非理之流行也。"又《语类》云:"问天与命,性与理四者之别,天则就其自然者言之,命则就其流行而赋予物者言之,性则就其全体而万物所得以为生者言之,理则就其事事物物各有其则者言之。到得合而言之,则天即理也,命即性也,性即理也。是如此否?曰:'然。'"故朱子之所谓"理",与希腊斯多噶派之所谓"理",皆预想一客观的理,存于生天、生地、生人之前,而吾心之理,不过其一部分而已。于是理之概念,自物理学上之意义出,至宋以后,而遂得形而上学之意义。

(五)"理"之主观的性质,如上所述,"理"者,主观上之物也。故对朱子之实在论,而有所谓观念论者起焉。夫孟子既以"理"为心之所同然,至王文成则明说之曰:"夫物理不外于吾心,外吾心而求物理,无物理矣。遗物理而求吾心,吾心又何物?"我国人之说"理"者,未有深切著明如此者也。其在西洋,则额拉吉来图及斯多噶派之理说,固为今日学者所不道。即充足理由原则之一种,即所谓因果律者,自雅里大德勒之范畴说以来,久视为客观上之原则。然希腊之怀疑派驳之于先,休蒙论之于后,至汗德、叔本华,而因果律之有主观的性质,遂为不可动之定论。休蒙谓因果之关系,吾人不能直观之,又不能证明之者也。凡吾人之五官所得直观者,乃时间上之关系,即一事物之续他事物而起之事实是也。吾人解此连续之事物为因果之关系,此但存于吾人之思索中,而不存于事物。

何则？吾人于原因之观念中，不能从名学上之法则而演绎结果之观念，又结果之观念中，亦不含原因之观念，故因果之关系，决非分析所能得也。其所以有因果之观念者，实由观念联合之法则而生，即由观念之互相连续者，屡反复于吾心，于是吾人始感其间有必然之关系，遂疑此关系亦存于客观上之外物。易言以明之，即自主观上之必然的关系，转而视为客观上之必然的关系，此因果之观念之所由起也。汗德力拒此说，而以因果律为悟性先天之范畴，而非得于观念联合之习惯。然谓宇宙不能赋吾心以法则，而吾心实与宇宙以法则，则其视此律为主观的而非客观的，实与休蒙同也。此说至叔本华而更精密证明之。叔氏谓吾人直观时，已有悟性（即自果推因之作用）之作用行乎其间。当一物之呈于吾前也，吾人所直接感之者，五官中之感觉耳。由此主观上之感觉，进而求其因于客观上之外物，于是感觉遂变而为直观，此因果律之最初之作用也。由此主观与客观间之因果之关系，而视客观上之外物，其间亦皆有因果之关系，此于先天中预定之者也。而此先天中之所预定，所以能于后天中证明之者，则以此因果律乃吾人悟性之形式，而物之现于后天中者，无不入此形式。故其《充足理由论文》之所陈述，实较之汗德之说更为精密完备也。夫以充足理由原则中之因果律，即事实上之理由，独全属吾人主观之作用，况知识上之理由，及吾人知力之一种之理性乎。要之，以理为有形而上学之意义者，与《周易》及毕达哥拉斯派以数为有形而上学之意义同，自今日视之，不过一幻影而已矣。

由是观之，则所谓"理"者，不过"理性""理由"二义，而二者皆主观上之物也。然则古今东西之言"理"者，何以附以客观的意义乎？曰：此亦有所自。盖人类以有概念之知识，故有动物所不能者之利益，而亦陷于动物不能陷之误谬。夫动物所知者，个物耳。

就个物之观念,但有全偏明昧之别,而无正误之别。人则以有概念,故从此犬彼马之个物之观念中,抽象之而得"犬"与"马"之观念;更从犬、马、牛、羊及一切跂行喙息之观念中,抽象之而得"动物"之观念;更合之植物矿物而得"物"之观念。夫所谓"物",皆有形质可衡量者也。而此外尚有不可衡量之精神作用,而人之抽象力进而不已,必求一语以赅括之,无以名之,强名之曰"有"。然离心与物之外,非别有所谓"有"也。离动植物、矿物以外,非别有所谓"物"也。离犬、马、牛、羊及一切跂行喙息之属外,非别有所谓"动物"也。离此犬彼马之外,非别有所谓"犬"与"马"也。所谓"马"者,非此马即彼马,非白马,即黄马、骊马,如谓个物之外,别有所谓"马"者,非此非彼非黄非骊非他色,而但有马之公共之性质,此亦三尺童子之所不能信也。故所谓"马"者,非实物也,概念而已矣。而概念之不甚普遍者,其离实物也不远,故其生误解也不多。至最普遍之概念,其初固亦自实物抽象而得,逮用之既久,遂忘其所自出,而视为表特别之一物,如上所述"有"之概念是也。夫离心物二界,别无所谓"有",然古今东西之哲学,往往以"有"为有一种之实在性。在我中国,则谓之曰"太极",曰"玄",曰"道",在西洋则谓之曰"神"。及传衍愈久,遂以为一自证之事实,而若无待根究者,此正柏庚所谓"种落之偶像",汗德所谓"先天之幻影"。人而不求真理则已,人而唯真理之是求,则此等谬误,不可不深察而明辨之也。"理"之概念,亦岂异于此。其在中国语中,初不过自物之可分析而有系统者,抽象而得此概念,辗转相借,而遂成朱子之理,即太极说。其在西洋,本但有理由及理性之二义,辗转相借,而前者生斯多噶派之宇宙大理说,后者生汗德以降之超感的理性说,所谓由灯而之檠,由烛而之钥,其去理之本义,固已远矣。此无他,以理之一语为不能直观之概念,故种种误谬,得附此而生也。而所谓

"太极",所谓"宇宙大理",所谓"超感的理性",不能别作一字,而必借"理"字以表之者,则又足以证此等观念之不存于直观之世界,而惟寄生于广漠暗昧之概念中。易言以明之,不过一幻影而已矣。故为之考其语源,并其变迁之迹,且辨其性质之为主观的而非客观的,世之好学深思之君子,其亦有取于此欤?

由上文观之,则"理"之意义,以理由而言,为吾人知识之普遍之形式;以理性而言,则为吾人构造概念及定概念间之关系之作用,而知力之一种也。故"理"之为物,但有主观的意义,而无客观的意义。易言以明之,即但有心理学上之意义,而无形而上学上之意义也。然以理性之作用,为吾人知力作用中之最高者,又为动物之所无,而人之所独有。于是但有心理学上之意义者,于前所述形而上学之意义外,又有伦理学上之意义。此又中外伦理学之所同,而不可不深察而明辨之者也。

"理"之有伦理学上之意义,自《乐记》始。《记》曰:"人生而静,天之性也。感于物而动,性之欲也。物至知知,然后好恶形焉。好恶无节于内,知诱于外,不能反躬,天理灭矣。夫物之感人无穷,而人之好恶无节,则是物至而人化物也。人化物也者,灭天理而穷人欲者也。"此天理对人欲而言,确有伦理上之意义。然则所谓"天理"果何物欤?案《乐记》之意,与《孟子》小体大体之说极相似。今援《孟子》之说以解之曰:"耳目之官不思,而蔽于物,物交物则引之而已矣。心之官则思,思则得之,不思则不得也。此天之所以与我者,先立乎其大者,则其小者不能夺也。"由此观之,人所以引于物者,乃由不思之故。而思(定概念之关系)者,正理性之作用也。然则《乐礼》之所谓"天理",固指理性言之,然理性者,知力之一种,故理性之作用,但关于真伪,而不关于善恶。然在古代,真与善之二概念之不相区别,故无足怪也。至宋以降,而理欲二者,遂为伦理学上反对之二大概念。程子曰："人心莫不有知,蔽于人欲,则亡天理矣。"上蔡谢氏曰："天理与人欲相对,有一分人欲,即灭却一分天理,存一分天理,即胜得一分人欲。"于是"理"之一字,于形而上学之价值(实在)外,兼有伦理学上之价值(善)。其间惟朱子与国朝婺源戴氏之说,颇有可味者。朱子曰："有个天理,便有个人欲。盖缘这个天理,须有个安顿处,才安顿得不恰好,便有人欲出来。"又曰:"天理人欲,分数有多少。天理本多,人欲也便是天理里面做出来。虽是人欲,人欲中自有天理。"戴东原氏之意与朱子同,而颠倒其次序而言之曰："理也者,情之不爽失也。"又曰："天理云者,言乎自然之分理也。自然之分理,以我之情,絜人之情,而无不得其平是也。"朱子所谓"安顿得好",与戴氏所谓"絜人之情而无不得其平"者,则其视理也,殆以"义"字、"正"字、"恕"字解之。于是"理"之一语,又有伦理学上之价值。其所异者,惟朱子以理为人所本有,而安顿之不恰好者,则谓之欲;戴氏以欲为人所本有,而安顿之使无爽失者理也。

其在西洋之伦理学中亦然。柏拉图分人性为三品:一曰嗜欲,二曰血气,三曰理性。而以节制嗜欲与血气,而成克己与勇毅二德为理性之任。谓理性者,知识与道德所税驾之地也。厥后斯多噶派亦以人性有理性及感性之二原质,而德之为物,只在依理而克欲。故理性之语,亦大染伦理学之色彩。至近世汗德而遂有实践理性之说,叔本华于其《汗德哲学批评》中,极论之曰:"汗德以爱建筑上之配偶,故其说纯粹理性也,必求其匹偶。"而说实践理性,而雅里大德勒之"Nous praktikos"与烦琐哲学之"Intellectus practicus"(皆实践知力之义)二语,已为此语之先导,然其意与二者大异。彼以理性为人类动作之伦理的价值之所由生,谓一切人之德性,及高尚神圣之行,皆由此出,而无待于其他。故由彼之意,则合理之动作，与高尚神圣之动作为一，而私利惨酷卑陋之动作，但不合理之动作而已。然不问时之古今、地之东西，一切国语皆区别此二语（理性与德性）。即在今日，除少数之德意志学者社会外，全世界之人，犹执此区别。夫欧洲全土所视为一切德性之模范者，非基督教之开祖之生活乎？如谓彼之生活为人类最合理之生活，彼之教训示人以合理的生活之道，则人未有不议其大不敬者也。今有人焉，从基督之教训，而不计自己之生活，举其所有以拯无告之穷民，而不求其报，如此者，人固无不引而重之，然孰敢谓其行为为合理的乎？或如阿诺尔特以无上之勇，亲受敌人之刃，以图其国民之胜利者，孰得谓之合理的行为乎？又自他方面观之，今有一人焉，自幼时以来，深思远虑，求财产与名誉，以保其一身及妻子之福祉。彼舍目前之快乐，而忍社会之耻辱，不寄其心于美学及哲学等无用之事业，不费其日于不急之旅行，而以精确之方法，实现其身世之目的，彼之生涯，虽无害于世，然终其身无一可褒之点。然孰不谓此种俗子，有非常之推理力乎？又设有一恶人焉，以卑劣之策猎取富贵，甚或盗国家而有之，然后以种种诡计，蚕食其邻国，而为世界之主。彼其为此也，坚忍果戾而不夺于正义及仁爱之念，有妨彼之计画者，翦之、除之、屠之、刈之，而无所顾，驱亿万之民于刀锯缧绁而无所悯，然且厚酬其党类及助己者而无所吝，以达其最大之目的。孰不谓彼之举动，全由理性出者乎？当其设此计画也，必须有最大之悟性，然执行此计画，必由理性之力。此所谓实践理性者非欤？将谨慎与精密，深虑与先见，马启万里所以描写君主者，果不合理的欤？夫人知其不然也，要知大恶之所由成，不由于其之理性，而反由与理性同盟之故。故汗德以前之作者，皆以良心为伦理的冲动之源，以与理性相对立。卢梭于其《哀美耳》中，既述二者之区别，即雅里大德勒亦谓德性之根源，不存于人性之合理的部分，而存于其非理的部分。基开碌所谓理性者,罪恶必要之手段,其意亦谓此也。何则？理性者,吾人构造概念之能力也。而概念者,乃一种普遍而不可直观之观念,而以言语为之记号,此所以使人异于禽犬,而使于圆球上占最优之位置者也。盖禽犬常为现在之奴隶,而人类则以有理性之故,能合人生及世界之过去未来而统计之,故能不役于现在,而作有计划有系统之事业,可以之为善,亦可以之为恶,而理性之关于行为者,谓之实践理性,故所谓实践理性者,实与拉丁语之"Prudentra（谨慎小心）"相似,而与伦理学上之善,无丝毫之关系者也。

吾国语中之"理"字,自宋以后,久有伦理学上之意义,故骤闻叔本华之说,固有未易首肯者。然"理"之为义除理由、理性以外,更无他解。若以理由言,则伦理学之理由,所谓动机是也。一切行为,无不有一物焉为之机括,此机括或为具体的直观,或为抽象的概念,而其为此行为之理由,则一也。由动机之正否,而行为有善恶,故动机虚位也,非定名也。善亦一动机,恶亦一动机,理性亦然。理性者,推理之能力也。为善由理性,为恶亦由理性,则理性之但为行为之形式,而不足为行为之标准,昭昭然矣。惟理性之能力,为动物之所无,而人类之所独有,故世人遂以形而上学之所谓真,与伦理学之所谓善,尽归诸理之属性。不知理性者,不过吾人知力之作用,以造概念,以定概念之关系,除为行为之手段外,毫无关于伦理上之价值。其所以有此误解者,由"理"之一字,乃一普遍之概念故。此又前篇之所极论,而无待赘述者也。

原　命①

　　我国哲学上之议论，集于"性"与"理"二字，次之者"命"也。"命"有二义：通常之所谓"命"，《论语》所谓"死生有命"是也；哲学上之所谓"命"，《中庸》所谓"天命之谓性"是也。命之有二义，其来已古，西洋哲学上亦有此二问题。其言祸福寿矢之有命者，谓之定命论（Fatalism）；其言善恶贤不肖之有命，而一切动作皆由前定者，谓之定业论（Determinism）。而定业论与意志自由论之争，尤为西洋哲学上重大之事实，延至今日，而尚未得最终之解决。我国之哲学家除墨子外，皆定命论者也。然遽谓之定业论者，则甚不然。古代之哲学家中，今举孟子以代表之。孟子之为持定命论者，而兼亦持意志自由论，得由下二章窥之。其曰：

　　　　求则得之，舍则失之，是求有益于得也，求在我者也。求之有道，得之有命，是求无益于得也，求在外者也。

又曰：

　　　　口之于味也，目之于色也，耳之于声也，鼻之于臭也，四肢之于安佚也，性也，有命焉，君子弗谓性也。仁之于父子也，义

---

① 此文作于1906年，收入《静庵文集续编》。

之于君臣也，礼之于宾主也，智之于贤者也，圣人之于天道也，命也，有性焉，君子弗谓命也。

前章之所谓"命"，即"死生有命"之"命"；后章之"命"，与"天命之谓性"之"命"略同，而专指气质之清浊而言之。其曰："命也，有性焉，君子不谓命也"，则孟子之非定业论者，昭昭然矣。至宋儒亦继承此思想，今举张横渠之言以代表之。张子曰：

> 形而后有气质之性，善反之，则天地之性存焉。故气质之性，君子有弗性焉。（《正蒙·诚明篇》）

通观我国哲学上，实无一人持定业论者，故其昌言意志自由论者，亦不数数觏也。然我国伦理学无不预想此论者，此论之果确实与否，正吾人今日所欲研究者也。

我国之言命者，不外定命论与非定命论二种。二者于哲学上非有重大之兴味，故可不论。又我国哲学上无持定业论者，其他经典中所谓命，又与性字、与理字之义相近。朱子所谓："天则就其自然者言之，命则就其流行而赋于物者言之，性则就其全体而万物所得以为生者言之，理则就其事事物物各有其则者言之。到得合而言之，则天即理也，命即性也，性即理也。"而二者之说，已见于余之《释理》《论性》二篇，故亦可不论。今转而论西洋哲学上与此相似之问题，即定业论与自由意志论之争，及其解决之道，庶于吾国之性命论上，亦不无因之明晰云尔。

定业论者之说曰：吾人之行为，皆为动机所决定。虽吾人有时于二行为间，或二动机间，若能选择其一者，然就实际言之，不过动机之强者，制动机之弱者，而己之选择作用无与焉。故吾人行为之善恶，皆必然的。因之吾人品性之善恶，亦必然的，而非吾人自由所为也。意志自由论反是，谓吾人于二动机间，有自由之选择力,而为一事与否,一存于吾人之自由,故吾人对自己之行为及品性,不能不自负其责任。此二者之争,自希腊以来,永为哲学上之题目。汗德《纯理批评》之第三《安梯诺朱》中所示正理及反理之对立,实明示此争论者也。

　　此二论之争论而不决者,盖有由矣。盖从定业论之说,则吾人对自己之行为,无丝毫之责任,善人不足敬,而恶人有辞矣。从意志自由论之说,则最普遍最必然之因果律,为之破灭,此又爱真理者之所不任受也。于是汗德始起而综合此二说曰:"在现象之世界中,一切事物,必有他事物以为其原因,而此原因复有他原因以为之原因,如此递衍,以至于无穷,无往而不发见因果之关系。故吾人之经验的品性中,在在为因果律所决定,故必然而非自由也。此则定业论之说,真也。然现象之世界外,尚有本体之世界,故吾人经验的品性外,亦尚有睿智的品性,而空间时间及因果律,只能应用于现象之世界,本体之世界则立于此等知识之形式外。故吾人之睿智的品性,自由的非必然的也。此则意志自由论之说,亦真也。故同一事实,自现象之方面言之,则可谓之必然,而自本体之方面言之,则可谓之自由。而自由之结果,得现于现象之世界中,所谓无上命法是也。即吾人之处一事也,无论实际上能如此与否,必有当如此不当如此之感,他人亦不问我能如此否。苟不如此,必加以呵责,使意志而不自由,则吾人不能感其当然,他人亦不能加以责备也。今有一妄言者于此,自其经验的品性言之,则其原因存于不良之教育,腐败之社会,或本有不德之性质,或缺羞恶之感情,又有妄言所得之利益之观念,为其目前之动机,以决定此行为。而吾人之研究妄言之原因也,亦得与研究自然中之结果之原因同。然吾人决不因其固有之性质故,决不因其现在之境遇故,亦决不因前此之生活状态故,而不加以责备,其视此等原因,若不存在者。

然而以此行为为彼之所自造,何则?吾人之实践理性,实离一切经验的条件而独立,以于吾人之动作中生一新方向。故妄言之罪,自其经验的品性言之,虽为必然的,然睿智的品性,不能不负其责任也。"此汗德之调停说之大略也。

汗德于是下自由之定义。其消极之定义曰:"意志之离感性的冲动而独立。"其积极之定义则曰:"纯粹理性之能现于实践也。"然意志之离冲动而独立,与纯粹理性之现于实践,更无原因以决定之欤?汗德亦应之曰:"有理性之势力即是也。"故汗德以自由为因果之一种。但自由之因果,与自然之因果,其性质异耳。然既有原因以决定之矣,则虽欲谓之自由,不可得也。其所以谓之自由者,则以其原因在我、而不在外物,即在理性而不在外界之势力,故此又大不然者也。吾人所以从理性之命令,而离身体上之冲动而独立者,必有种种之原因。此原因不存于现在,必存于过去;不存于个人之精神,必存于民族之精神。而此等表面的自由,不过不可见之原因战胜可见之原因耳。其为原因所决定,仍与自然界之事变无以异也。

叔本华亦绍述汗德之说,而稍正其误,谓动机律之在人事界,与因果律之在自然界同。故意志之既入经验界,而现于个人之品性以后,则无往而不为动机所决定,惟意志之自己拒绝或自己主张,其结果虽现于经验上,然属意志之自由。然其谓意志之拒绝自己,本于物我一体之知识,则此知识,非即拒绝意志之动机乎?则自由二字,意志之本体,果有此性质否?吾不能知。然其在经验之世界中,不过一空虚之概念,终不能有实在之内容也。

然则吾人之行为,既为必然的而非自由的,则责任之观念,又何自起乎?曰:一切行为,必有外界及内界之原因。此原因不存于现在,必存于过去;不存于意识,必存于无意识。而此种原因,又必有其原因，而吾人对此等原因，但为其所决定，而不能加以选择。如汗德所引妄言之例，固半出于教育及社会之影响，而吾人之入如此之社会，受如此之教育，亦有他原因以决定之。而此等原因，往往为吾人所不及觉。现在之行为之不适于人生之目的也，一若当时全可以自由者，于是有责任及悔恨之感情起。而此等感情，以为心理上一种之势力故，故足为决定后日行为之原因。此责任之感情之实践上之价值也。故吾人责任之感情，仅足以影响后此之行为，而不足以推前此之行为之自由也。余以此二论之争，与命之问题相联络，故批评之于此，又使世人知责任之观念，自有实在上之价值，不必藉意志自由论为羽翼也。

《国学丛刊》序[①]

学之义,不明于天下久矣!今之言学者,有新旧之争,有中西之争,有有用之学与无用之学之争。余正告天下曰:学无新旧也,无中西也,无有用无用也。凡立此名者,均不学之徒,即学焉而未尝知学者也。

学之义广矣。古人所谓"学",兼知行言之。今专以知言,则学有三大类:曰科学也,史学也,文学也。凡记述事物而求其原因,定其理法者,谓之科学;求事物变迁之迹,而明其因果者谓之史学;至出入二者间,而兼有玩物适情之效者,谓之文学。然各科学有各科学之沿革,而史学又有史学之科学(如刘知几《史通》之类)。若夫文学,则有文学之学(如《文心雕龙》之类)焉,有文学之史(如各史"文苑传")焉。而科学史学之杰作,亦即文学之杰作。故三者非斠然有疆界,而学术之蕃变,书籍之浩瀚,得以此三者括之焉。凡事物必尽其真,而道理必求其是,此科学之所有事也;而欲求知识之真与道理之是者,不可不知事物道理之所以存在之由,与其变迁之故,此史学之所有事也;若夫知识道理之不能表以议论,而但可表以情感者,与夫不能求诸实地,而但可求诸想象者,此则文学之

[①] 此文作于1911年,收入《观堂别集》卷四。

所有事也。古今东西之为学,均不能出此三者,惟一国之民,性质有所毗,境遇有所限,故或长于此学,而短于彼学;承学之子,资力有偏颇,岁月有涯涘,故不能不主此学而从彼学;且于一学之中,又择其一部而从事焉。此不独治一学当如是,自学问之性质言之,亦固宜然。然为一学,无不有待于一切他学,亦无不有造于一切他学,故是丹而非素,主入而奴出,昔之学者或有之,今日之真知学、真为学者,可信其无是也。

夫然,故吾所谓学无新旧、无中西、无有用无用之说,可得而详焉。何以言学无新旧也?夫天下之事物,自科学上观之,与自史学上观之,其立论各不同。自科学上观之,则事物必尽其真,而道理必求其是。凡吾智之不能通,而吾心之所不能安者,虽圣贤言之,有所不信焉;虽圣贤行之,有所不慊焉。何则?圣贤所以别真伪也,真伪非由圣贤出也;所以明是非也,是非非由圣贤立也。自史学上观之,则不独事理之真与是者,足资研究而已,即今日所视为不真之学说,不是之制度风俗,必有所以成立之由,与其所以适于一时之故。其因存于邃古,而其果及于方来,故材料之足资参考者,虽至纤悉,不敢弃焉。故物理学之历史,谬说居其半焉;哲学之历史,空想居其半焉;制度风俗之历史,弁髦居其半焉;而史学家弗弃也。此二学之异也。然治科学者,必有待于史学上之材料,而治史学者,亦不可无科学上之知识。今之君子,非一切蔑古,即一切尚古。蔑古者出于科学上之见地,而不知有史学;尚古者出于史学上之见地,而不知有科学。即为调停之说者,亦未能知取舍之所以然。此所以有古今新旧之说也。

何以言学无中西也?世界学问,不出科学、史学、文学。故中国之学,西国类皆有之;西国之学,我国亦类皆有之。所异者,广狭疏密耳。即从俗说,而姑存中学西学之名,则夫虑西学之盛之妨中学,与虑中学之盛之妨西学者,均不根之说也。中国今日,实无学之患,而非中学西学偏重之患。京师号学问渊薮,而通达诚笃之旧学家,屈十指以计之,不能满也;其治西学者,不过为羔雁禽犊之资,其能贯串精博,终身以之如旧学家者,更难举其一二。风会否塞,习尚荒落,非一日矣。余谓中西二学,盛则俱盛,衰则俱衰,风气既开,互相推助。且居今日之世,讲今日之学,未有西学不兴,而中学能兴者;亦未有中学不兴,而西学能兴者。特余所谓中学,非世之君子所谓中学;所谓西学,非今日学校所授之西学而已。治《毛诗》《尔雅》者,不能不通天文博物诸学,而治博物学者,苟质以《诗》《骚》草木之名状而不知焉,则于此学固未为善。必如西人之推算日食,证梁虞䎶、唐一行之说,以明《竹书纪年》之非伪;由《大唐西域记》,以发见释迦之支墓,斯为得矣。故一学既兴,他学自从之,此由学问之事,本无中西。彼鳃鳃焉虑二者之不能并立者,真不知世间有学问事者矣!

顾新旧中西之争,世之通人率知其不然,惟有用无用之论,则比前二说为有力。余谓凡学皆无用也,皆有用也。欧洲近世农工商业之进步,固由于物理化学之兴,然物理化学高深普遍之部,与蒸气电信有何关系乎?动植物之学,所关于树艺畜牧者几何?天文之学,所关于航海授时者几何?心理社会之学,其得应用于政治教育者亦尠。以科学而犹若是,而况于史学、文学乎?然自他面言之,则一切艺术,悉由一切学问出,古人所谓"不学无术",非虚语也。夫天下之事物,非由全不足以知曲,非致曲不足以知全,虽一物之解释,一事之决断,非深知宇宙人生之真相者,不能为也。而欲知宇宙人生者,虽宇宙中之一现象,历史上之一事实,亦未始无所贡献。故深湛幽渺之思,学者有所不避焉;迂远繁琐之讥,学者有所不辞焉。事物无大小,无远近,苟思之得其真,纪之得其实,极其会归，皆有裨于人类之生存福祉。己不竟其绪，他人当能竟之；今不获其用，后世当能用之。此非苟且玩愒之徒所与知也！学问之所以为古今中西所崇敬者，实由于此。凡生民之先觉，政治教育之指导，利用厚生之渊源，胥由此出，非徒一国之名誉与光辉而已。世之君子，可谓知有用之用，而不知无用之用者矣。

以上三说，其理至浅，其事至明。此在他国所不必言，而世之君子，犹或疑之，不意至今日而犹使余为此哓哓也。适同人将刊行国学杂志，敢以此言序其端，此志之刊，虽以中学为主，然不敢蹈世人之争论。此则同人所自信，而亦不能不自白于天下者也。

《流沙坠简》序[①]

光绪戊申,英人斯坦因博士访古于我新疆甘肃,得汉晋木简千馀以归,法国沙畹博士为之考释。逾五年癸丑岁暮,乃印行于伦敦。未出版,沙氏即以手校之本寄上虞罗叔言参事。参事复与余重行考订。握椠逾月,粗具条理,乃略考简牍出土之地,并诸篇首,以诒读是书者。

案,古简所出,厥地凡三:一为敦煌迤北之长城,二为罗布淖尔北之古城,其三则和阗东北之尼雅城及马咱托拉拔拉、滑史德三地也。敦煌所出,皆两汉之物。出罗布淖尔北者,其物大抵上自魏末,讫于前凉。其出和阗旁三地者,都不过二十余简,又皆无年代可考,然其最古者犹当为后汉遗物,其近者亦当在隋唐之际也。今略考诸地古代之情状,而阙其不可知者,世之君子以鉴观焉。

汉代简牍出于敦煌之北,其地当北纬四十度,自东经(据英国固林威志经度)九十三度十分至九十五度二十分之间。出土之地,东西绵亘一度有余。斯氏以此为汉之长城,其说是也。案,秦之长城,西迄临洮,及汉武帝时,匈奴浑邪王降,汉以其地为武威、酒泉郡。(元狩三年)后又分置张掖、敦煌郡,(元鼎六年)始筑令居以

---

① 此文作于1914年,收入《观堂集林》卷十七。

西,列四郡,据两关焉。此汉代筑事之见于史者,不言其讫于何地也。其见于后人纪载者,则法显《佛国记》云,敦煌有塞,东西可八十里,南北四十里。《晋书·凉武昭王传》云,玄盛乃修敦煌旧塞东西二围(东西疑东北之讹),以防北虏之患,筑敦煌旧塞西南二围,以威南虏。案唐《沙州图经》,则沙州有古塞城、古长城二址。塞城周回州境,东在城东四十五里,西在城西十五里,南在州城南七里,北在州城北五里。古长城则在州北六十六里,东至阶亭烽一百八十里,入瓜州常乐县界,西至曲泽烽二百一十二里,正西入碛,接石城界云云。李暠所修,有东西南北四围,当即《图经》之古塞城。法显所见,仅有纵横二围,其东西行者,或即《图经》之古长城,而里数颇短;盖城在晋末,当已颓废,而《图经》所纪东西三百里者,则穷其废址者也。此城遗址,《图经》谓在州北六十三里,今木简出土之地,正直其所,实唐沙州,《图经》所谓古长城也。前汉时敦煌郡所置三都尉,皆治其所;都尉之下,又各置候官。由西而东,则首玉门都尉下之大煎都候官、玉门候官,(皆在汉龙勒县境)次则中部都尉所属平望候官、步广候官。(汉敦煌县境)又东则宜禾都尉所属各候官(汉效谷、广至二县境。以上说均见本书《屯戍丛残·烽燧类考释》中及《附录·烽燧图表》)。又东入酒泉郡,则有酒泉西部都尉所治之西部障,北部都尉所治之偃泉障。又东北入张掖郡,则有张掖都尉所治之遮虏障。疑皆沿长城置之。今日酒泉、张掖以北,长城遗址之有无,虽不可知,然以当日之建置言之,固宜如是也。今斯氏所探得者,敦煌迤北之长城,当《汉志》敦煌、龙勒二县之北境,尚未东及广至界。汉时简牍即出于此,实汉时屯戍之所,又由中原通西域之孔道也。

长城之说既定,玉门关之方位亦可由此决。玉门一关,《汉志》系于敦煌郡龙勒县下。嗣是《续汉书郡国志》及《括地志》《元和郡县志》、两《唐书·地理志》《太平寰宇记》《舆地广记》,以至近代官私著述,亦皆谓汉之玉门关在今敦煌西北。惟《史记·大宛列传》云:太初二年,贰师将军李广利伐大宛,还至敦煌,请罢兵,"益发而复往。天子闻之大怒,而使使遮玉门曰:军有敢入者辄斩之!贰师恐,因留敦煌"。沙畹博士据此,以为太初二年前之玉门关,尚在敦煌之东,其徙敦煌西北,则为后日之事。其说是也。案,《汉志》酒泉郡有玉门县,颜师古注引阚骃《十三州志》,谓汉罢玉门关屯,徙其人于此。余疑玉门一县,正当酒泉出敦煌之孔道,太初以前之玉门关,当置于此。阚骃徙屯之说,未必确也。嗣后关城虽徙,而县名尚仍其故,虽中更废置,讫于今日,尚名玉门。故古人有误以玉门县为玉门关者,后晋高居诲《使于阗记》云,至肃州后渡金河,西百里出天门关,又西百里出玉门关。高氏所谓玉门关,实即自汉讫今之玉门县也。(唐之玉门军亦置于此,而玉门关则移于瓜州境。《元和郡县志》云,玉门关在瓜州晋昌县西二里,而以在寿昌县西北者为玉门故关,则唐之玉门关复徙而东矣。)汉时西徙之关,则《括地志》始记其距龙勒之方向道里曰,玉门关在县(汉之龙勒,在唐为寿昌县)西北一百十八里。(《史记·大宛传·正义》引。)《旧唐书·地理志》《元和志》《寰宇记》《舆地广记》,均袭其文。近秀水陶氏《辛卯侍行记》,记汉玉门阳关道路,谓自敦煌西北行六十里之大方盘城,为汉玉门关故地。又谓其西七十里有地名西湖,有边墙遗址及烽墩数十所。斯氏亦于此发见关城二所:一在东经九十四度以西之小盐湖,一在东经九十三度三十分。相距二十余分,与大方盘城及西湖相去七十里之说相近。然则当九十四度稍西者,殆即陶记之大方盘城;当九十三度三十分者,殆即陶氏所谓西湖耶?沙畹博士疑九十四度稍西之废址,为太初以前之玉门关,而在其西者,乃其后徙处。余谓太初以前玉门关,当在酒泉郡玉门县,如在东经九十四度、北纬四十度间,则仍在敦煌西北,与《史记·大宛传》文不合。而太初以后之玉门关,以《括地志》所记方位道里言之,则在唐寿昌县西北百一十八里。今自敦煌西南行一百四十里,有巴彦布喇汛,陶氏以为唐寿昌县故址。自此西北百一十八里,讫于故塞,则适在东经九十四度、北纬四十度之交,则当九十四度稍西之废址,实为太初以后之玉门关;而当九十三度三十分者,当为玉门以西之他障塞。盖汉武伐大宛后,西至盐泽,往往起亭。又据《沙州图经》,则古长城遗址且西入碛中,则玉门以西,亦当为汉时屯戍之所,未足据以为关城之证也。故博士二说之中,余取其一;但其地为《汉志》龙勒县之玉门关,而非《史记·大宛传》之玉门,则可信也。其西徙之年,史书不记;今据斯氏所得木简,则有武帝大始三年玉门都尉护众文书(《屯戍丛残》第一页),其时关城当已西徙于此,上距太初二年不过十载。是其西徙必在李广利克大宛之后,(太初四年)西起亭至盐泽之时也。又汉及新莽时玉门都尉所有版籍,皆出于此,可为《汉志》玉门关之铁证,不独与古书所记一一吻合而已。

至魏晋木简残纸,则出于罗布淖尔潴泽北之古城稍西,于东经九十度、当北纬四十度三十一分之地。光绪庚子,俄人希亭始至此地,颇获古书。后德人喀尔亨利及孔拉第氏,据其所得遗书,定此城为古楼兰之虚。沙畹博士考证斯坦因博士所得遗物,亦从其说。余由斯氏所得简牍及日本橘瑞超氏于此所得之西域长史李柏二书,知此地决非古楼兰。其地当前凉之世,实名海头。而《汉书·西域传》及《魏略·西戎传》之居庐仓、《水经·河水注》之龙城,皆是地也。何以知其非古楼兰也?曰:斯氏所得简牍中,其中言楼兰者凡三。一曰:"帐下督薛明言,谨案文书前至楼兰□还守堤兵。"(本书《屯戍丛残》第三页)此为本地部将奉使至楼兰后所上之文书，盖不待言。其二曰："八月廿八日，楼兰白，疏悝惶恐白。"（本书《简牍遗文》第四页）其三曰："楼兰□白。"（本书《简牍遗文》第四页）而细观他书疏之例，则或云："十月四日，具书焉耆元顿首。"（本书《简牍遗文》第四页）或云："敦煌具书畔毗再拜。"（本书《简牍遗文》第五页）皆于姓名前著具书之地。以此推之，则所云"楼兰白，疏悝惶恐白"者，必为自楼兰所致之疏。其书既自楼兰来，则所抵之地不得为楼兰矣。此遗物中之一确证也。更求之地理上之证据，亦正不乏。《水经·河水注》云：河水东迳墨山国南，又东迳注宾城南，又东迳楼兰城而东注，河水又东迳于洇泽，即经所谓蒲昌海也，云云。案，河水者，今之宽车河或塔里木河；洇泽与蒲昌海者，今之罗布淖尔也；则楼兰一城，当在塔里木河入罗布淖尔处之西北，亦即在淖尔西北隅。此城则在淖尔东北隅，此其不合者一也。古楼兰国，自昭帝元凤四年徙居罗布淖尔西南之鄯善后，国号虽改，而城名尚存。《后汉书·班勇传》：议遣西域长史将五百人屯楼兰，西当焉耆、龟兹径路，南强鄯善、于阗心胆，北扦匈奴，东近敦煌。《杨终传》亦言远屯伊吾、楼兰、车师、戊己，《魏略》言过龙堆到故楼兰，皆谓罗布淖尔西北之楼兰城。故东方人之呼淖尔也，曰洇泽，曰牢兰海。《水经·河水注》引《释氏西域记》，南河自于阗于东北三千里至鄯善入牢兰海是也。古"牢""楼"同音，《士丧礼》牢中，郑注，"牢"读为"楼"。盖自西方来，必先经楼兰城而后至罗布淖尔，故名此淖尔曰牢兰海。（《史记正义》引《括地志》作"穿兰海"，字之误也。）此又楼兰在淖尔西北之一证。此其不合二也。故曰。希、斯二氏所发见淖尔东北之古城，决非古楼兰也。

然则其名可得而言之欤？曰：由橘氏所得李柏二书观之，此地当前凉之世，实名海头。李书二纸，其中所言之事同，所署之月日同，所遣之使者同，实一书之二草稿。可决其为此城中所书，而非来自他处者也。其一书曰："今奉台使来西，月二日到此。""此"字旁注"海头"二字。其二曰："诏家见遣使来尉劳诸国，月二日来到海头。"或云"此"，或云"海头"，则此地在前凉时固名海头。海头之名，诸史未见，当地居蒲昌海东头得名，未必古有此称也。求古籍中与此城相当之地，惟《水经》之龙城，足当之。《水经·河水注》："蒲昌海水积鄯善之西北，龙城之东南。龙城，故姜赖之墟，胡之大国也。蒲昌海溢，盪覆其国，城基尚存而至大，晨发西门，莫达东门"云云。其言颇夸大难信，然其所记龙城方位，正与此城相合。又据其所云姜赖之墟（郦注此事，本《凉州异物志》。《太平御览》八百六十五引《异物志》云：姜赖之虚，今称龙城。恒溪无道以感天庭，上帝震怒，溢海盪倾，刚卤千里，蒺藜之形，其下有盐，累棋而生。原注：姜赖，胡国名也。郦注隐括其事），可以知此城汉时之名焉。案各史《西域传》，绝不闻有姜赖国。惟汉魏时，由玉门出蒲昌海孔道以达楼兰、龟兹，中间有居庐仓一地。"姜""居""赖""庐"，皆一声之转。准以地望，亦无不合。何以言之？《汉书·西域传》：乌孙、乌就屠袭杀狂王，自立为昆弥。汉遣破羌将军辛武贤将兵万五千人至敦煌，遣使者案行表，穿卑鞮侯井以西，欲通渠转谷，积居庐仓以讨之。孟康曰：卑鞮侯井，大井六通渠也，下流涌出，在白龙堆东土山下。夫井之下流在白龙堆东，而居庐仓则在井西，其地望正与此城合。《魏略·西戎传》（《魏志·乌丸传》注引）云：从玉门关西出，发都护井（此都护井当即《汉志》之卑鞮侯井），回三陇沙北头，经居庐仓，从沙西井转西北过龙堆，到故楼兰，转西诣龟兹，为西域中道。案：今敦煌塞外大沙碛，古人或总称之曰白龙堆，（《汉书·地理志》敦煌郡下云，正西关外有白龙堆沙。《西域传》云，楼兰当白龙堆。孟康言，卑鞮侯井在白龙堆东土山下，是敦煌以西、楼兰以东之沙碛，皆谓之白龙堆也），或总名之曰三陇沙。(《广志》流沙在玉门关外东西二千里、南北数百里,有断石,曰三陇,则似以三陇沙为沙碛总名也。)而《魏略》之文殊为分晓,其在东南者谓之曰三陇沙,而在西北者则专有白龙堆之名。今此城适在大沙碛之中间,又当玉门、楼兰间之孔道,与《魏略》之居庐仓地望正合,则其为汉之居庐仓无疑。又观《魏略》《水经注》所记蒲昌海北岸之地,仅有二城。其在西者,二书均谓之楼兰;则其在东者,舍居庐、姜赖将奚属矣?然则此城之称,曰居庐,曰姜赖,乃汉时之旧名;曰海头,则魏晋以后之新名;而龙城,则又西域人所呼之异名也。(《水经注》所记出《凉州异物志》,疑亦用《释氏西域记》。观"晨发西门,莫达东门"二语,可知为西方人所记,即令为《异物志》语,恐亦本之西域贾胡也。)

此地自魏晋以后为西域长史治所,亦有数证。橘氏所得李柏二书,既明示此事。斯氏于此所得简牍中,有书函之检署,曰:"因王督致西域长史张君坐前,元言疏。"(《简牍遗文》第一叶)又有出纳簿书,上署:"□西域长史文书事□中阙□。"(《屯戍丛残》第十一叶)一为抵长史之书,一则著长史之属,则西域长史曾驻此地,盖无可疑。此二简皆无年月,不能定其为魏晋及前凉之物,然参伍考之,则魏晋间已置西域长史于此,不自前凉始矣。案《后汉书·西域传》,西域长史实屯柳中,以行都护之事。(后汉之初亦放西京之制,以都护统西域,未几而罢。后班超以将兵长史平定西域,遂为都护,未几,复罢。嗣是索班以行敦煌长史,出屯伊吾。索班没后,班勇建议遣西域长史屯楼兰。延光三年卒,以勇为西域长史,出屯柳中,不复置都护。自是长史遂摄行都护事矣。)故《汉书》记西域诸国道里,以都护治所乌垒城为据;而《后汉书》所记,则以长史所治柳中为据。逮汉末中原多事,不遑远略,敦煌旷无太守且二十载。(《魏志·仓慈传》)则柳中之屯与长史之官,必废于是时矣。

魏黄初元年，始置凉州刺史，(《张既传》)并以尹奉为敦煌太守。(《阎温传》)三年，鄯善、龟兹、于阗各遣使贡献，西域遂通。置戊己校尉，(《文帝纪》)以行敦煌长史张恭为之。(《阎温传》)而西域长史之置，不见于《纪》《传》，惟《仓慈传》言慈太和中迁敦煌太守，数年卒官。西域诸胡闻慈死，共会聚于戊己校尉及长吏治下发哀。"长吏"二字，语颇含混。后汉以来，西域除西域长史戊己校尉外，别无他长吏，魏当仍之，则"长吏"二字，必"长史"之讹也。又据斯氏所得一简云："西域长史承移今初除，月廿三日当上道，从上邽至天水。"以简中所记地名考之，实为自魏至晋太康七年间之物（见《屯戍丛残考释》）。恐西域长史一官，自黄初以来，即与戊己校尉同置。惟其所治之地，不远屯柳中，而近据海头。盖魏晋间中国威力已不如两汉盛时，故近治海头，与边郡相依倚。此又时势所必然者矣。至前凉时，西域长史之官，始见于史。(《晋书·张骏传》)而《魏书·张骏传》则又称为西域都护，《传》言骏分敦煌、晋昌、高昌三郡，西域都护、戊己校尉、玉门大护军三营为沙州，以西胡校尉杨宣为刺史。(《晋书·地理志》亦引此文，错乱不可读。)案，张骏时，西域有长史，无都护；"都护"二字必"长史"之误，或以其职掌相同而互称之。(《晋书》刘曜载记，曜使其大鸿胪田崧署张茂为凉州牧，领西域大都护，护氐羌校尉、凉王，则西域大都护，乃凉州牧兼官，犹后此凉州牧之恒领西胡校尉也。)斯氏于此地所得一简云："今遣大侯究犁与牛诣营下受试。"(《屯戍丛残》第三叶)称长史所居为营下。又斯氏于尼雅北古城所得木简，有"西域长史营写鸿胪书"语(本书《补遗》)此又《魏书·张骏传》之三营，其一当为西域长史之证也。此三营者，戊己校尉屯高昌，(《晋书》张骏书，初戊己校尉赵贞不附于骏，至是骏击禽之，以其地为高昌郡)，玉门大护军屯玉门，而西域长史则屯海头，以成鼎足之势；则自魏晋讫凉，海头为西域重地，盖不待言。张氏以后，吕光、李暠及沮渠家逊父子迭有其地。后魏真君之际，沮渠无讳兄弟南并鄯善，北取高昌，此城居二国之间，犹当为一重镇。逮魏灭鄯善、蠕蠕，据高昌，沮渠氏亡，此城当由是荒废。作《凉州异物志》者，乃有"海水盪覆"之说，而郦氏注《水经》用之。顾周隋以前，碛道未闭，往来西域者尚取道于此，故郦氏犹能言其大略。然倘非希、斯诸氏之探索，殆不能知为古代西域之重地矣。

其余木简，出于和阗所属尼雅城北及马咱托拉拔拉、滑史德三地者，其数颇少。尼雅废墟，斯氏以为古之精绝国。案今官书，尼雅距和阗七百十里，与《汉书·西域传》《水经·河水注》所记精绝去于阗道里数合，而与所记他国去于阗之方向道里皆不合，则斯氏说是也。《后汉书·西域传》言光武时，莎车主贤诛灭诸国。贤死（明帝永平四年）之后，遂更相攻伐，小宛、精绝、戎卢且末为鄯善所并。故范书无精绝国传。今尼雅所出木简十余，隶书精妙，似汉末人书迹，必在永平以后。所署之人，曰王，曰大王，曰且末夫人，（盖且末王女为精绝王夫人者）盖后汉中叶以后，且末、精绝仍离鄯善而自立也。

考释既竟，序其出土之地并其关于史事之荦荦大者如右。其戍役情状与言制度名物者，并具考释中，兹不赘云。甲寅正月。

东山杂记(节录)①

姐 即 母

余见元刊本关汉卿《闺怨佳人拜月亭》杂剧,称父为阿马,母为阿者。阿马为女真语,今犹用之,殊不知其所出。若阿者,则恐金人所用古语也。《淮南子·说山训》:"东家母死,其子哭之不哀,西家子见之,归谓其母曰,'社何遽爱速死,吾必悲哭社'"。高诱注:"江淮谓母为社。"《说文》:"姐,蜀人谓母曰姐,淮南谓之社。从女且声,读若左。"《广雅·释亲》:"姐,母也。社、姐音略近,姐,即社也。"故《北齐书》太原王绍德称其母李后为"姊姊"。至南宋时,高宗犹呼韦后为"大姐姐"(见《四朝闻见录》),则金人呼母为阿者,即阿姐之音转,未必为女真语也。

哥 子

洛阳新出五代韩通墓誌称其子为"三哥""七哥"。宋元人小说,载韦太后对徽宗言,呼高宗曰"九哥"。(语出《南渡录》及《宣和遗事》,虽伪书,其称谓当有所本也)。蔡絛《铁围山丛谈》,亦记徽宗目其仲兄曰"十哥"。然则哥者,就其父而呼其子,犹今之呼哥子

---

① 本文选自《王国维学术随笔》,由赵利栋先生辑校。

也。元世祖呼董文炳为"董大哥"，以其为董俊之长子也。成宗呼董士选为"董二哥"，以其为文炳次子也。禁中呼皇子为阿哥，其意亦同。皆与兄称无涉也。

祖 与 帝

今日仆婢对主人之称，皆子孙对其祖、父之称也，曰大人，曰老爷，曰爷，曰太太，曰奶奶，曰娘娘皆是。曰少爷，曰小姐亦然。姐乃母之称，非妹妹之称姊也。推而上之，则谓天为上帝，天子自称曰皇帝，亦祖先之称。古者谓始祖之父曰帝，帝者蒂也。古文帝字，象蒂之形。人出于帝，犹花出于蒂。王者祭其祖之所自出谓之帝。帝，谓祀帝也。故《诗》曰："皇皇后帝，皇祖后稷。"商鼎文曰："帝已祖丁父癸。"帝、祖、父并言，明乎帝为始祖之父也。始祖可知，始祖之父为不可知，故帝之。帝也者，神之也。至《曲礼》谓"措之庙，立之主，曰帝"，则又推始祖之父之称，以称既死之祖父。至以称神当为后起之名。汉儒不知此义，乃有感生帝之说；秦始皇不知此义，乃自称皇帝，则又近于预凶事也。

官 家

汉人谓天子曰悬官，六朝及唐宋谓之官家，宋禁中云宫里亦是，金元人则谓之官里。宋人以五帝官天下，三王家天下释"官家"二字，非也。官家，犹古称王家公家。唐人言州家、使家，见昌黎诗耳。其意与官里无异。

总 统

西洋共和国之执政者，我国昔译之曰总统。元时有总统天下佛教道教，总统某地佛教道教等名目。然人罕以是称之，其得此称而最著者,则杨琏真伽之称杨总统是也。

名有以卑为尊者

名有以卑为尊者,如周之执国政者谓之冢宰、太宰。按《说文》:"宰,罪人在屋下执事也",是宰本至贱之称。自春秋以后,则执国政者,或谓之相,或谓之相国,或谓之丞相,或浑言之宰相,然相之本义,谓瞽者之相,亦贱者也。汉中叶以后,政在尚书、中书,后代因之。至唐即以尚书令、仆射、侍中、中书令为宰相之官,然此数者,皆汉之卑官也。明以后,宰相称大学士,然其初亦只五品官。此皆先卑而后尊者。有以尊为卑者,如称秀才为相公,医生为大夫为郎中,掌礼为大夫,典伙为朝奉,薙发匠为待诏皆是。然比之五代宋初呼小儿为太保,走卒为太尉者,则又不足怪也。

夫人非夫对人称妻之辞

古者大夫之妻,称内子,犹天子之妻称后。诸侯称夫人乃他人尊之之称,非大夫自称其妻也。盖子者男子之美称,内子则女子之美称。今则上下通有此称,并为夫对人称妻之辞,与古大异。

古者夫非美称

古者夫非美称,《诗》云"狂夫",《春秋左氏传》云"役夫""畔夫",《论语》云"鄙夫",《孟子》云"顽夫""儒夫""薄夫"。其单称夫者,如《诗》之"夫也不良",《左传》之"去之夫,其口众我寡",《公羊传》"夫何敢,是将为乳乎?夫何敢",《檀弓》之"夫夫也,习于礼"者,皆轻蔑之辞。盖古者臣虏谓之夫。孟鼎云:"锡女邦司三百人,鬲口驭至于庶人六百有五十有九夫。锡乃司王臣十有二百人,鬲千有五十夫。"吴清卿中丞释鬲为献。《大诰》"民献有十夫",文例正同。吴说是也。然则邦司王臣称人，献及庶人称夫，显有区别。盖献者，战胜所俘之民，《曲礼》"献民虏者操右袂"是也。《酒诰》"汝劼毖殷献臣"，《洛诰》"殷献民，乱为四方新辟，作周恭先"，献臣献民即殷之遗臣遗民。周之克殷，虽未必优俘其众，然谓之为献，犹用古代遗语。观周公迁殷顽民于雒，分鲁卫以殷民七族、殷民六族，皆殷之献臣献民也。孔子所谓文献不足者，盖亦谓遗老既尽，无能谈夏殷故事者。郑康成训献为贤，与《伪孔传》以献为善，均失其指矣。故孟鼎以献别于王臣，谓之曰若千夫。古今文中赐夫者尚多，皆战胜所俘者也。然则大夫、夫人与夫妇之夫，盖其后起矣。古文臣字象俯伏之形，其始与献字同意，故《书·微子》曰"殷其沦丧我罔为臣仆"。《诗·小雅》亦云："民之无辜，并其臣仆。"《左传》"男为人臣，女为人妾。故名男曰圉，女曰妾。"康成注《孝经》亦曰："男子贱称。"则臣亦称臣虏。孟鼎所以分别臣与献者，盖臣为旧附之民，献为新俘之民，犹元时之分汉人与南人矣。

家　　人

今谓仆隶为家人。按《汉书·儒林传》："窦太后好《老子》书，召问辕固。固曰'此家人言耳'。"师古曰："家人，言仆隶之属。"则汉时已有此称。《王无功集》陈叔达答无功书云"贤弟千中及家人典琴至"，则唐时通称仆为家人，故师古注《汉书》云尔。孔子时弟子称师为子，孟子时称其弟子为子。周时诸侯之臣，称诸侯为君，汉时则皇帝称臣下为君。汉文帝称冯唐为父尤奇，然《史记》之作"父"，《汉书》已改为"父老"矣。韩退之《祭女挐文》自称"阿爹阿八"。赵彦卫《云麓漫钞》疑唐人称母为"阿八"。今南方则称父为阿八，金人称父为阿马，然古今皆称母为阿妈。

令弟与家兄

今人称人之弟曰令弟，自称其兄曰家兄，由来已久。然谢灵运《酬惠连诗》云："末路值令弟"，乃自称其弟也。李颀放《歌行答从弟墨竹》亦云"吾家令弟才不羁"。余见唐人所书晋孔衍《春秋后语》背记，有沙洲人咏张义潮之兄义泽入朝事。语极鄙偃，曰"家兄亲事入长安"，乃称他人兄为家兄。可与谢康乐之令弟作一巧对。

缠足之始

缠足始于何时，前人考者甚多，尚无定说。余见唐周昉所画《听琴图》，一听者，一弹者，皆贵人，不缠足。惟宫女侍立者二人，则蹑利履甚纤削。可知唐宫掖中已为之，但妃嫔等尚不尔耳。

望江南菩萨蛮风行之速

上虞罗氏藏敦煌所出唐写本《春秋后语》背记，有唐咸通间人所书《望江南》二阕、《菩萨蛮》词一阕，别字甚多，盖僧雏戏笔。此二阕，唐人最多为之。其风行实始于太和中间，不十年间，已传至边陲，可见风行之速矣。

木兰辞之时代

乐府《木兰辞》，人人能诵之，然罕知其为何时之作。以余考之，则唐太宗时作也。其诗云："策勋十二转，赏赐百千强。"按：隋以前，但有官品，未有勋级，唐始有之。《唐六典》"司勋郎中掌邦国官人之勋级。凡十有二等：十二转为上柱国，比正二品。"则此诗为唐时所作无疑。又，诗中可汗与天子杂称，唐时惟太宗称天可汗，当是太宗时作。前人疑为六朝人诗，非是。

杜工部诗史

杜工部《忆昔》诗："忆昔开元全盛日,小邑犹藏万家室。稻米流脂粟米白,公私仓廪俱丰实。九州道路无豺虎,远行不劳吉日出。"此追怀开元末年事。《通典》载"开元十三年封太山,米斗至十三文,青、齐谷斗至五文。自后天下无贵物,两京米斗不至二十文,面三十五文,绢一匹二百一十文。"正此时也。仅十余年,至天宝十四载十一月,工部自京赴奉先县,作《咏怀》诗,时渔阳反,状未闻也,乃云"朱门酒肉臭,路有冻死骨",又云"入门闻号咷,幼子饥已卒,所愧为人父,无食致夭折。生常免租税,名不隶征伐,抚迹犹酸辛,平人固骚屑"。盖此十年间,吐番云南,相继构兵,女谒贵戚,穷极奢侈,遂使安禄山得因之而起。君子读此诗,不待渔阳鼙鼓,而早知唐之必乱矣。

杜诗云："终须相就饮一斗,恰有三百青铜钱",此至德初长安酒价也。"岂闻区绢直万钱",此广德蜀中绢价也。"云帆转辽海,粳稻来东吴",此天宝间渔阳海运事也。三者史所不载,而于工部诗中见之,此其所以为史诗欤?

吴梅村清凉山谵佛诗与董小宛无涉

吴梅村《清凉山谵佛诗》四首,咏孝献章皇后事,盖其时民间盛传世庙入五台山为僧之说。然梅村此诗第三首云："回首长安城,缁素惨不欢。房星竟未动,天降白玉棺。惜哉善财洞,未得夸迎銮。"是世祖虽有欲幸五台山之说,未果而崩也。而《读史有感》八首之一则云："弹罢熏弦便薤歌,南巡翻似为湘娥。当时早命云中驾,谁哭苍梧泪点多。"其二曰："重壁台庙八骏蹄,歌残黄竹日轮西。君王纵有长生术,忍向瑶池不并楼。"又似真有入道之事。盖梅村时已南归,据所传闻者书之,故二诗前后异辞。即《读史有感》之第三、第八两首,亦云"九原相见尚低头""扶下君王到便房",与前两首不合矣。

《清凉山赞佛诗》云:"王母携双成,绿盖云中来。汉主坐法宫,一见光徘徊。"又云:"可怜千里草,数落无颜色。"诗中明寓一董字。世祖《御制孝献皇后行状》亦称董皇后。近有妄人,谓后即冒辟疆姬人董小宛也,附会梅村《题董白小像》诗有"暮门深更阻侯门"之句;又以梅村集中此诗之次,为《题董君书扇》诗两首,又其次为《古意》六首,其末章云:"掌上珊瑚怜不得,却教移作上阳花。"横相牵涉,遂以《御制行状》与辟疆《影梅历忆语》合刻一帙。近缪艺风秘监《云自在庵笔记》中,亦载此行状,已微辨其误。按:董氏,实董鄂氏,又作栋鄂氏,为八旗著姓。世祖妃嫔中,出于董鄂氏者共四人,一即孝献皇后,内大臣鄂硕之女。顺治十三年十二月已卯封皇贵妃,十七年八月壬寅薨,以皇太后旨追封为皇后。梅村《清凉山赞佛诗》,实为后而作也。世祖贞妃,亦董鄂氏,轻车都尉巴度之女,即以世祖晏驾之日自杀。顺治十八年二月壬午谕曰:"皇考大行皇帝御宇时,妃董鄂氏赋性温良,恪共内职。当皇考上宾之日,感恩遇之素深,克尽哀痛,遂尔薨逝。芳烈难泯,典礼宜崇,特进封以昭淑,应追封为贞妃。钦此。"梅村《读史有感》八首及《古意》六首亦间为妃作。此外,妃嫔中尚有二董鄂氏,一封皇考宁谧妃,一封皇考端懿妃,皆见于记载者。至世祖二后,则废后博而济锦氏,既降为静妃;后博尔济锦氏,即孝惠皇后,亦无宠。见于《御制孝献皇后行状》及屡次谕旨中。由此事实知不独董小宛之说荒谬不足辨,即梅村《读史》《古意》诸诗,自可迎刃而解。其《读史》之三云:"昭阳中帐影婵娟,惭愧深思未敢前。催道汉皇天上好,从容恐杀李延年。"《古意》之四云:"玉颜憔悴几经秋,薄命无言只泪流。手把定情金合子,九原相见尚低头。"此两首则为孝献作。至《读史》之八云:"铜雀空施六尺床,玉鱼银海自茫茫。不如先拂西陵枕,扶下君王到便床。"《古意》之二云:"豆蔻梢头二月红,十三初入万年宫。可怜同望西陵哭,不在分香买履中。"此二首则为贞妃作。若《古意》之一云:"争传婺女嫁天孙,才过银河拭泪痕。但得大家千万岁,此生那得恨长门。"此首当指孝惠或静妃言之。又《读史》之七云:"上林花落在芳尊,不死铅华只死恩。金屋有人空老大,任他无事拭啼痕。"则又兼写数人事,此外各首当一一有所指,然与董小宛无涉,则可断也。

吴梅村仿唐人本事诗为孔四贞作

梅村《仿唐人本事诗》四首,其后三首,靳氏《集览》谓为孔有德女四贞作,是也。殊不知第一首亦然。其辞曰:"聘就蛾眉未入宫,待年长罢主恩空。旌旗月落松林冷,身在昭陵宿卫中。"按:顺治十三年六月癸卯谕礼部曰:"奉圣母皇太后谕,定南武北王孔氏忠勋嫡裔,淑慎端庄,堪翊壸范,宜立为东宫皇妃。尔部即照例备办仪物,候旨行册封礼"云云。是四贞立为皇妃,已有谕旨,未及册封而世庙登遐,后遂适孙延龄,故有"待年长罢"之句。然则四首,实皆为四贞作也。

季沧苇辑全唐诗

钦定全唐诗,以明海盐胡震亨之《唐音统签》为蓝本,此人人所知也。余在京师,见泰兴季沧苇侍御振宜所辑《全唐诗》清稿,计一百六十册,中缺二册,蓝格写本,卷首有"晚翠堂嘉定钟光张氏图书""听秋馆扬州季南官珍藏"印。他卷又有"大江之北,御史季振宜章""扬州季沧苇氏珍藏"诸印。前有康熙十二年沧苇"自序",称

"集唐以来二百九十二年及五代五十余年之诗,得一千八百九十五人,得诗四万二千九百三十一首。经始于康熙三年,断手迄今十二年,正十年矣。"又云:"常熟钱尚书,曾以《唐诗纪事》为根据,欲集成唐人一代之诗,事未毕。予乞其稿于尚书族孙遵王,残断过半,踵事收拾而成七百余卷"云云。其标题初曰《唐诗》,后改《全唐诗》。其诗所出之书,皆以朱文印印之(如《文苑英华》之类)。卷二百九十一《张文昌集》后,卷三百四十后均有沧苇手题。此书索值甚昂,后来归谁氏。案康熙间,全唐诗局开于知扬州,曹棟亭通政方为两淮盐政,实主其事。沧苇之书,近在咫尺,不容不入局中。且书成即用其名,则于胡书以外兼本季书可知。季序称其书原本出于钱东涧,涧与胡孝辕非不相知者,或闻胡氏统签已成,因而中止,而沧苇未见胡书,遂因而成之欤?惜胡书仅存戊、癸二签,不能一一比较,又当时书肆,索书甚急,并不及与钦定《全唐诗》一比较为憾事也。

历代官书,例多剽窃,如北齐《修文殿御览》,陈振孙疑其用梁徐僧权《编略》,宋《太平御览》,则又以《修文殿御览》《艺文类聚》《通典》《文思博要》诸书为之。敦煌新出之《修文殿御览》残卷出,而更得一确证。钦定《续通考》之稿本,前年尚在厂肆,乃据明王圻《续通考》而增删之者。《全唐诗》亦然。邓釪之《全金诗》,幸当时自行奏进,故仍题其名,否则修书之臣,又将攘为己作矣。

元刊本霍光鬼谏杂剧

元刊《霍光鬼谏》杂剧,《太和正音谱》著录,属之无名氏,然元姚寿桐《乐郊私语》谓:"海盐少年多善歌,乐府皆出于澉川杨氏。当康惠公梓存时,节侠风流,善音律,与武林阿里海涯之子云石交善。云石翩翩公子,无论所制乐府散套,骏逸为当行之冠,即歌声高引可彻云汉,而康惠独得其传。今杂剧中有《豫让吞炭》《霍光鬼谏》《敬德不伏老》皆康惠自制,以寓祖父之意,第去其著作姓名耳。其后长公国材、次公少中,复与鲜于去矜交好,去矜亦乐府擅场。以故杨氏家僮千指,无不善南北歌词者。由是州人往往得其家法,以能歌名于浙右云。"则此剧实海盐杨梓所撰。梓,《元史》无传,惟一见于《爪哇传》中。当至元三十年征爪哇,梓以诏谕爪哇等处宣慰司官,随福建行省平章政事伊克穆苏,以五百人,船十艘,先往诏谕之。大军继进,爪哇降,梓引其宰相昔剌难答叱耶五十余人来迎。后官至嘉议大夫、杭州路总管致仕。卒,赠两浙都转运使、上轻车都尉,追封宏农郡侯,谥康惠。《乐郊私语》详载其历官爵谥如此。明董穀《续淮水志》,载元徐思敬《宣慰杨公斋粮记》云:"前浙西道宣用少中杨公,居海盐澉川镇,事其考安抚总使杨公,以孝闻"云云。则梓又尝为安抚总使。考元代名公如刘太保、卢疏斋等,虽多为小令套数,未尝作杂剧。杂剧家之有事功历显要者,梓一人而已。又据《乐郊私语》记,则后世之海盐腔,元时已有之,且自梓家出。然梓所撰杂剧,则固纯为北曲也。

元剧曲文之佳者

前所记佚剧十七种中,曲文之佳者,当以关汉卿之《闺怨佳人拜月亭》为最。向来只传南曲《拜月亭记》,明人如何元郎、臧晋叔等均盛称之,以为在《琵琶》之上。然细比较之,其佳处均自北剧出,想何、臧辈均未见此本也。他如王伯诚之《李太白贬夜郎》、宫大用之《严子陵垂钓七里滩》,在元剧中亦当为上驷。大用为钓台山院山长,《七里滩》剧当作于为山长时也。

小说与说书

通俗小说称若干回者,实出于古之说书。所谓回者,盖说书时之一段落也。说书不知起于何时,其见于记载者,以北宋为始。高承《事物纪原》九云:仁宗时市人有能谈国事者,或采其说,加缘饰作影人。《东坡志林》六云:"王彭尝云,涂巷中小儿薄劣,为其家所厌苦,辄与钱,令聚坐听说古话。至说三国事,闻刘玄德败,频眉蹙;闻曹操败,即喜唱快。"孟元老《东京梦华录》所载:崇宁大观以来,京瓦伎艺,则讲史有李慥、杨中立、张十一、徐明、赵世亨五人;小说有王颜喜、盖中宝、刘名广三人;又有"霍四究说三分,尹常卖五代史"。则北宋之末已有讲史、小说二种。说三分与卖五代史,亦讲史之类也。南渡后,总谓之说话。宋无名氏《都城纪胜》谓说话有四种:一小说,一说经,一说参请,一说史书。周密《武林旧事》、吴自牧《梦粱录》所记略同。《纪胜》与《梦粱录》并谓"小说,人能以一朝一代故事,顷刻间提破。"则小说同说史书亦无大别,然大抵敷衍烟粉灵怪,无关史事者。说经则说佛经,说参请则说宾主参禅道等事,而以小说与说史为最著。此种小说,传于今日者,有旧本《宣和遗事》二卷,钱曾《也是园书目》列之宋人词话中。钱目作四卷,误。后归黄荛圃,刻入《士礼居丛书》。荛圃以书中避宋光宗讳,定为宋本。然书中引宋末刘克庄诗,又纪二帝幽奎辱事,往往过甚,疑非宋人所为。若避宋讳,则元明人刊书,亦沿宋末旧习,不足以是定宋本也。又曹君直舍人藏元刊《五代平话》一书,中阙一二卷,体例亦与《宣和遗事》相似,前岁董授经京卿刊之鄂中,尚未竣工。吾国古小说之存者惟此二书而已。

宋刊大唐三藏取经诗话跋

顷于日本内藤博士处,见巾箱本《大唐三藏取经诗话》照片,版心高三寸,宽二寸许,每半页十行,每行十五字,阙卷上第一页,卷中二三两页,卷末书题后有"中瓦子张家印"一行。旧为高山寺藏书,今在东京三浦子爵所。内藤君言东京德富苏峰藏大字本题《大唐三藏取经记》云云,不知与小字本异同何如。案:中瓦子为南宋临安府街名。瓦子者,倡优剧场所萃之地也。《梦粱录》十九云:"杭之瓦舍,内外合计有十七处。如清泠桥熙春楼下谓之南瓦子市,南坊北三元楼前谓之中瓦子"云云;又卷十五"铺席门保佑坊前张官人诸史子文籍铺其次即为中瓦子,前诸铺则所为张家张官。诸史子文籍铺此书则不避宋讳,殆台犹当。"此书题"中瓦子张家印",恐即倡家说唱用本,犹为宋元间所刊行者也。此书体例,亦与《五代平话》《宣和遗事》略同,三卷之书,共分十五节,亦后世小说分章回之祖。其称诗话者,则非宋士大夫间所谓诗话,以其中有诗有话,故得此名。其有词有话者,则谓之词话。《也是园书目》有宋人词话十六种,其目为《灯花婆婆》《种瓜张老》《紫罗盖头》《女报怨》《风吹轿儿》《错斩崔宁》《小亭儿》《西湖三塔》《冯玉梅团圆》《简帖和尚》《李焕生王陈南》《小金钱》十二种,不著卷数。其它四种,则为《宣和遗事》四卷(实二卷),《烟粉小说》四卷,《奇闻类记》十卷,《湖海奇闻》二卷。词话二字,非遵王所能杜撰,意原本必题《灯花婆婆词话》《种瓜张老词话》等,故遵王仍用之。若《宣和遗事》四种,亦当因其体例相似,故附于后耳。《侯靖录》所载商调蝶恋花,于叙事中,间以蝶恋花词,乃宋人词话之尚存者。此本用诗不用词,故称诗话。皆《梦粱录》《都城纪略》所谓说话之一种也。书中玄奘取经,均出猴行者之力,实为《西游记》小说所本。又考陶南村《辍耕录》所载院本名目,实为金人之作,中有《唐三藏》一本。《录鬼簿》所载元吴昌龄杂剧亦有《唐三藏西天取经》,其书至国初尚存。钱曾《也是园书目》有吴昌龄《西游记》四卷,曹寅《楝亭书目》有《西游记》六卷,无名氏《传奇汇考》亦有《北西游记》,云"全用北曲,元人作",盖即昌龄所拟杂剧也。今金人院本、元人杂剧皆不传,而宋元间所刊话本,尚存于日本,且有大字小字二种,古书之出,洵有不可思议者乎。

通俗小说源出宋代

今之通俗小说,如《水浒传》《三国演义》《西游记》《封神榜》诸书,大抵明人所润色,然其源皆出于宋代。《三国演义》与《西游记》,前条既言之矣。《水浒传》亦出《宣和遗事》。又《录鬼簿》所载元人杂剧,其咏水浒事者,多至十三本。其事与今书多不同,盖其祖本亦非一本。又元杂剧中《摘星楼比干剖腹》,乃演封神榜之事;《谢金吾诈拆清风府》及《昊天塔王孟良盗骨殖》,乃演杨家将之事;他如《包待制三勘蝴蝶梦》《包待制智斩鲁斋郎》《包待制智勘后庭花》《包待制智赚灰阑记》《包待制智赚合同文字》《糊突包待制》《包待制判断烟花儿》,则《龙图公案》之祖也;《秦太师东窗事犯》,则岳传之祖也。《梦粱录》载南渡说史书者,或敷衍复华编中兴诸将传,则岳传在宋时已有小说。至戏曲小说同演一事者,孰后孰先,颇难臆断。至其文字结构,则以现存《五代平话》《宣和遗事》《大唐三藏取经诗话》观之,尚不及戏曲远甚,更无论后代小说。然则今之《水浒》《西游》《三国演义》等,实皆明人之作。宋元间之祖本,决不能如是进步也。

叶 子 本

唐人书籍,于卷子本外,别有叶子本。欧阳文忠公《归田录》云:"唐人藏书皆作卷轴,其后有叶子,其制似今册子。凡文字有备检用者,卷轴难数卷舒,故以叶子写之,如吴彩鸾《唐韵》、李郃《彩选》是也。"其装潢之法,已不可知,惟元王秋涧《玉堂嘉话》纪所观南宋内府书画,有"吴彩鸾《龙鳞楷韵》,天宝八年制,其册共五十四叶,鳞次相积,皆留纸缝"。其法固不可尽解,意当如今之弄纸牌者,以纸牌鳞次相叠而执之,岂便检寻。故□叶子之名。《归田录》于叶子本条下明叙叶子戏,当亦此。《郡斋读书志》云:"叶子,妇人也。撰此戏在晚唐时。"以叶子为人名,恐未必然。亡友蒋伯斧郎中所藏《唐写本唐韵》,虽已改装,然所存四十四叶,每叶皆二十三行,又无书口。意当时必叶子本也。至宋时装书,除释典用梵夹本(此实以卷子叠之,以便阅览,通谓之梵夹本,非也。)外,有粘叶与缝缋二法。张邦基《墨庄漫录》云:"王洙内翰尝云,作书册粘叶为上。岁久脱烂,苟不佚去,寻其次第,足可抄录,屡得佚书,以此获全。若缝缋岁久断绝,即难次序。初得《春秋繁露》数册,错乱颠倒,伏读岁余,寻绎缀次,方稍完复。乃缝缋之弊也。尝与宋献言之,宋悉令家所录书作粘法。予尝见旧三馆黄本书及白本书,皆作粘叶,上下栏界出于纸叶。后在高邮,借孙莘老家书,亦如此法。又见钱穆父所蓄亦如此,多只用白纸作标,硬黄纸作狭签子。盖前辈多用此法。予性喜传书,他日得奇书,不复作缝缋也"云云。张氏所云,亦不甚了了。以意度之,缝缋即今之线装,粘叶即蝴蝶装也。线装皆以书之中缝(今所谓书口)向外,故岁久脱烂,则中缝记卷数叶数之字,先受摩灭,故王洙以次序为难。若蝴蝶装,则中缝在内,故无此弊,今传世宋本,亦缝缋居多。然讫于明初,尚有作蝴蝶装者,今惟京师及扬州修理古书者为之耳。

升官图始于唐

今博戏中有升官图者,其戏最古,实始于唐李郃彩选,宋人作者亦有数家。《直斋书录解题》有《进士彩选》一卷。赵明远景昭撰。此元丰未改官制时迁转格例也。"《郡斋读书志》有《采选集》四卷",云"莫详谁作。初,彩选格起于唐李郃,本朝踵之者,有赵明远、尹师鲁；元丰官制行，有宋保国，皆取一时官制为之。至刘贡父，独因其法，取西汉官秩升黜次第为之，又取本传所以升黜之语注其下，局终遂可类次其语为一传，博戏中最为雅驯。此集尤详且悉，曰阶官，曰职名，曰科目，曰赏格，曰服色，曰俸给，曰爵邑谥法之类，无一不备"云云。殆已与今之升官图相似。今诸书皆不传，传者独贡父之汉官仪□。余见罗氏唐风楼所藏明宏光间升官图，大致与今无异。

玺　印

古尔玺印，皆印于封泥，封泥之用，与简牍相捋。魏晋以来，简牍既废，而纸素盛行，遂有以印印朱墨钤于其上者。惟此事不知始于何时。按：唐窦臮《述书赋》论印验曰：古小雌文，东朝用头。唐代流传之古跡，仅有碧素，则晋周□之印，当钤于其上矣。其见于正史者，则《魏书·萧宾贇传》云："居官者，每岁终，本曹皆明辨在官日月，具覈才行能否，审其实用而注其上下。总而奏之。经奏之后，考功别书于黄纸、油帛。一通则本曹尚书与令、仆印署，留于门下；一通则以侍中、黄门印署，掌在尚书。严加缄密，不得开视，考绩之日，然后封共载量。"又《卢同传》："肃宗时，同表言：'窃见吏部勋簿，多皆改换。乃校中兵奏案，并复乖舛。臣聊尔简练，已得三百余人，明知隐而未露者，动有千数。愚请罪虽恩免，犹须刊定。请遣一都令史与令仆省事各一人，总集吏部、中兵二局勋簿，对勾奏案。若名级相应者，即于黄素楷书大字，俱件阶级数，令本曹尚书以朱印印之。明造两通，一关吏部，一留兵局，与奏案对掌。进则防揩洗之伪，退则无改易之理。从前以来，勋书上省，惟列姓名，不载本属，致令窃滥之徒轻为苟且。今请征职白民，具例本州、郡、县三长之所；其实官正职者，亦列名贯，别录历阶。仰本军印记其上,然后印缝各上所司,统将、都督并皆印记,然后列上行台。行台关太尉,太尉简练精实,乃始关刺省重究括,然后奏申,奏出日,黄素朱印,关付吏部。'诏从之。"《隋书·礼仪志》亦云:"后齐有督摄万机印一钮,以木为之。此印常在内,惟以印籍缝。"则北朝确已以印印纸素,且印籍缝。若南朝则尚不用印缝而用押缝,窦泉《述书赋》:押署缝尾则僧权如长松挂剑,满骞如磐石卧虎。今传世《兰亭序》十四十五行间,有一僧字,即梁中书舍人徐僧权押缝也,则南朝似尚无印缝之事。然《北齐书·陆法和传》谓法和上梁元帝启文,名下自称司徒。则以印印纸素,南北皆同。要之玺印之用,未尝一日废,则简牍既废,自必经印于纸素上矣。

市井纪数

今市井纪数,用丨、刂、刂丨、乂、𠔌、一、亠、亖、文九字,司马温公《潜虚》,则用丨、刂、刂丨、刂刂、乂、丅、丅丅、丅丅丅、丅丅丅丅九字。按:丨、刂、刂丨、刂刂,即古文字一、二、三、亖,而纵立之。乂即古文五字,至丅、丅丅、丅丅丅、丅丅丅丅,则汉以来已用为数字。王莽十布中之中布六百,壮布七百,弟布八百,次布九百,其六七八九四字,作丅、丅丅、丅丅丅、丅丅丅丅。然其初实非文字,乃布筹之法也。《左传》:"亥有二首六身。"杜注:"亥字二画在上,并三六为身,如算之六。"盖古人亥字,其上为二,其身似三丁相并之形(今允儿钟之丁亥字犹稍似之)。故士文伯曰:"二万六千六百旬也。"杜注所云"如算之六者",算乃筹字之误。盖自春秋迄魏晋,布筹时皆以二筹,一横在上,一纵在下,以表六之数,丅丅、丅丅丅、丅丅丅丅亦然,至变而为今之一、亠、亖者,则由算位之故,亦自古已然。《孙子算经》云:"凡算之法先识其位,一纵十横,百立千僵,千十相掣,百万相当。"古之运算者,虑数位不明,故以纵横相间,故丨、刂、刂丨、刂刂,即一二三亖之纵,一、亠、亖,即丅、丅丅、丅丅丅之横也。

卌、㎜二字,因用算较多,故后别以乂代卌,而别造༨字。༨字亦由篆书文字出,若文上加一,当由后世所增。其变化之迹,今日犹可想象得之。

呼黑为青

今之北方呼黑为青。按《礼器》云:"三代之礼一也,民共由之,或素或青,夏造殷因。"郑康成注:"素,尚白;青,尚黑者也。变白黑言素青者,秦二世时,赵高欲作乱,或以青为黑,黑为黄,民言从之。至今语犹存也。"则呼黑为青,已始于秦末矣。

共饭之俗

古者行礼时,俎豆之属,皆各荐诸其位,无相共者,惟便器或共之。《曲礼》云:"共饭不泽手",是也。至魏晋间,犹有此俗。《孙子算经》有一题云:"今有妇人河上荡杯。津吏问曰:'杯何以多?'妇人曰:'家有客。'津吏曰:'客几何?'妇人曰:'二人共饭,三人共羹,四人共肉,凡用杯六十五,不知客几何?'"考此书又有一题云:"今有佛书十九章,章六十三字。"则作者必在东汉之后。又张邱建《算经序》已称"夏侯阳之'方仓',孙子之'荡杯'",则其人在邱建之前。则孙子盖汉晋间人也。可知此时犹有共饭之俗。

茶汤遣客之俗

今世官场,客至设茶而不饭,至主人延客茶,则仆从大声呼送客矣,此风自宋已然,但用汤不用茶耳。朱彧《萍洲可谈》云:"今世俗客至则啜茶,去则啜汤。汤取药材甘香者屑之,或凉或温,未有不用甘草者,此俗遍天下。辽人相见,其俗先点汤,后点茶。"宋无名氏《南窗纪谈》亦云:"客至则设茶,欲去则设汤,不知始于何时。然上自官府,下至闾里,莫之或废"云。行之既久,遂以点汤为遣客之用。观宋人说部所记遣客事,如王致《默记》纪石曼卿之于刘潜,魏泰《东轩笔记》记陈开之于胡枚,王巩《随手杂录》自记见文潞公事,无不然。元郑光祖《王粲登楼》杂剧,载遣客事亦曰"点汤汤汤"。今日既不用汤,乃以茶遣客,则又与辽俗近矣。

以茶汤款客,自唐已然,虽宫禁亦用之。王建《宫词》云:"延英引对碧衣郎,江砚宣毫各别状。天子下帘亲考试,宫人手里过茶汤。"唐制六品以下服绿,碧衣郎,六品以下之官,犹赐茶汤,则大臣可知矣。宋制亦然。叶梦得《石林燕语》:"讲读官初入,皆坐赐茶,惟当讲官起,就案立讲毕,复就座,赐汤而退。侍读亦如之。盖乾兴之制也。"蔡絛《铁围山丛谈》亦云:"国朝仪制:天子御前殿,则群臣皆立奏事,虽丞相亦然。后殿曰延和、曰迩英,二小殿乃有赐坐仪。既坐,则宣茶,又赐汤,此客礼也。延和之赐坐而茶汤者,遇拜相,正衙宣制才罢,则其人抱白麻见天子于延和,告免礼毕,召丞相升殿是也。迩英之赐坐而茶汤者,讲筵官春入侍,见天子坐而赐茶乃读,读而后讲,讲罢又赞赐汤是也。他皆不可得矣"云云。

然宋时臣下赐茶汤者,亦不独宰执讲官。龚鼎臣《东原录》云:"天禧中真宗已不豫。一日,召知制诰晏殊,坐赐茶,言:'曹利用与太子太师,丁谓与节度使,并令出。'殊曰:'是欲令臣作诰词?'上颔之。殊曰:'臣是知制诰除节度使等,并须学士草白麻,乞召学士。'真宗点汤,既起,即召翰林学士钱惟演。"则朝廷之于文学侍从,亦用是矣。又晁说之《客语》云:"范纯夫每次日当进进,是日先讲于家,群从子弟毕集,讲终,点汤而退。"则父兄之于子弟,亦用之矣。至南渡后,款客以汤之有无为尊卑。周必大《玉堂杂记》:"淳熙三年十一月八日,必大被宣,草十二月冬祀敕书。黄昏方至院,御药持御封中书门下省熟状来,系鞬迎于中门,同监门、内侍一员俱升厅,御药先以熟状授监门。共茶汤讫,先送御药出院,复与监门升厅,受熟状付吏,又点汤送监门下阶,馆之门塾。至六年九月十二日,复被宣,草明堂敕。御药张安中、内侍梁襄相见如仪,惟录事沈模,主事李师文茶而不汤"云云。此录事、主事殆中书、门下省吏,故学士款如此,其它盖无不兼用茶汤者。今汤废已久,惟昏礼姻娅,翁婿相见,及新年偶一用之。其汤亦用龙眼、枣、栗等,与宋人之屑甘草者异矣。

周邦彦诉衷情一阕为李师师所作

曩撰《清真先生遗事》,颇辨《贵耳集》《浩然斋雅谈》所载周清真与李师师事之误。然清真《片玉词》中有《诉衷情》一阕,曰:"当时起舞万人长。玉带小排方。喧传京国声价。年少最无量。 花阁迥,酒筵香。想难忘。而今何事,伴向人前。不认周郎。"按:玉带排方,乃宋时乘舆之服。亲王大臣赐玉带者,以方团别之,复加佩玉鱼金鱼。且有宋一代,人臣及外戚之赐玉带者,不过数十人,其便服玉带,虽上下通用,然不知倡优何以得服此,且用排方,与天子无别。颇疑此词为师师作矣。按:师师曾赐金带,见于当时公牍《三朝北盟汇编》。靖康元年正月十五日圣旨:应有官无官诸色人,曾经赐金带各据前项所赐条数,自陈纳官,如敢隐蔽,许人告犯,重行遣断。后有尚书省指挥云、赵元奴、李师师、王仲绣,曾经祗候,倡优之家,曾经赐金带者,并行陈纳。《老学庵笔记》亦言:朱勔家奴数十人,皆服金带。宋制亦三品以上方许服金带,乃倡优奴隶皆得此赐,则玉带排方或出内赐,亦未可知。僭滥至此,真五行传所谓服妖者矣。

赵 子 昂

文人事异姓者,易代之际往往而有,然后人责备最至者,莫如赵子昂。元僧某题赵子昂书归去来辞云:"典午山河半已墟,搴裳胄逝望吾卢。翰林学士宋公子,好事多应醉里书。"虞堪胜伯题其《苕溪图》云:"吴兴公子玉堂仙,写出苕溪似纲川。回首青山红树下,那无十亩种瓜田。"周良右题其画《竹》则云:"中原日暮龙旗远,南国春深水殿寒。留得一枝烟雨里,又随人去报平安。"沈石田题其画《马》则云:"隅目晶梵耳竹披,江南流落乘黄姿。千金千里无人识,笑看胡儿买去骑。"王渔洋题其画《羊》则云:"南渡铜驼犹恋洛,西来玉马已朝周。牧羝落尽苏卿节,五字河梁万古愁。"诸家攻之不遗余力,而虞胜伯一绝,温厚深婉,尤为可诵。虽然,渊渊玉俭,彼何人哉,如赵王孙者,犹其为次也。

诏书征聘处士

诏书征聘处士,后汉多有之,唐宋以后颇不多见。惟宋太祖征种放一诏,见宋史放本传;元太祖征邱处机一诏,见《长春真人西游记》耳。顷阅明人文集,得二诏书:一杜敩《拙庵集》首,有初召敕符云:谕山西潞州壶关县儒士杜敩。昔云驭宇内者,无倖位,无遗贤,致时和而世泰。盖善备耳聪目明之道。所以士仁者乐从其游,辅之以德,间有非哲者处于民上,则倖位遗贤亦备矣。今朕才疏,远圣道之良宗,是致贤隐善匿,民未康,世未泰,今尔博学君子,齿有年矣,符到若精力有余,则策杖来朝,果可作为,加以显爵,与朕同游。故兹敕谕。下二行中间用宝。一云寅字六十四号,一云洪武十三年五月二十九日。又附载召宋讷敕符曰:朕君天下,十有三年矣。盖野无遗贤,虽夙夜孜孜以求贤贤何弗至。今四辅官杜敩,抱忠为国,举应知宋讷,才堪任用,符到之日,有司礼送赴京,以称朕意焉。又史鉴《西村集》首,有咸化十六年八月征聘诏文,曰:朕承丕绪,用人图治亦有年矣。永惟劳于求贤,然后成无为之治,乐于忘势,乃能致难进之英。闻尔处士沈周史鉴沈酣经史,博洽古今,蕴经纬之远猷,抱君民之宏略,顾乃遁迹邱园,不求闻达,朕眷怀高谊,思访嘉谟。兹特遣使征尔赴用,际期同德,出宜汇征,以副朕翘企之意云。则明代征聘,尚下诏书。其后鲁王监国九年,征贡生朱之瑜,亦尚用敕书,其书今载《舜水集》首。而《拙庵》《西村》二集,世所罕见,故备录之。又按石田翁与史明、古涧,征明史本传不纪其事,今乃得之明古集中。石翁卒于正德四年,年八十四,则是时年五十一矣。

毛西河命册

十余年前,扬州骨董铺有毛西河先生命册,乃康熙戊寅年推算者,推命人为京口印天吉。先生时年七十六,生于明天启三年癸亥十月初五日戌时,其八字为癸亥壬戌壬戌庚戌,后附其姬人命册,年三十三岁,为丙午正月十六日子时生,其八字为丙午庚寅丁酉庚子,其人殆即曼殊也。推命者谓先生于八十八岁当卒,过是则当至九十四,先生首书其上曰:"时至即行,不须踌躇,但诸事未了,如何如何?"老年畏死,乃有甚于少壮者,殊可一哂。然先生竟以九十四岁卒,亦奇矣。

士人家蓄声伎

士人家蓄声伎,只应他人之招,其风盖始于杨铁崖。崖崖出游,以家乐自随,故时人作诗讥之曰:如何一代杨夫子,变作江南散乐家。明中叶后,尚有此风,如何元朗、屠长卿辈,皆有声伎,皆是也。沿及国初,此风尤盛。尤西堂《钧天乐自序》:"丁酉之秋,薄游太末，阻兵未得归。逆旅无聊，漫填词为传奇，率日一曲，阅月而竣，题曰钧天乐。家有梨园，归则授使演焉。适山阴姜侍御还朝，过吴门，函索予剧"云云。则此种家乐，实应外人之招。盖当时所谓名士者，其资生之道如此。此外如查伊璜等亦然。至李笠翁辈，乃更不足道矣。

日知录中泛论多有为而为

顾亭林先生《日知录》中泛论，亦多有为而为，如"自古以文辞欺人者莫如谢灵运"一节，为钱牧斋发也，"嵇绍不当仕晋"一则，为潘稼堂发也。

钱 牧 斋

冯巳苍《海虞妖乱志》，写明宁王大夫之诛张贪乱，几于燃犀烛牛渚，铸鼎像魑魅。实代之奇作也。书中于钱牧斋无一恕词，且不满于瞿忠宣。巳苍虽牧斋门人，然直道所见，亦不能为之讳也。顾此书，则牧斋乙未后之事，乃此固然，毫不足怪，其为众恶所归，又遭文字之禁，乃出于人心之公，非一朝之私见。尤可笑者，嘉道间，陈云伯为常熟令，修柳夫人冢，牧斋冢在其侧，不过数十步，无过问者。时钱梅溪在云伯幕中，为集苏文忠公书五字，曰东涧老人墓，刻石立之，见者无不窃笑。又吴枚庵《国朝诗选》以明末诸人，别为二卷附录，其第一人为彭捃，字谦之，常山人。初疑无此姓名，及读其诗，皆牧斋作也。此虽缘当日有文字之禁，故出于此。然令牧斋身后，与羽素兰同科，亦谑而虐矣。

柳 如 是

顾云美苓自书所撰《河东君传》，前有《河东君初访半野堂小

像》,作男子装束,亦云美所摹。墨迹藏唐风楼罗氏,世罕知其文者,故备录之。传云:

河东君者,柳氏也。名隐,更名是,字如是。为人短小,结束俏利,性机警,饶胆略,适云间孝廉为妾。孝廉能文章,工书法,教之作诗写字,婉媚绝伦。顾倜傥好奇,尤放诞,孝廉谢之去。游吴越间,词翰倾一时。嘉兴朱治涧为虞山钱宗伯称其才。宗伯心艳之,未见也。崇祯庚辰冬扁舟访宗伯。幅巾弓鞯,著男子服,口便给,神情洒落,有林下风。宗伯大喜,谓天下风流佳丽,独王修微、杨宛叔与君鼎足而三,何可使许霞城、茅止生崦国士名姝之目。流连半野堂,文燕浃月。越舞吴歌,族举递奏。香奁玉台,更唱迭酬。既度岁,与为西湖之游。刻《东山酬唱集》,集中称河东君云。君至湖上,遂别去。过期不至,宗伯使客构之。乃出。定情之夕,在辛巳六月初七。君年二十有四矣。宗伯赋前七夕诗,要诸词人和之。为艺绛云楼于半野堂之后。房栊窈窕,绮疏青琐,旁龛古金石文字,宋刻书数万卷。列三代秦汉尊彝环璧之属,晋宋以来法书,官哥定州宣成之瓷,端溪灵壁大理之石,宣德之铜,果园厂之髹器,充牣其中。君于是乎俭梳靓妆,湘簾棐几,煮沈水,门旗枪,写青山,临妙墨,考异订讹,间以调谑,略如李易安在赵德甫家故事。然颇能制御宗伯,宗伯甚宠惮之。

乙酉五月之变,君劝宗伯死,宗伯谢不能。君奋身欲沉池水中,持之不得入。其奋身池上也,长洲明经沈明抡馆宗伯寓中见之,而劝宗伯死,则宗伯以语兵科给事中宝丰王之晋,之晋语余者也。是秋,宗伯北行,君留白下,宗伯寻谢病归。丁亥三月捕宗伯亟,君契一囊,从刀头剑芒中,牧圉馈橐惟谨。事解,宗伯和苏子瞻御史台寄妻韵,赋诗美之。至云"从行赴难有贤妻",时封夫人陈氏尚无恙也。宗伯选列朝诗,君为勘定《闺秀》一集。庚寅冬绛云楼不戒于火,延及半野堂,向之图书玩好略烬矣。宗伯失职,眷怀故旧,山川间阻,君则知子之来之,杂佩以赠之,知子之顺之,杂佩以问之。有鸡鸣之风焉。久之,不自得。生一女,既昏。癸卯秋下发入道,宗伯赋诗云:"一蔳金刀绣佛前,裹将红泪洒诸天。三条裁制莲花服,数亩诛锄稴稑田。朝日瘦铅眉正妩,高楼点黛额犹鲜。横陈嚼蜡君能晓,已过三冬枯木禅。鹦鹉疏窗昼语长,又教双燕话雕梁。雨交沣浦何曾湿,风认巫山别有香。初著染衣身体涩,乍抛稠发顶门凉。萦烟飞絮三眠柳,飓尽春来未断肠"。明年五月二十四日宗伯毙,族孙钱曾等为君求金,要挟峰门,以六月二十八日自经死。宗伯子曰孙爱及婿赵管为君讼冤,邑大夫谋为君治丧葬。宗伯门人顾苓曰:"呜呼!今而后宗伯语王黄门之言,为信而有征也。"

宗伯讳谦益,字受之。学者称牧斋先生。晚年自号东涧遗老。甲辰七月七日书于真娘墓下。

后有顾苓及顾八分二印。罗叔言参事跋其后曰:顾云美撰《柳靡传》并画象真迹,乙巳冬得之吴中。《传》载靡芜事实甚详,其劝虞山死国难,至奋身池水中以要之,凛凛有烈丈夫风,虞山章不为感动,真所谓心死者也。吴人某所著《野语秘稿》述虞山被逮时,河东君先挈重贿入都赂当道,乃得生还,其权略尤不可及,可谓奇女子矣。《传》中记靡芜初归云间某孝廉为妾,殆先适陈卧子,为他记载所未及。其归虞山,在明亡前三年,时年二十四,至癸卯下发,年四十有六,逾年而值家难。云美此《传》,作于致命后数月,婉俪悱恻,绝似易安居士《金石录后序》,于靡芜表章甚力,而于虞山则多微词,可见公论所在,虽弟子不能讳师,深为虞山悲矣。此册传世二百余年,楮墨完好,殆靡芜之风流节槩,彼苍亦不忍泯灭之耶?光绪丁未三月上虞罗振玉刖存父。又云:《传》载虞山言天下风流佳丽,独王修微、杨宛叔与君鼎足而三,何可使许霞城、茅止生岿国士名姝之目云云。考《列朝诗集》,王修微,名徵,广陵人,号草衣道人,归华亭颖川君。颖川君有声谏垣,抗节罢免,修微有助焉。有《樾馆诗》数卷,又撰《名山记》数百卷,是修微才行亦靡芜之区也。颖川君即许霞城,名誉卿,东林党人,修微依之以老。杨宛叔,名宛,归茅止生而阴背之,后为盗所杀。虞山《挽茅止生》诗:白头寂寞父君在,泪湿芙蓉制诔词。自注云:杨宛叔制《石民诔词》甚工。又《文瑞楼书目》有杨宛《钟山献》六卷,是宛叔优于文而劣于行,有愧靡芜草衣多矣。茅止生名元仪,归安人,著书甚多,见《明史·艺文志》。负经世大略,参孙高阳军事,客死辽东。并附记于册尾。刖存又记。癸丑秋日,于唐风楼见此册并二跋,录之。

内府所藏王右军《游目帖》

内府所藏王右军《游目帖》,曾刻于《三希堂法帖》卷一,后以赐恭忠亲王。庚子之乱,为日本人安达万藏所得。今岁始于东京兰亭会见之。其纸极薄,谓六朝写经用纸,与唐人所用府纸楮纸不同。其中唐人印记,有太宗贞观小玺、钟绍京书印二字印;宋印则有太宗福化小玺、高宗寓意小玺、绍兴半玺、内府珍藏半印、御书半印、河东薛氏印、绍彭道祖二印、唐氏妙迹半印、游远卿图书印、邕里半印,然则此帖为右军真迹与否,不敢知,要为贞观内府之藏,与十七帖中《游目帖》之祖本,则可信也。卷首有高宗纯皇帝手书"得之神功"四大字,后有魏秦马记二观款,及明郑柏录方正学跋,并徐朗白一赞一跋。三希堂帖仅刻方跋,而徐氏一赞一跋并未刻,然徐语较方跋尤能得此帖之要领,故亟录之。其赞曰:书法至晋,体备前规,专美大成,绝伦于义,畴能方驾,过钟迈芝,焕若神明,誉重当时,墨为世宝。并代词师,藜唐争购,博访无遗。兵火屡变,造物转移,民间剩迹,尽入宋帷,《阁帖》胪列,真伪纷披,元章刊误,始正临池。抚兹游目,别有神奇。非廓非填,枯毫脱皮,冷金古纸,松烟凤脂,行草兼挚,八法并施,龙跳虎跃,智果不欺。详考印识,薛氏长官,绍彭道祖,首尾参赞,贞观稿化,吉鉴在兹。一符半印,世远难窥,绍兴小玺,俨然四垂。宋末元初,流传阿谁?浦江陈氏,世守于斯。嗟余衰朽,何幸得窥。百计巧访,一朝得之,维彼定武,石上画锥,子固云水,性命是期,况乎真迹?出以天倪,翩翩神彩,古香盈眉,精妙既合,心乎俱夷。天下至宝,清閟首推,宝晋墨王,品定永持,神倾里鲊,气压送梨,匣逗袭灵,光怪陆离,卿云景胜,到处相随。崇祯壬午重九前,小清关主者朗白父徐守和识。又跋云:此游目帖初入奁时,霾斑烂驳,掩采埋光,虽印识累累,眯目难辨,及命工装潢,洴澼浮垢,而贞观小玺,傲然在第三行都字上间,硃晕沈著,深入纸肤,隐隐不没,直唐弘文馆褚解二学士校定真迹也。张彦远《书要录》载:唐文皇购求大王草书三千纸,□其笔迹言语相类,缀粘成卷,缘帖首有十七字,用为帖名,以贞观两字为小印印之。今此帖具有此印,则其为十七帖中之散佚,复何疑哉。夫以岁稽之,永和至唐贞观,历三百有余年,贞观至我明崇祯,又历千一百有余岁,然而古墨未脱,古纸未磨,行间叠痕犹在,则古人珍藏衣带,死生患难与之俱,虽由人证,顾莫为莫致,岂非天哉。癸未秋分,雨窗萧瑟,闭户展观,取《笔陈图》中七条之形垫,六种之体裁,合参分究,然后知善鉴者不写,非虚语也。呜呼!鉴岂易言哉。抚兹妙迹,有不可以言语形容者焉。其体正而出之以圆机,其气雄而化之以澹韵,郁龙蛇于毫末,托泉石于远游。擅武钟张,擅一时之绝调;睥睨郗谢,开百代之师承。遂使咄咄唐慕,瞠乎其后;规规米仿,瞠尔其前。则真机气焰,固足以摄伪魄哉。载贞观小玺,重为题此。岁癸未中秋后四日录出。朗翁,崇朗白,名守和,不知何许人,收藏甚富,《三希堂法帖》所刻书,有朗翁题跋者不少。余见唐风楼罗氏所藏黄子久《江山清兴图》,浑成淡远,为元世之冠,亦系朗翁故物。然当时及后世,罕知其名者,殊可异矣。

取《游目帖》墨本,与唐拓《十七帖》刻本校,则刻本清劲有余,而中和之气,觉墨本为胜。盖当时解元辈,皆刻石巨手,兼通书法,不无以己意参入。沈子培方伯《题崔敬邕墓志诗》云"审人墨髓石人参",不独北朝为然,则唐初亦犹是也。南唐《澄清堂帖》所刻,由重摹本上石,故稍失之瘦弱,而于笔意所得较多。若宋以后刻本,则去之远矣。

姜西溟所藏唐拓《十七帖》

姜西溟所藏唐拓《十七帖》,有吴莲洋先生题五绝句,雍容淹雅,为自来论书者所未有者。诗云:"自信张芝雁陈齐,褐来野鹜与家鸡。续得过江书十纸,神明先伏庾征西。""裴业贞观入贡初,烟霏露洁状何如。外人千载犹珍重,不数严家饿隶书。""日给樱桃子一囊,山川游目乐徜徉。尚平心事谁能识,折简还留种树方。""角声洒扫已相猜,分郡行人又不材。自是将军多知足,金堂玉室待君开。""垦灵山前采紫芝,乐道沧海去无时。仙人游戏皆龙凤,多少儿孙饮墨池。"右军胸襟书法,为千古第一。此五诗能状其为人,其书亦冲雅有法度。此帖题识,共数十家,皆不俗恶。二百年前,士大夫文章墨翰,犹可想见。乾嘉以后,学术虽盛,而翰墨不足观,况在今日?可以观世变矣。

叶石林《避暑录话》多精语

叶石林《避暑录话》,中多精语,其论人才曰:"唐自懿僖以后,人才日削,至于五代,谓之空国无人可也。然吾观浮屠中乃有云门、临济、德山、赵州数十辈人,卓然超世,是可与扶持天下,配古名臣。然后知其散而横溃者,又有在此者也"云云。此论天下人材有定量,不出于此则出于彼,学问亦然。元明二代,于学术盖无可言,至于诗文,亦不能出唐宋范围,然书画大家,接武而起,国朝则学盛而艺衰,物莫能两大,亦自然之势也。古代事业,代各不同,而自后世观之,则其功力价值往往相等。质力常住,不独物理为然,人心之用,盖亦有之。然能利用一世之心,使不耗于唐牝,则其成就,必有愈于前世者矣。

国朝学术

国朝三百年学术,启于黄王顾江诸先生,而开乾嘉以后专门之风气者,则以东原戴氏为首。东原享年不永,著述亦多未就者,然其精深博大,除汉北海郑氏外,殆未有其比。一时交游门第,亦能本其方法,光大其学,非如赵商张逸辈但知墨守师说而已。戴氏礼学,虽无成书,然曲阜孔氏、歙县金氏、绩溪胡氏之学,皆出戴氏。其于小学亦然,书虽未就,而其转注假借之说,段氏据之以注《说文》,王郝二氏训诂音韵之学,亦由此出。戴君《考工记图》,未为精确,歙县程氏以悬解之才,兼据实物以考古籍,其《磬折古义》《考工创物小记》等书,精密远出戴氏其上,而《释虫小记》《释草小记》《九榖考》等,又于戴氏之外,自辟蹊径。程氏于东原虽称老友,然亦同东原之风而起者也。大抵国初诸老,根柢本深,规模亦大,而粗疏在所不免;乾嘉诸儒,亦有根柢,有规模,而加之以专,行之以密,故所得独多;嘉道以后,经则主今文,史则主辽金元,地理则攻西北,此数者亦学者所当有事,诸儒所攻,究不为无功,然于根柢规模,逊于前人远矣。戴氏之学,其段王孔金一派,犹有继者;程氏一派,则竟绝焉。近惟吴氏大澂之学近之,然亦为官所累,不能尽其才,惟其小学,所得则又出程氏之上,亦时为之也。